Liebe Leserin, lieber Leser

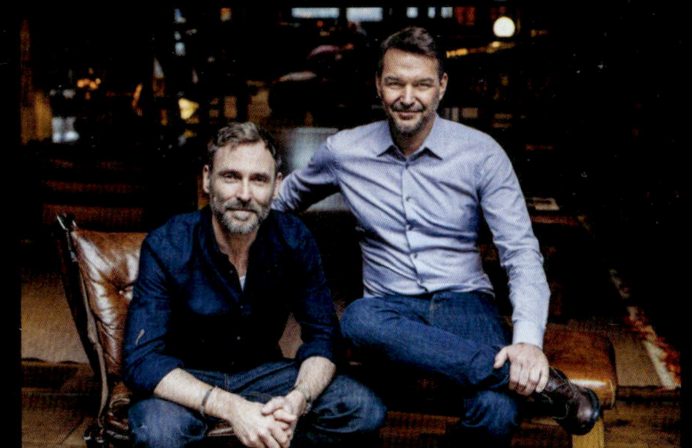

MARKUS WOLFF UND JENS SCHRÖDER
Chefredakteure von GEO*EPOCHE*

Im Februar 1904 erreicht der Widerstand den Reichstag. Abgeordnete fast aller Parteien verurteilen die Politik des Kaisers, kritisieren seinen unheilvollen Einfluss, sehen die internationale Stellung Deutschlands in Gefahr. Nie zuvor hat sich Wilhelm II. so viel Empörung gefallen lassen müssen. Und das in einer so wichtigen Angelegenheit. Es geht um: die Kunst.

Denn seit Beginn seiner Amtszeit 1888 sieht sich der Kaiser nicht nur als obersten Machthaber, sondern auch als höchsten ästhetischen Erzieher der Nation. Die Werke von Malern und Bildhauern sollen das Reich feiern, den Menschen Patriotismus einimpfen, sie sollen bombastisch, traditionsschwer und naturgetreu sein. Alles Moderne, Unkonventionelle, Kritische verabscheut Wilhelm II. – und geht nach Kräften dagegen vor.

So auch 1904. Über seinen Kunstbeauftragten, den Maler Anton von Werner, sorgt er dafür, dass die Werke der Neuerer im deutschen Pavillon bei der Weltausstellung in St. Louis, USA, anders als ursprünglich geplant, nicht auftauchen. Doch die Reaktion ist heftiger als erwartet. „Die große, moderne Bewegung“, so etwa ein Abgeordneter bei der leidenschaftlichen Reichstagsdebatte, lasse sich nicht befehligen „wie ein Regiment Gardegrenadiere“.

Diese Episode macht deutlich: Die Kunst des Kaiserreichs war stets umkämpft. Und sie war überraschend vielfältig. Da gab es die Staatskunst zum Gefallen des Herrschers, die mit beeindruckenden Mitteln vor allem zu überwältigen suchte. Und es gab jene Maler, die ganz im Rahmen der Regeln des 19. Jahrhunderts ihre Meisterwerke schufen. Doch da waren auch deren Kollegen und Kolleginnen, die ihren Stil in kleinen Schritten weiterentwickelten, ungewöhnliche Ansichten der Welt oder ihrer Fantasien fertigten. Und schließlich gehörten zum Reich Wilhelms II. auch die Dissidenten, die sich zum Teil radikal von jeglichem Establishment absetzten.

Was sich ergibt, ist kein Einheitsstil im Obrigkeitsstaat. Sondern ein schillerndes künstlerisches Panorama, das wir Ihnen auf den folgenden Seiten präsentieren wollen. Widersprüchlich und interessant wie das Kaiserreich selbst. Wir wünschen Ihnen viel Freude damit.

Herzlich,

JENS SCHRÖDER und MARKUS WOLFF

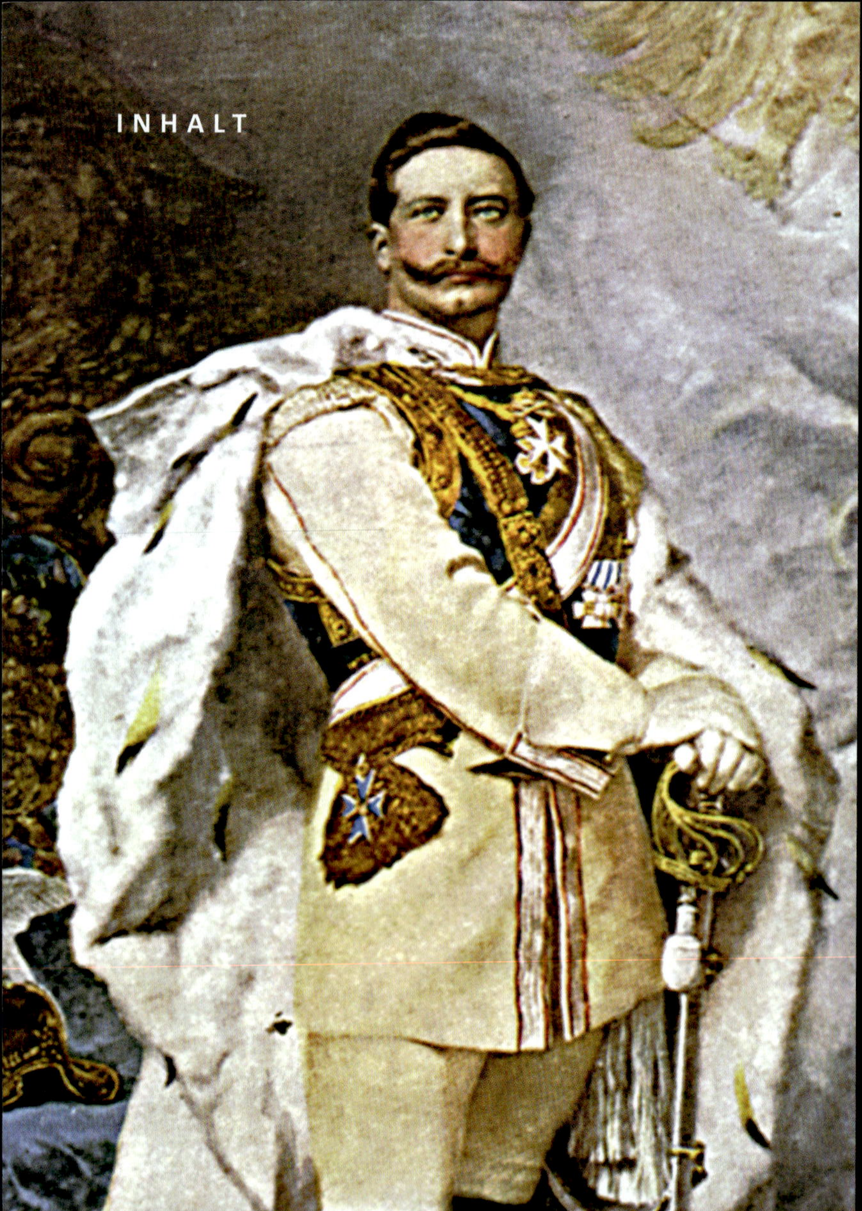

FACETTEN EINES NEUEN STAATES

In den Anfangsjahren des deutschen Kaiserreichs erproben Künstler unterschiedlichste Pfade: Einige zelebrieren das Nationale, andere blicken mit exaktem Realismus auf den Alltag. Und wieder andere setzen zur Flucht an: in exotische Szenerien und fantastische Gefilde. **Seite 40**

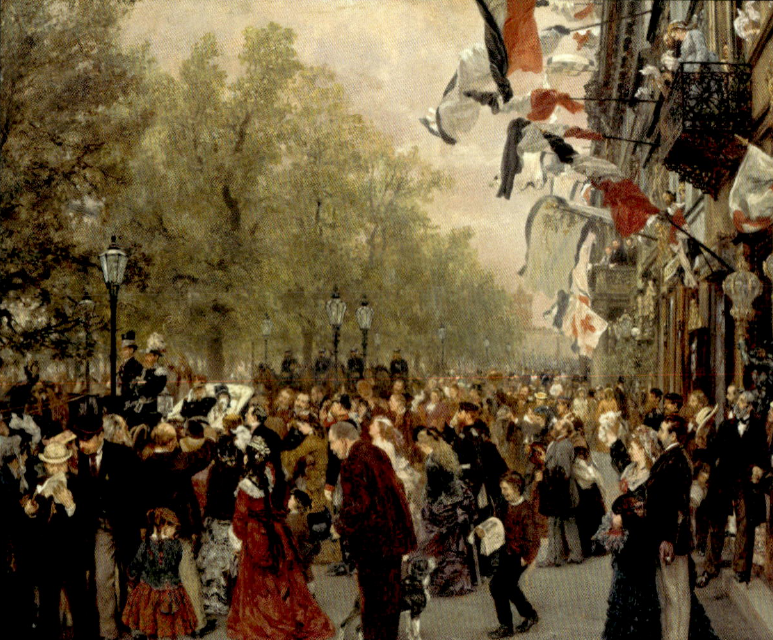

HERRSCHERKULT

Kaiser Wilhelm II. fördert die Kunst – um sie zu steuern. Eine konventionelle, pompöse Staatsästhetik soll die Monarchie feiern. Und nicht zuletzt eine Person verherrlichen: ihn selbst. **Seite 72**

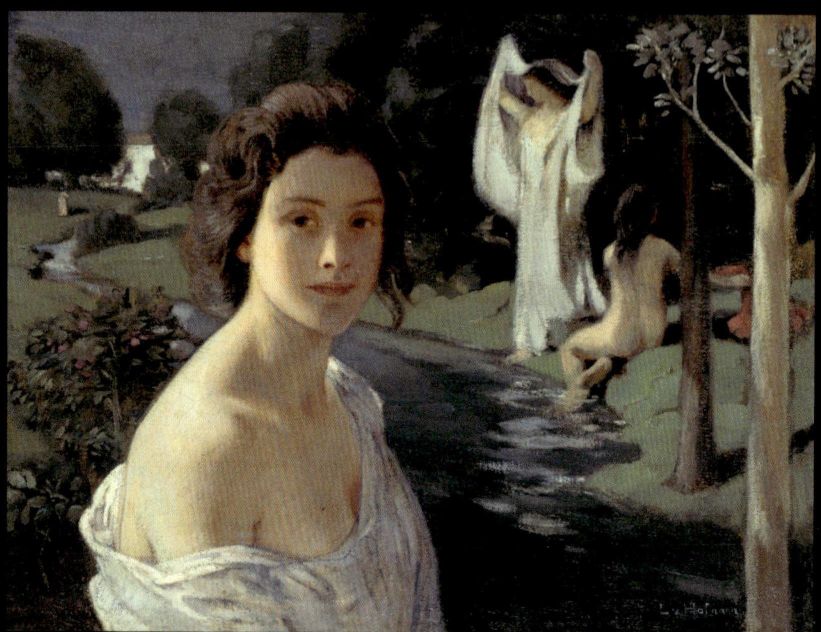

DAS DOPPELTE GESICHT

Das Kaiserreich ist geprägt vom Kontrast zwischen Adelsstaat und Industrienation. Auch seine Kunst changiert zwischen der Tradition und dem Neuen, Experimentellen. **Seite 6**

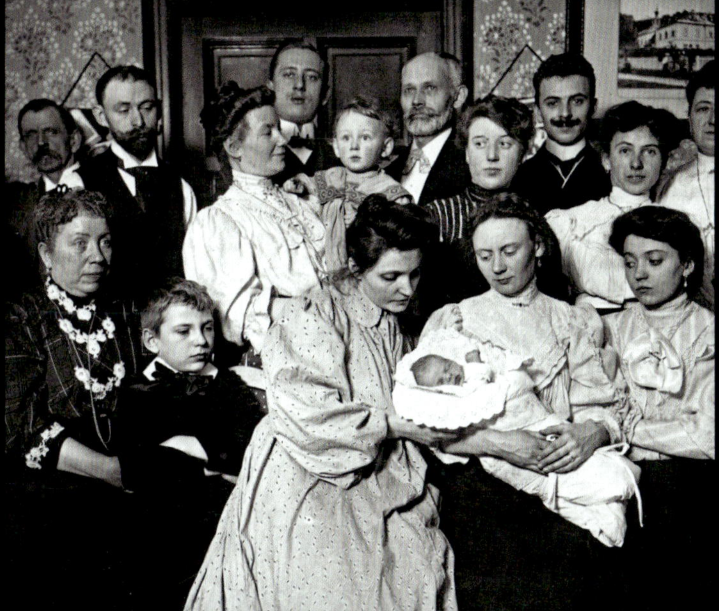

ABGRÜNDE DES ANSTANDS

Prunkvoll muss das Interieur sein, die Haltung tadellos. Das Bürgertum gibt sich um 1900 in allem diszipliniert und respektabel. Doch die Zerrüttung liegt mitunter bestürzend nah. **Seite 98**

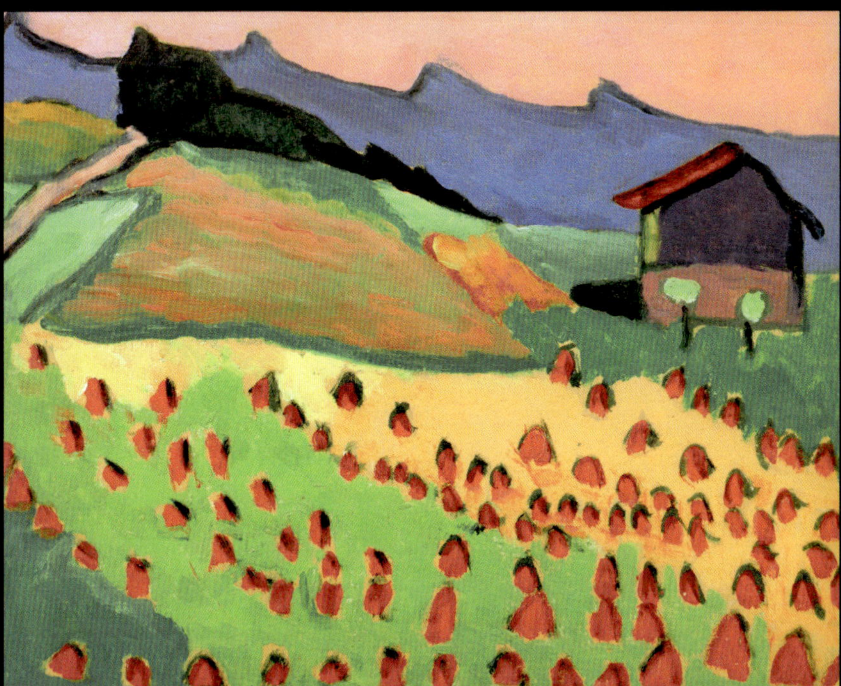

DIE BUNTE REVOLUTION

Für viele Deutsche ist es ein Schock: Künstlerinnen und Künstler verfremden die Farben und Formen ihrer

Alle Fakten und Daten in dieser Ausgabe sind vom GEO*EPOCHE*-Verifikationsteam auf ihre

Zwischen TRADITION und AUFBRUCH

Nach einem Sieg gegen Frankreich ersteht 1871 der erste deutsche Nationalstaat: das Kaiserreich der Hohenzollern, das fast 50 Jahre lang, bis zu seinem Kollaps 1918 am Ende des Ersten Weltkriegs, existiert. Ein Koloss, geprägt von harten Gegensätzen, nervös pendelnd zwischen feudalem Obrigkeitsstaat und fortschrittlichem Industrieland. Und auch in der Kunst zeigen sich zwei Gesichter: Lange ist das Reich Hort traditioneller Meisterschaft; aber schon bald auch ein Labor immer kühnerer Innovationen

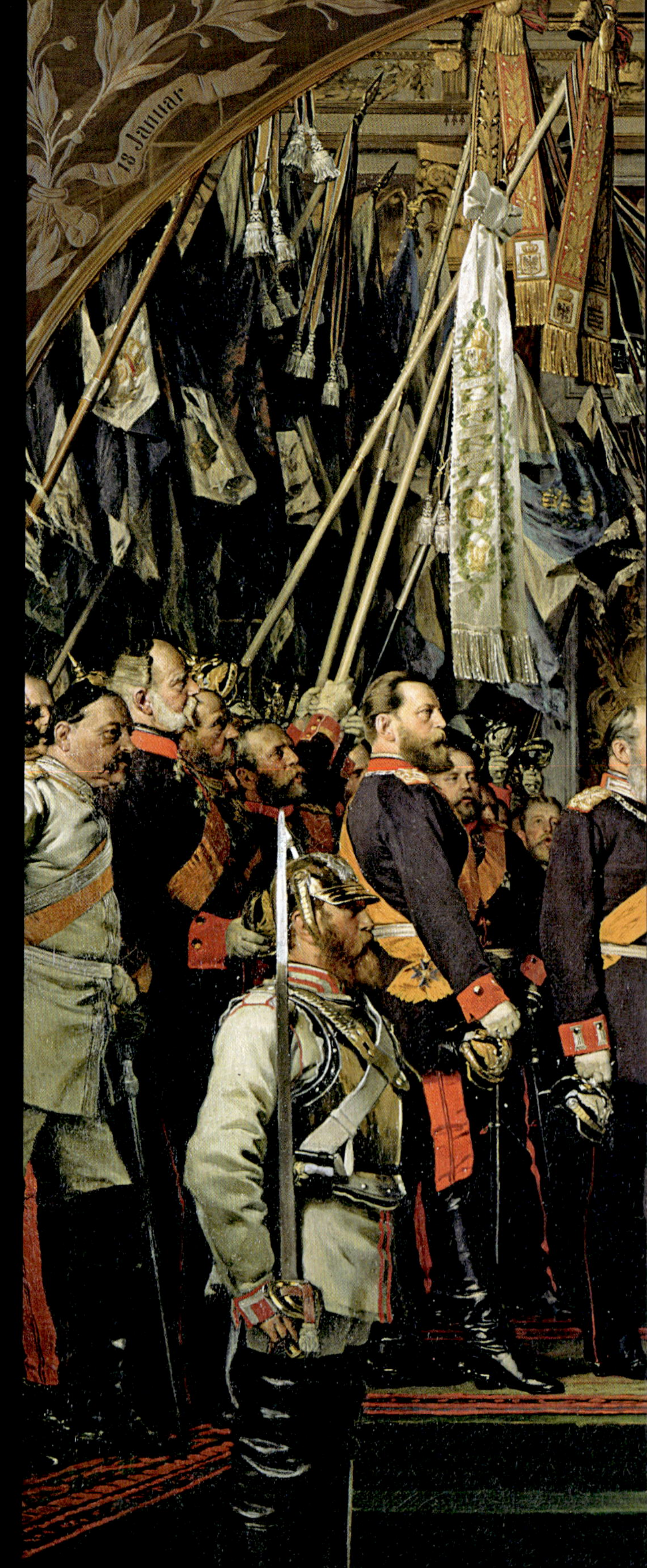

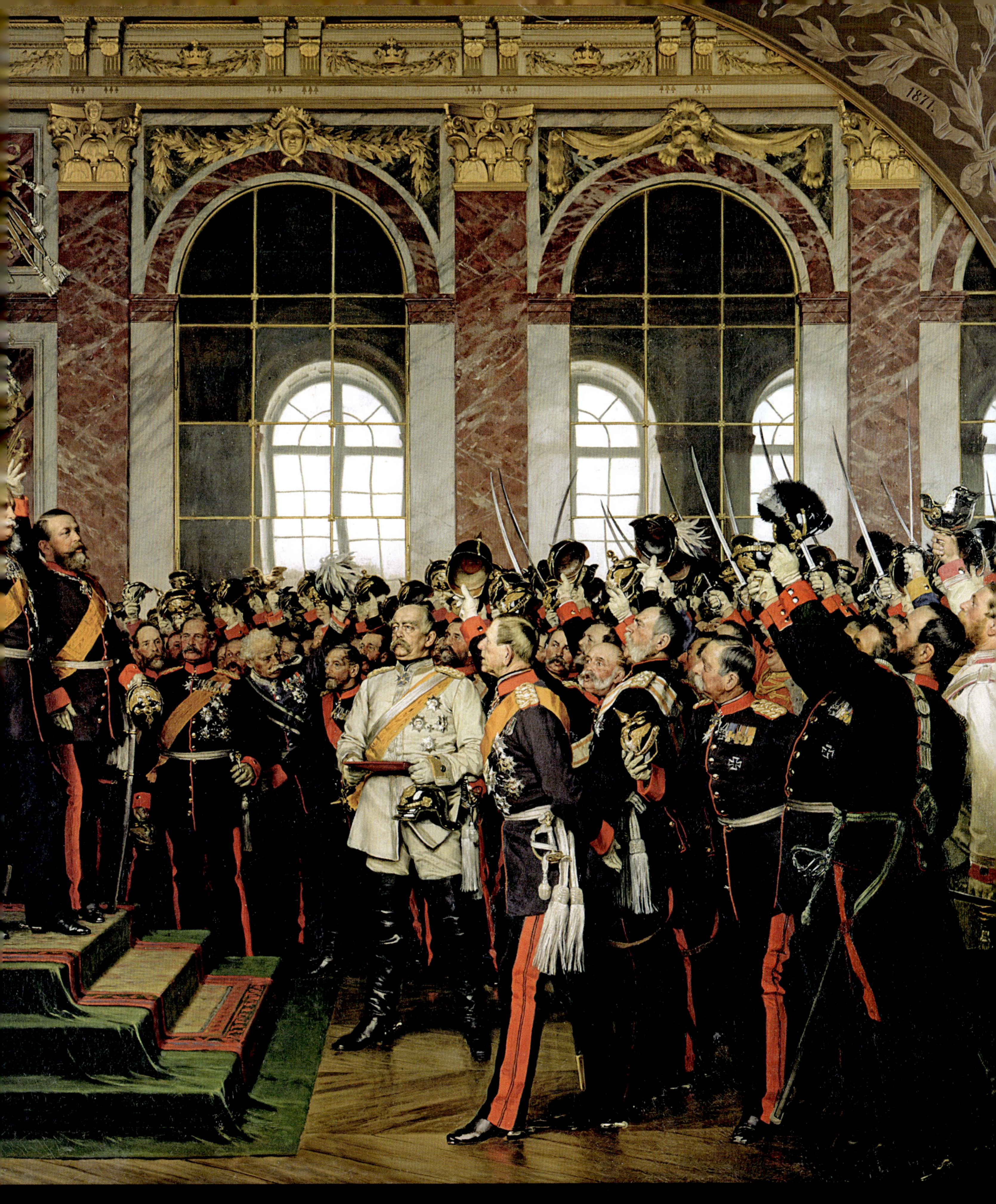

Der Urmoment des neuen deutschen Staates: Der Maler Anton von Werner, der dem Akt selbst beigewohnt hat, hält die **»KAISERPROKLAMATION«** vom 18. Januar 1871 im Spiegelsaal von Versailles im Großformat fest – und überhöht das Ereignis zugleich. In dieser Fassung für Otto von Bismarck aus dem Jahr 1885, einer von insgesamt vier Versionen, hat von Werner den Reichskanzler (in weißer Uniform) in den Mittelpunkt gerückt

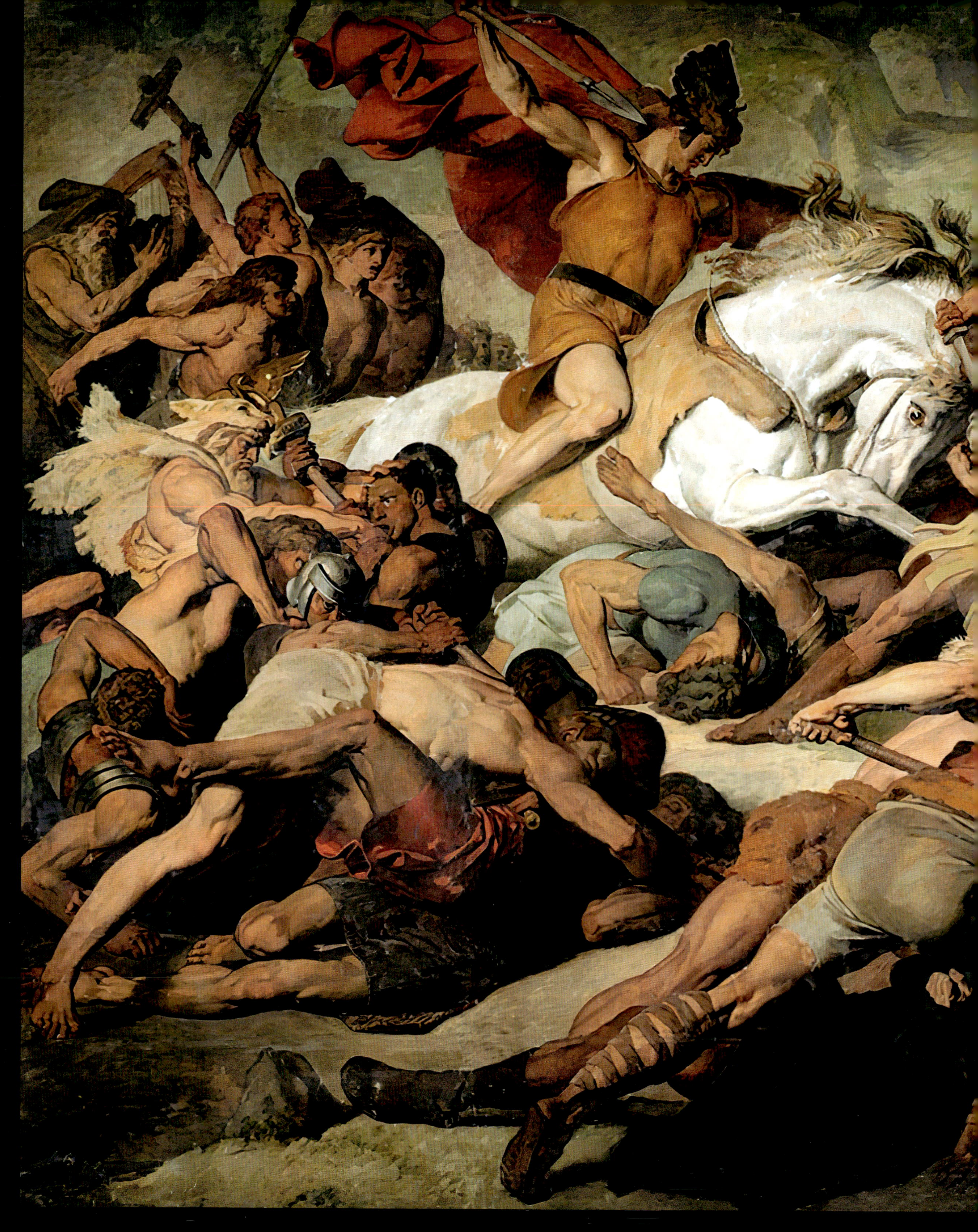

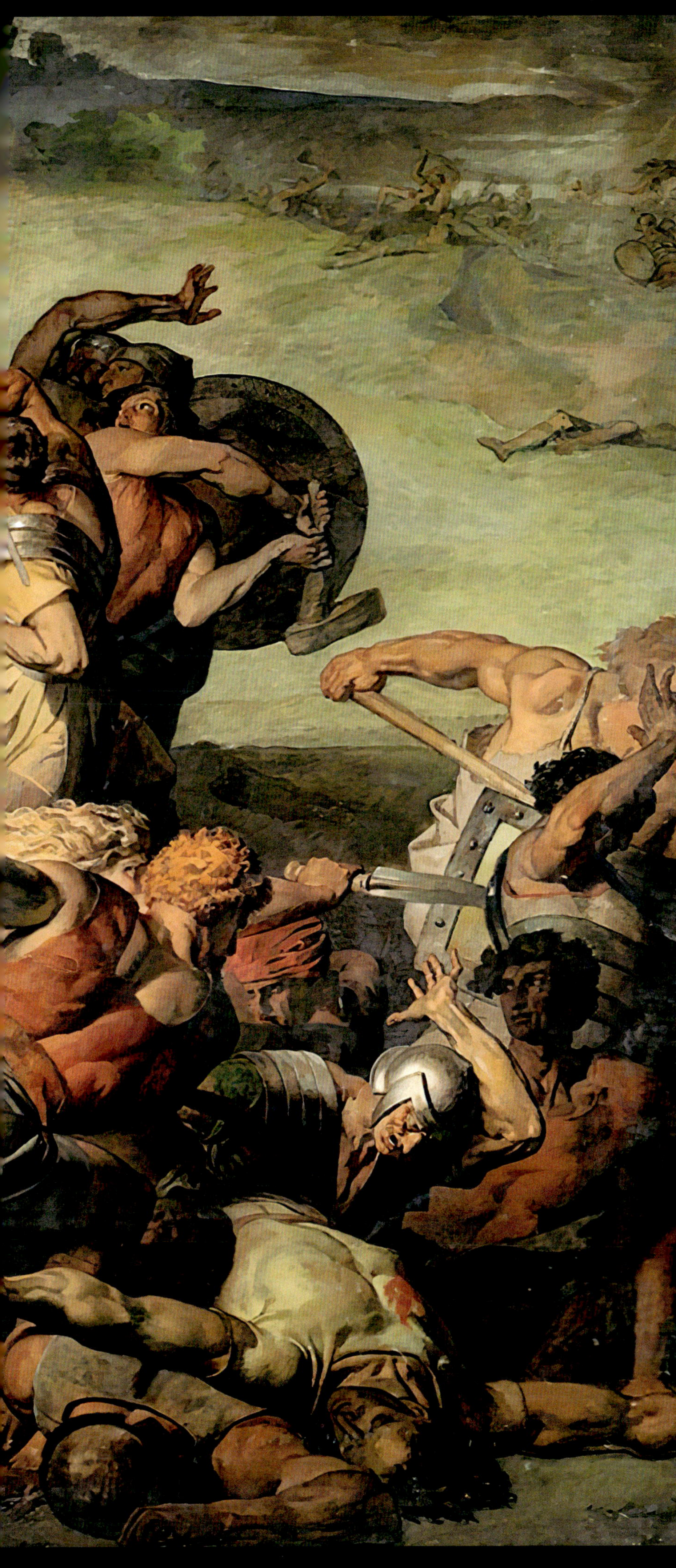

Die Inszenierung historischer Schlachten ist beliebt in der Kunst des 19. Jahrhunderts. Im jungen Kaiserreich dient sie nun dazu, eine kämpferische nationale Identität zu befeuern. **»DER SIEGREICH VORDRINGENDE HERMANN«**, der auf weißem Ross durch ein Leibermeer pflügt, um 1872 von Peter Janssen als Wandbild für das Krefelder Rathaus gefertigt, knüpft im Stil an Renaissance und Barock an – im Inhalt dagegen an die Zeit der Germanen

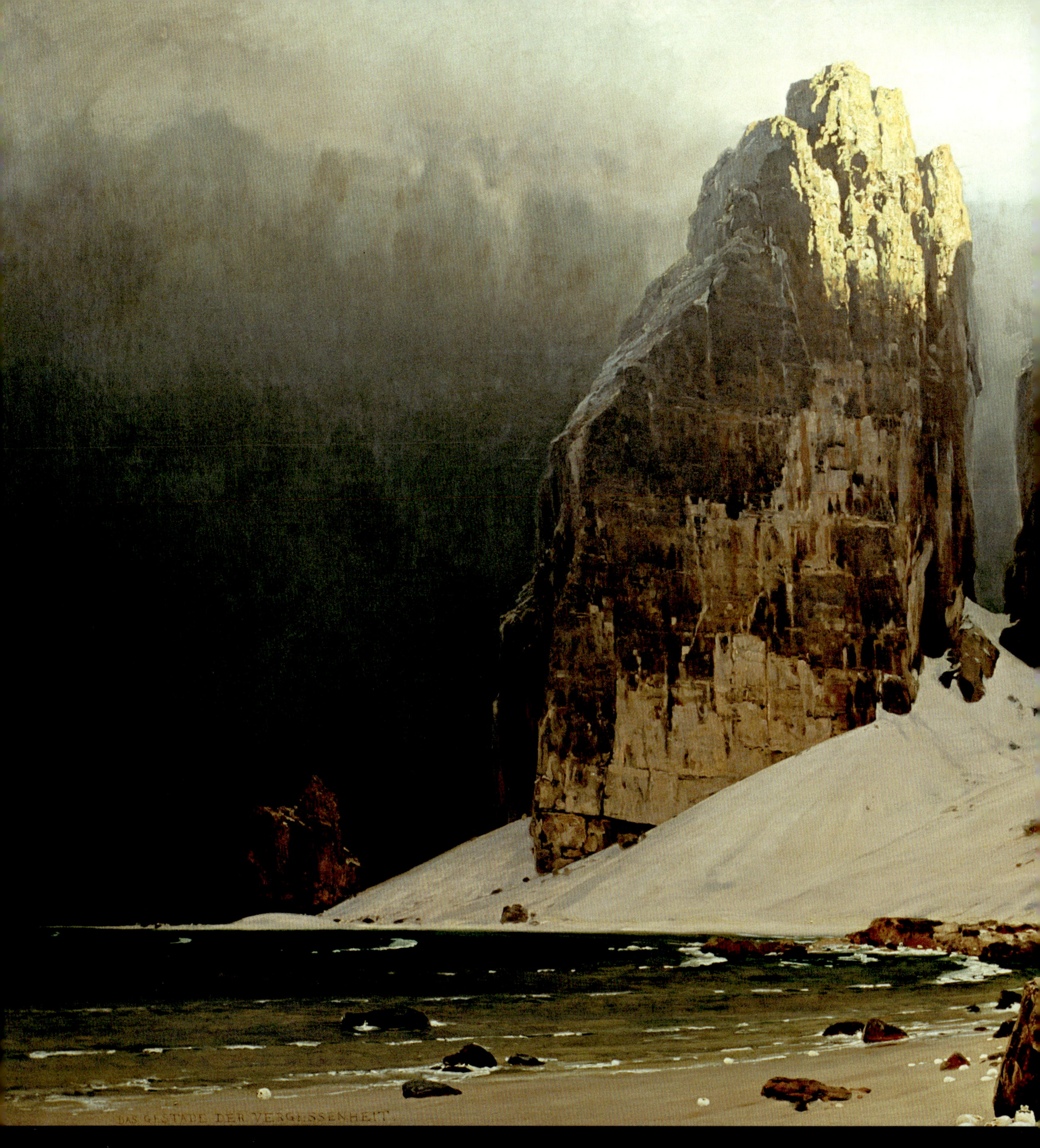

Monströs steigt die Felsformation am Ufer auf, strahlt zugleich Erhabenheit, Kälte und Einsamkeit aus. Landschaftsmaler Eugen Bracht hat das Motiv mit größter Naturtreue dargestellt, doch geht es ihm – ganz im Sinne des um 1880 aufkommenden Symbolismus – weniger um das Gezeigte als um dadurch versinnbildlichte, meist mehrdeutige Gedanken: hier etwa um den Verlust von geliebten Menschen oder eine Erde nach dem Untergang der Menschheit (**»DAS GESTADE DER VERGESSENHEIT«**, 1889)

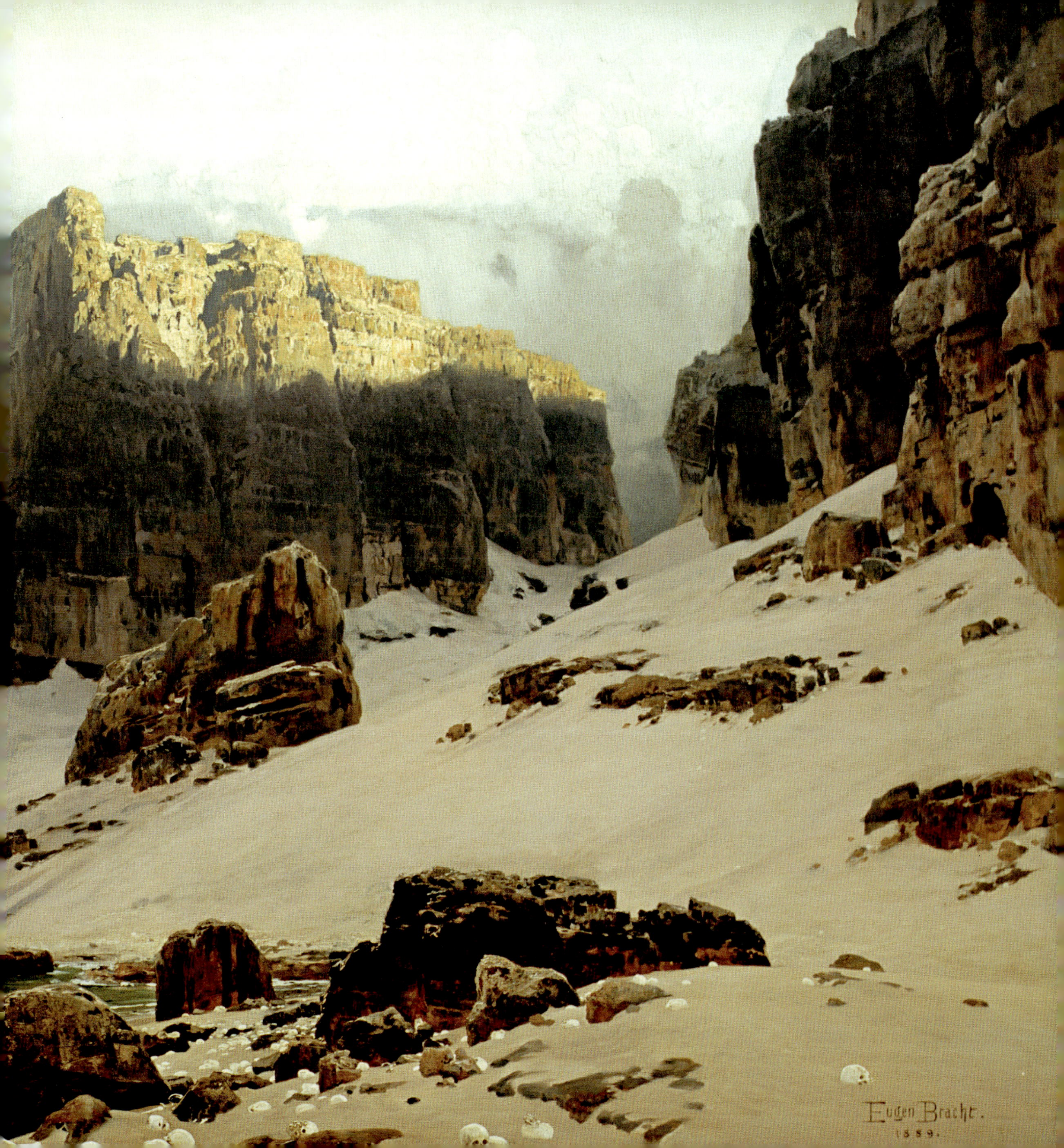
Eugen Bracht.
1889.

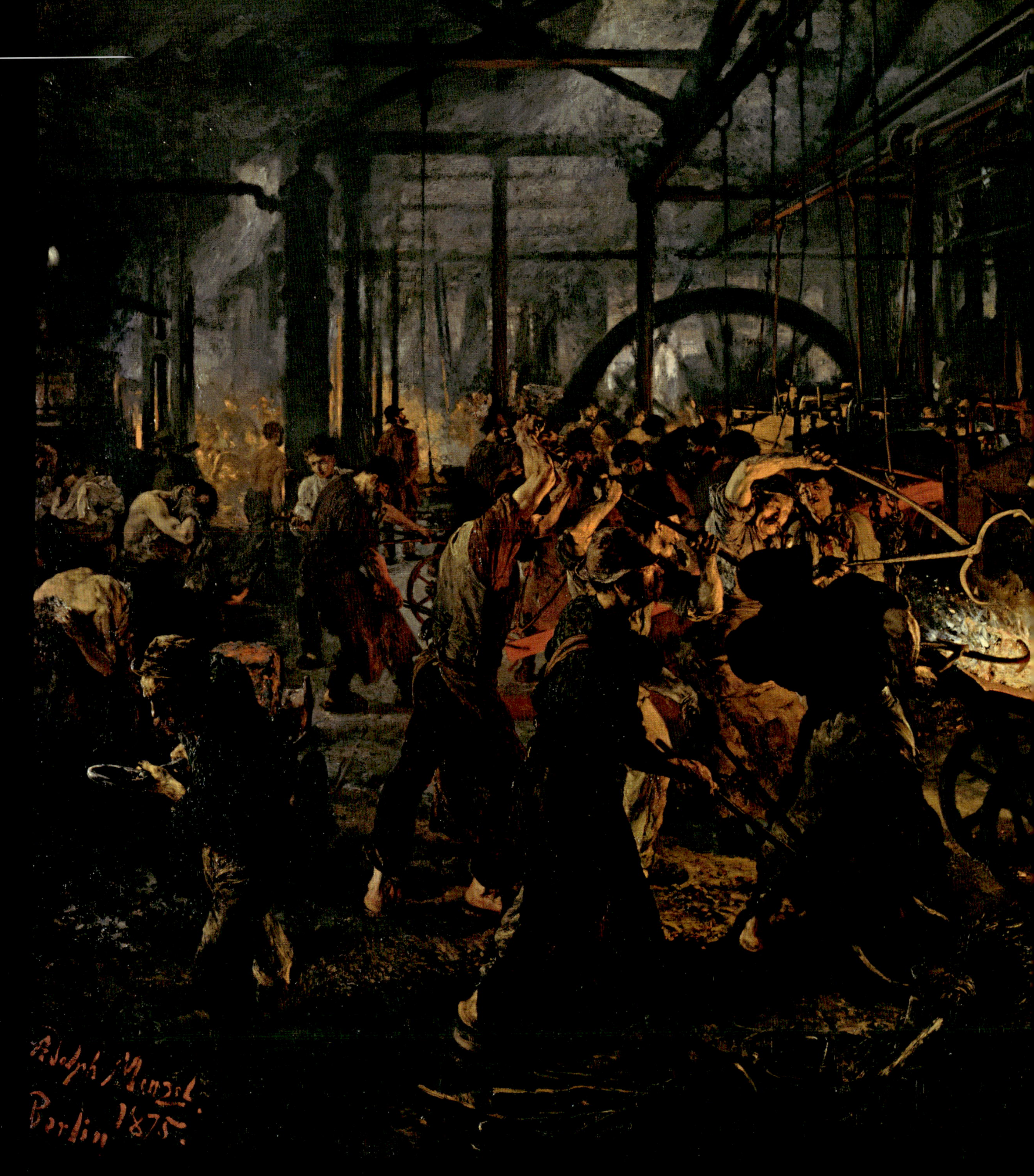
Adolph Menzel
Berlin 1875.

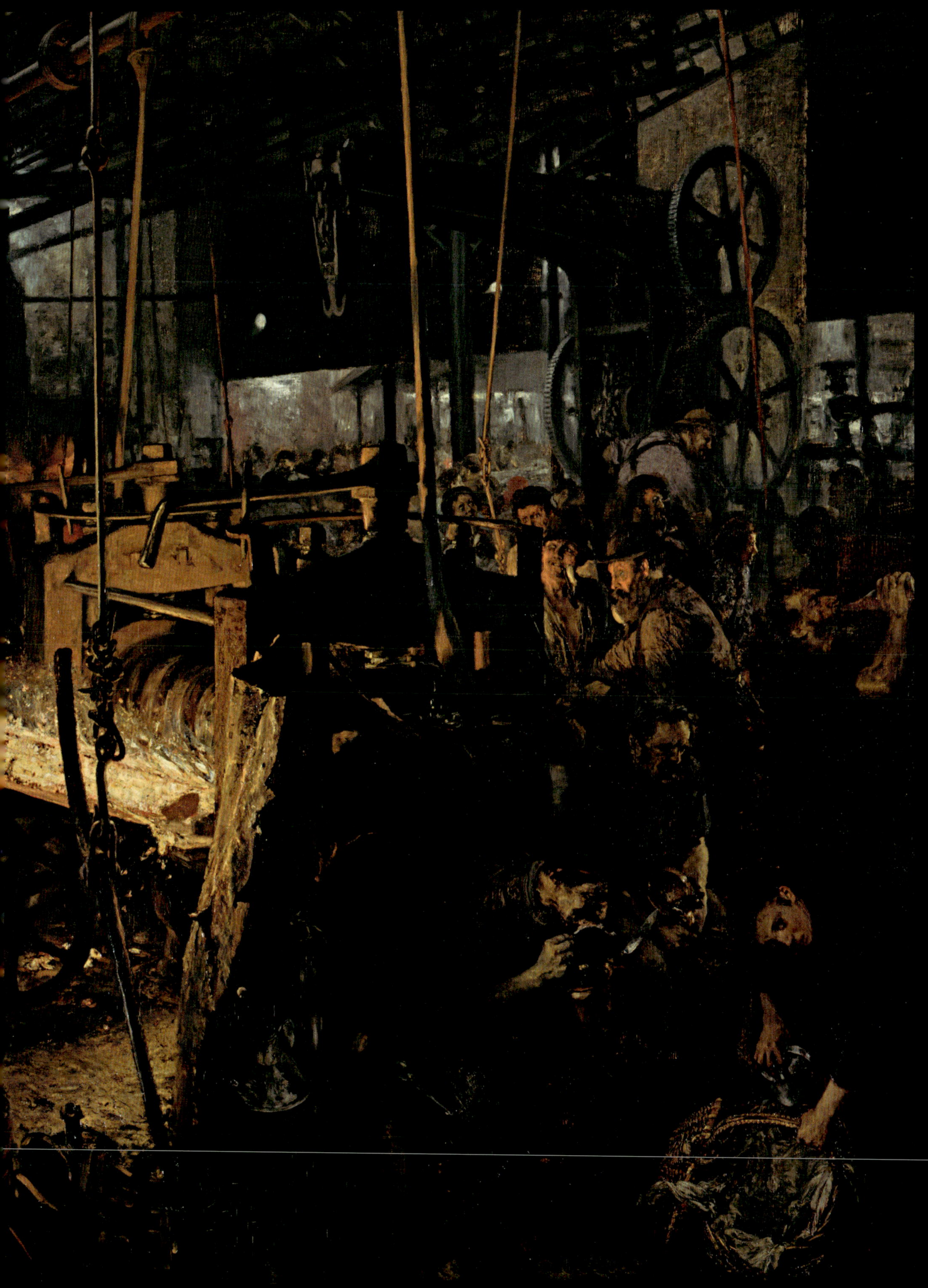

Wie ein umfassendes Schaubild jenes Fabrikzeitalters, in das das Kaiserreich nach seiner Gründung stürmt, wirkt das Gemälde **»EISENWALZWERK (MODERNE CYKLOPEN)«**. Denn Adolph Menzel, einer der bekanntesten deutschen Maler seiner Zeit, stellt hier 1875 nicht nur den Arbeitsprozess mit dem glühenden Metall dar (Mitte), sondern erzählt ebenso, wie die Arbeiter sich nach Schichtende waschen (links) und sich in den Pausen für die Anstrengungen stärken (rechts vorne). Trotz der Düsternis scheint der Künstler nurmehr zu beobachten, kein Urteil zu fällen. Und so bleibt offen, ob die rasche Industrialisierung vor allem Fortschritt oder Mühsal bringt

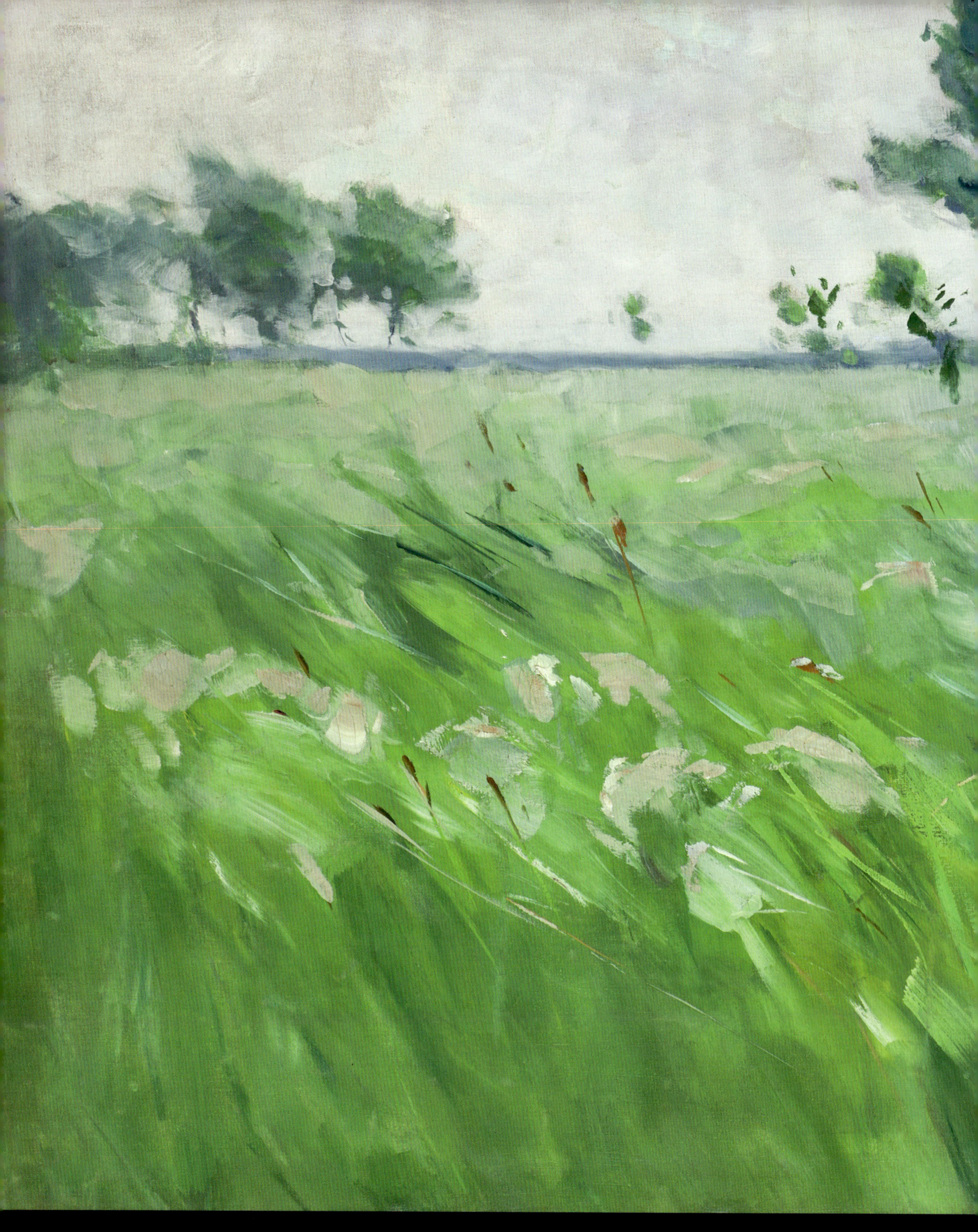

Bald erkunden Künstler auch freiere Techniken, weichen vom akribischen Handwerk ab, das an den staatlichen Akademien gelehrt wird. So hellt sich andschaftsmalers Karl Hagemeister nach einer Studienreise nach Frankreich merklich auf – auch der Pinselstrich wirkt wie entfesselt (»ÜBERWEHTE

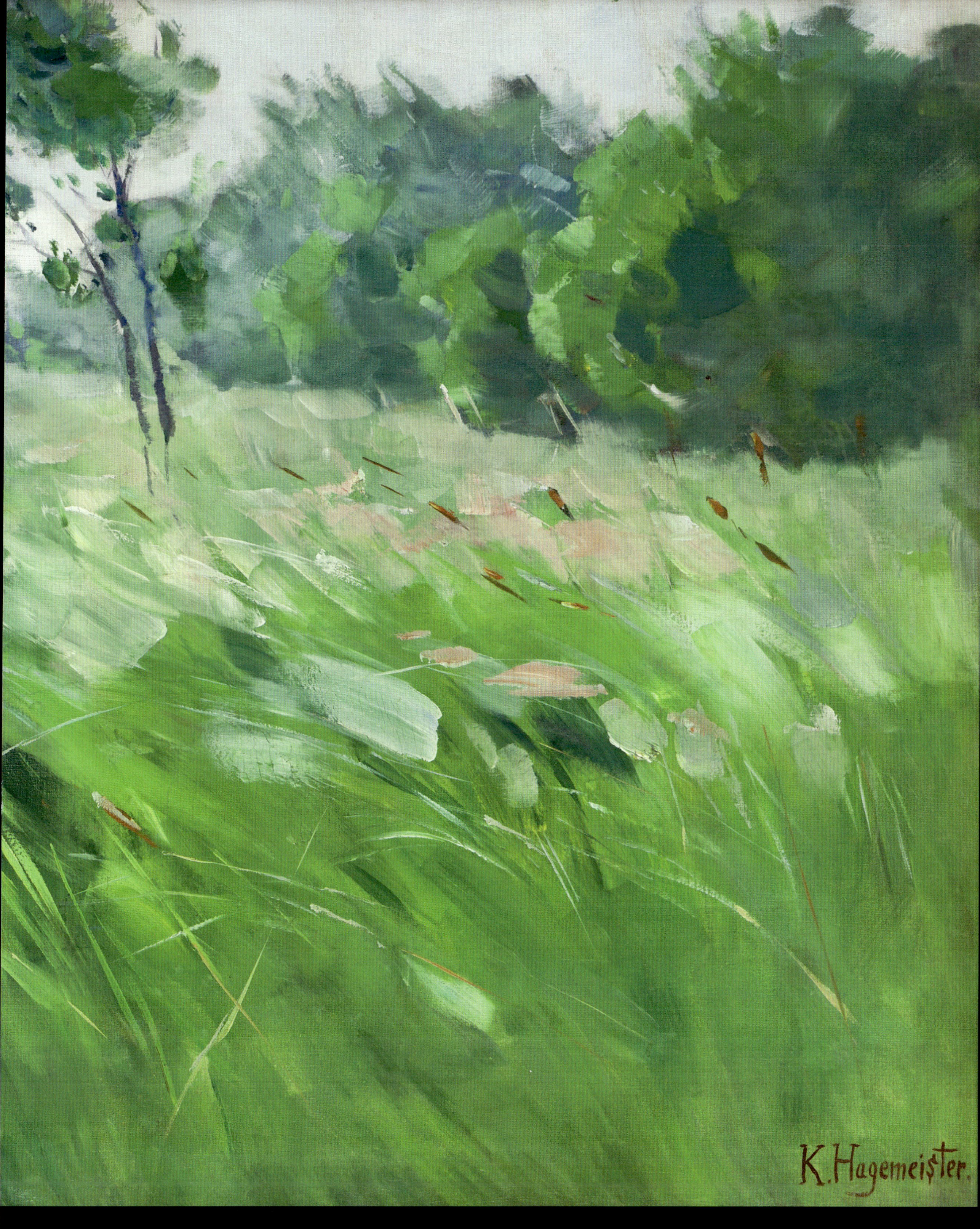

nicht nur die Farbpalette des
FRÜHLINGSBLUMENWIESE«, um 1893)

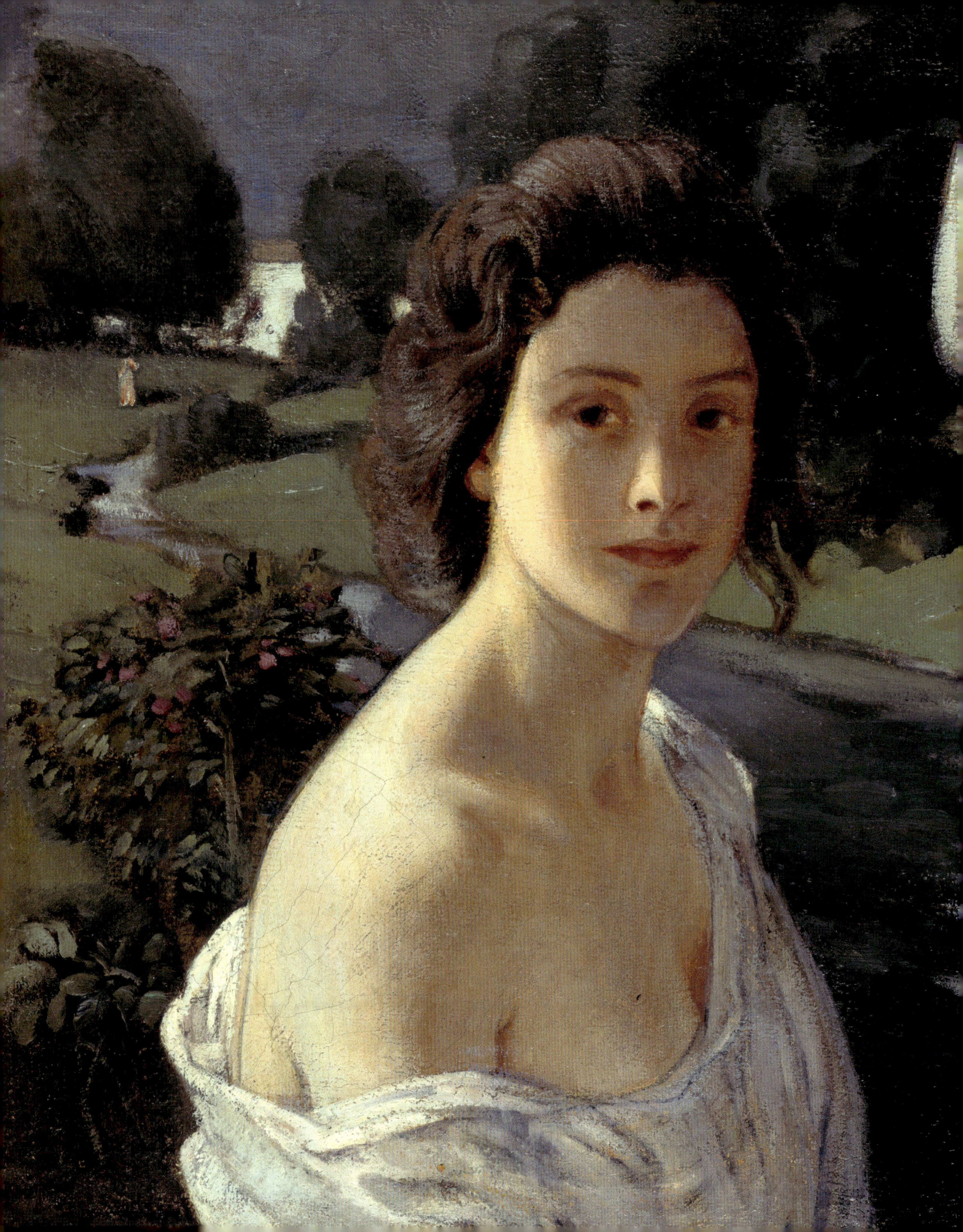

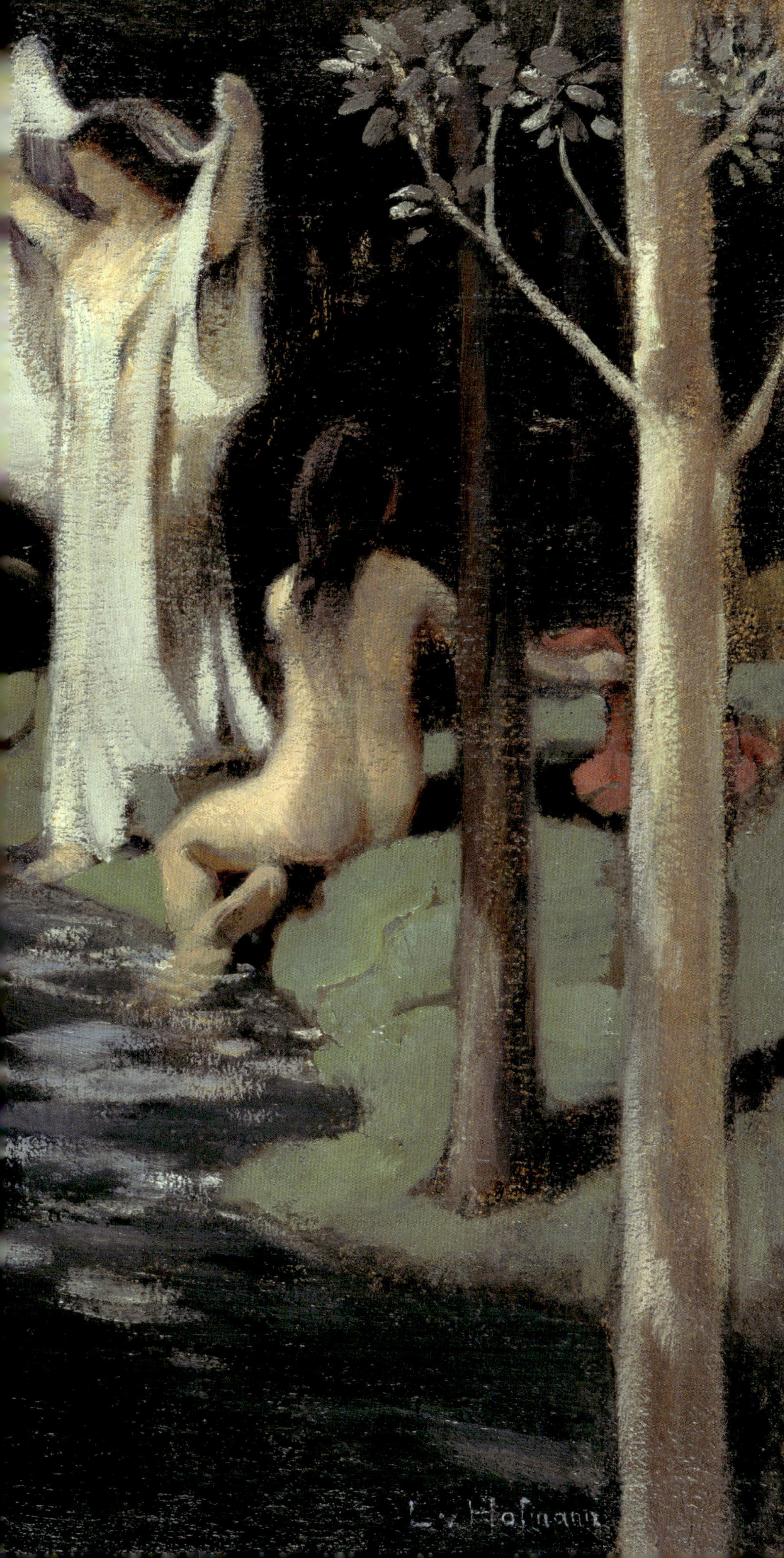

Eine idyllische Traumwelt, getaucht in sanftes Mondlicht: Die weibliche Person im Vordergrund hebt sich von der romantischen Szenerie ab, ist aber zugleich – möglicherweise als die Geschehnisse Träumende – Teil von ihr. Der in Darmstadt geborene Ludwig von Hofmann, der hier wahrscheinlich seine Cousine und spätere Ehefrau Elly Kekulé porträtiert hat, spürt in seinen Werken vielfach einer paradiesischen Verbindung von Mensch und Natur nach – ein Merkmal des um 1900 aufkommenden Jugendstils (**»NOTTURNO«**, um 1897)

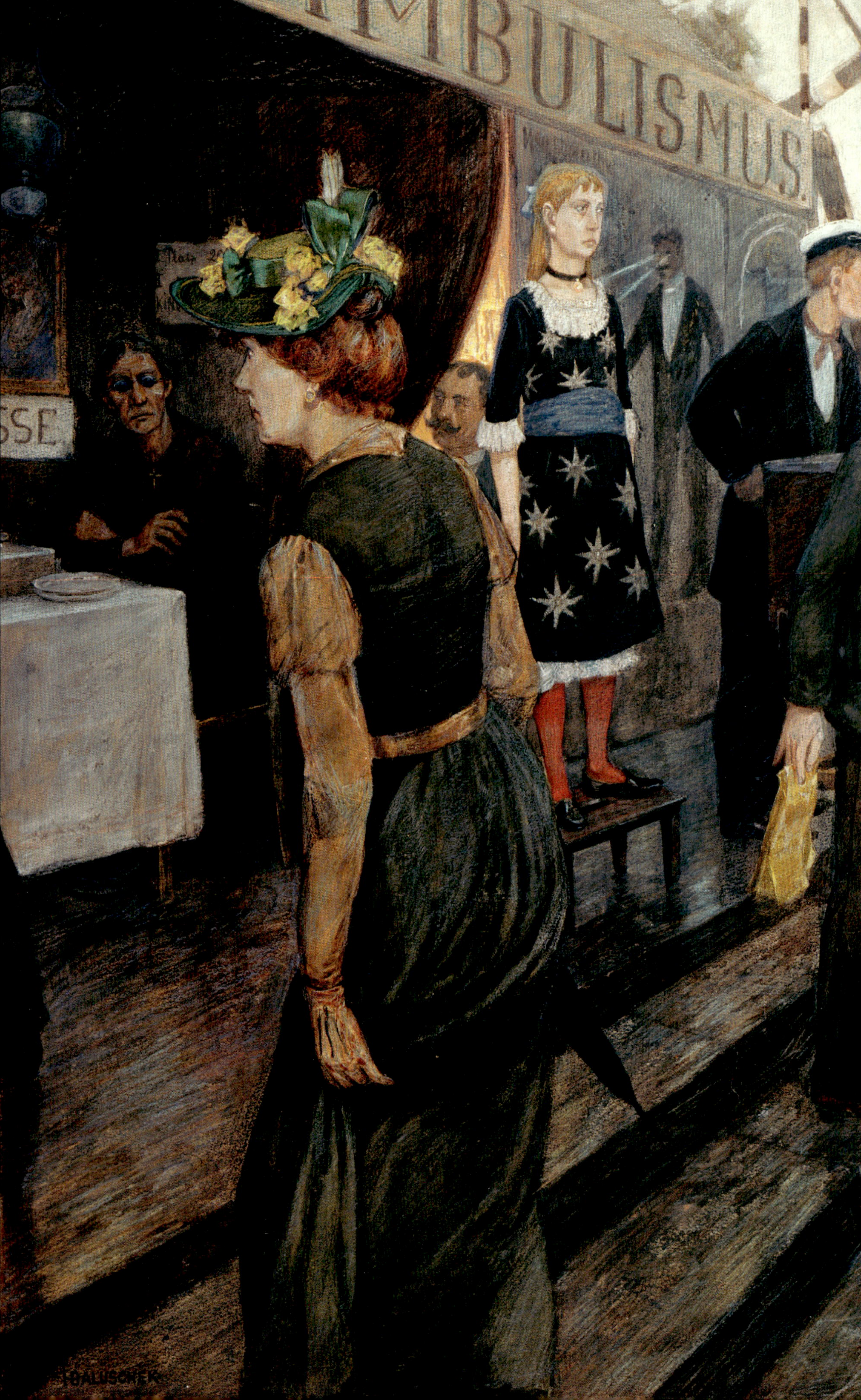

Jenseits von Mystik und Historismus entwickeln immer mehr Maler das Bedürfnis, die alltägliche Realität um sie herum abzubilden – einige mit scharfem, kritischem Auge. So findet Hans Baluschek, der sich politisch für die Sozialdemokraten engagiert, seine Motive vor allem in den Armenvierteln und Randbezirken Berlins. In **»VERGNÜGUNGSPARK – DIE ALTE HASENHEIDE«** (1895) präsentiert er einen Jahrmarkt nur als vermeintliches Amüsement: Der Blick in die freudlosen, leeren Gesichter, auf den fast apathisch an seiner Wurst knabbernden Jungen offenbart das harte, unerfüllte Leben in der Massengesellschaft des Kaiserreichs

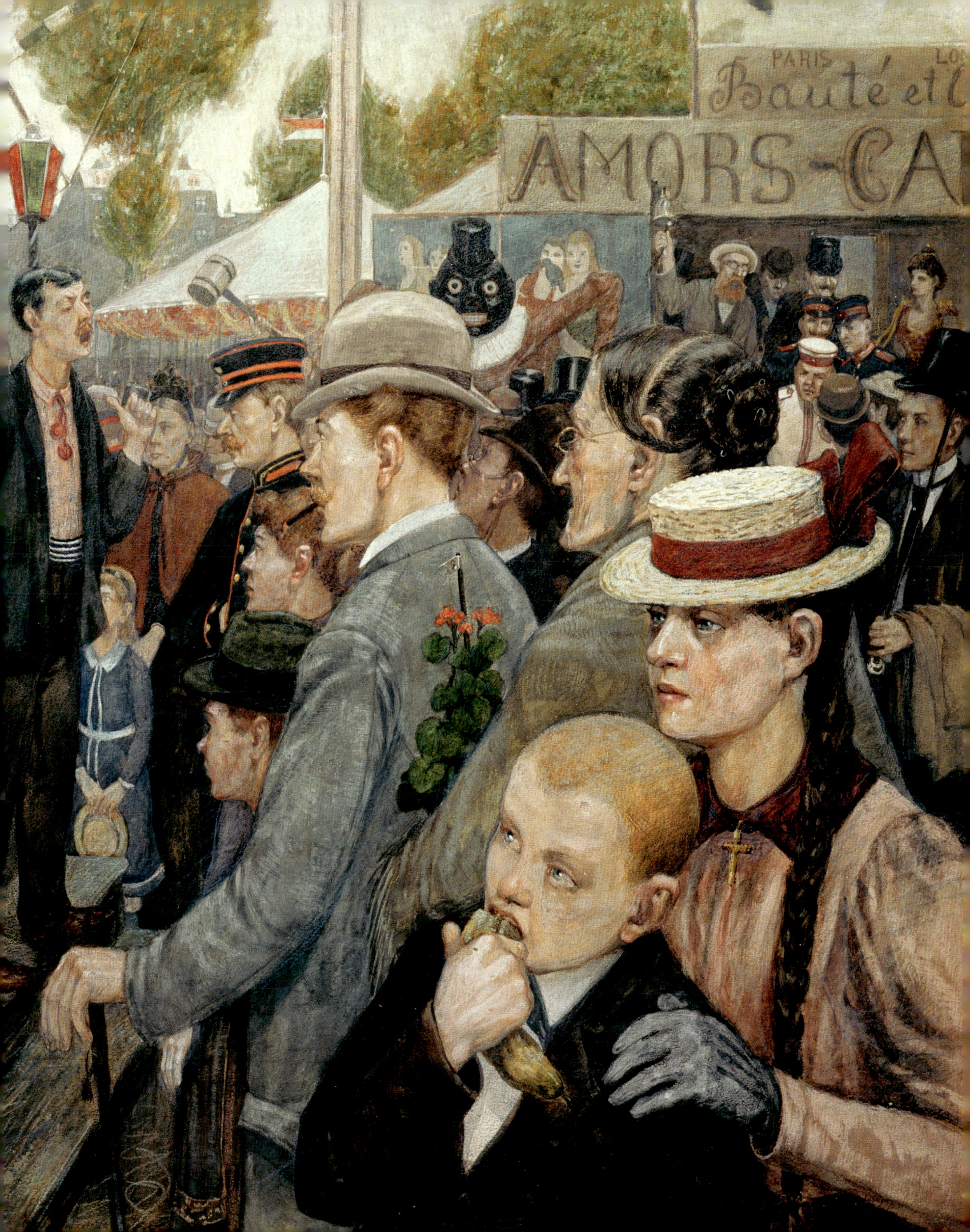
PARIS
AMORS-

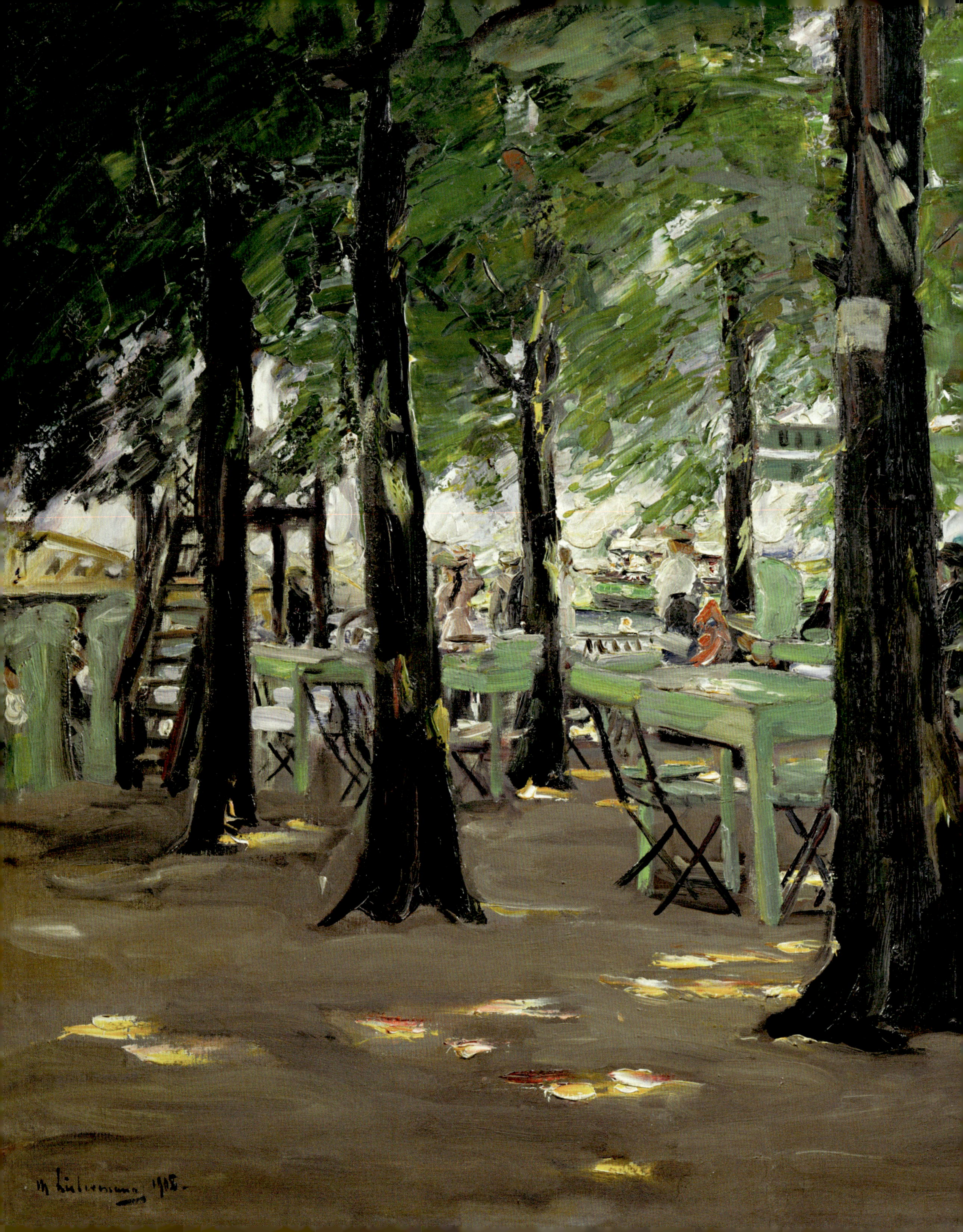

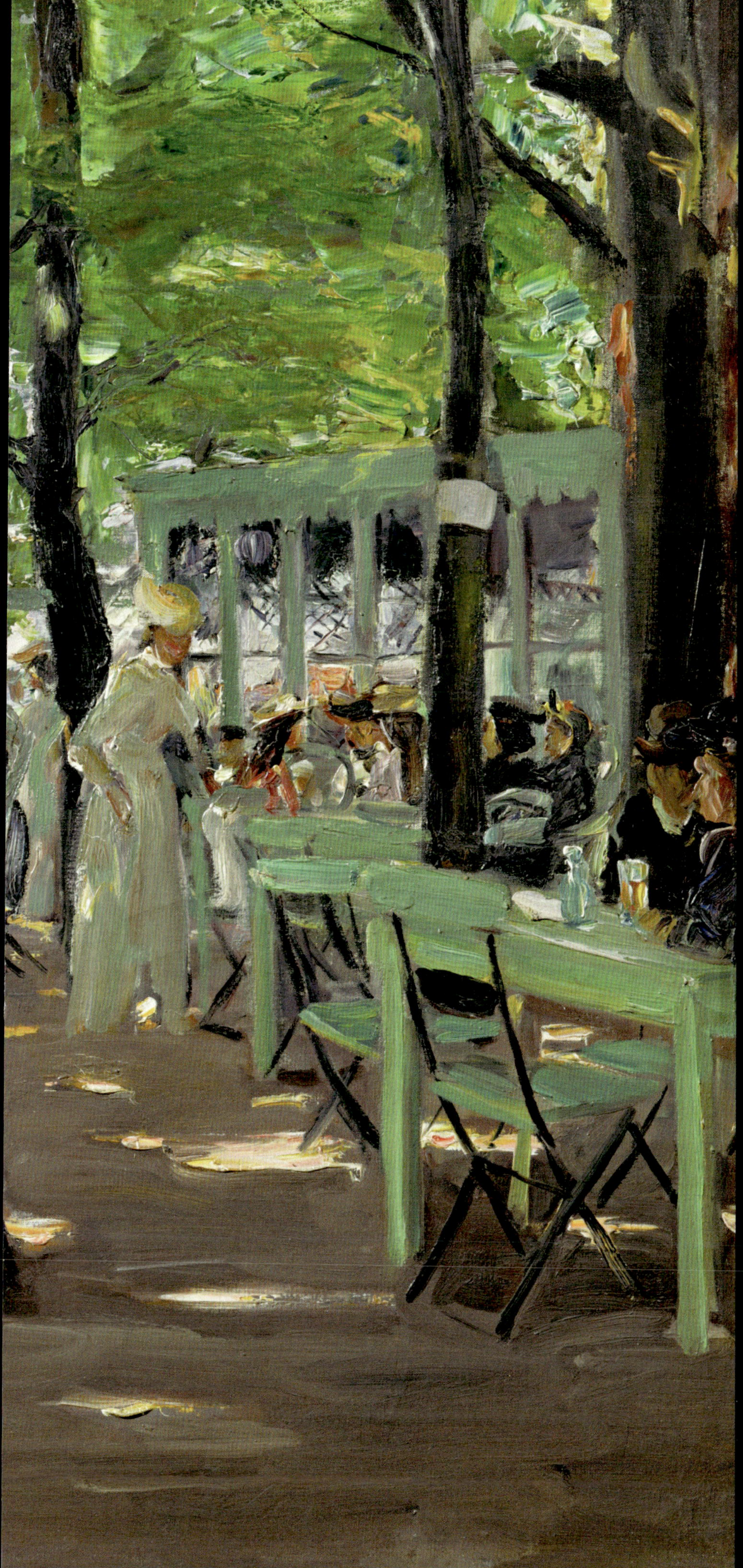

Viele Male bannt Max Liebermann Ausflugslokale und ihre Gäste auf Leinwand, zunächst in realistischer, naturgetreuer Malweise, später, wie hier 1905 das **»RESTAURANT ›DE OUDE VINK‹ IN LEIDEN«**, in der frischen Manier des Impressionismus, als Ansicht aus getupften Lichteffekten. Auch außerhalb des Ateliers setzt sich der Maler für eine fortschrittliche Ästhetik ein, organisiert sich mit Gleichgesinnten. Und hat Erfolg: Zwar verbindet Herrscher Wilhelm II. die moderne Kunst mit dem »Rinnstein«, dennoch zählt Liebermann am Ende der Kaiserzeit zu den renommiertesten Malern des Landes

Eine Explosion aus Farben verschmilzt Himmel, Meer und Ufer. Wie im Rausch hat der Künstler Emil Nolde 1909 für seinen »SONNENUNTERGANG« das Kolorit aufgetragen, es dabei zu einem Ausdruck seiner tiefsten Emotionen werden lassen; nur die Schemen eines Ruderbootes verankern das Motiv noch in der vertrauten Wirklichkeit. Vehement wenden sich Nolde und andere Expressionisten mit ihren wilden Kompositionen gegen die konventionelle Malerei ihrer Zeit, aber auch gegen die impressionistischen Neuerer – und werden so zu einer der radikalsten ästhetischen Strömungen im Kaiserreich

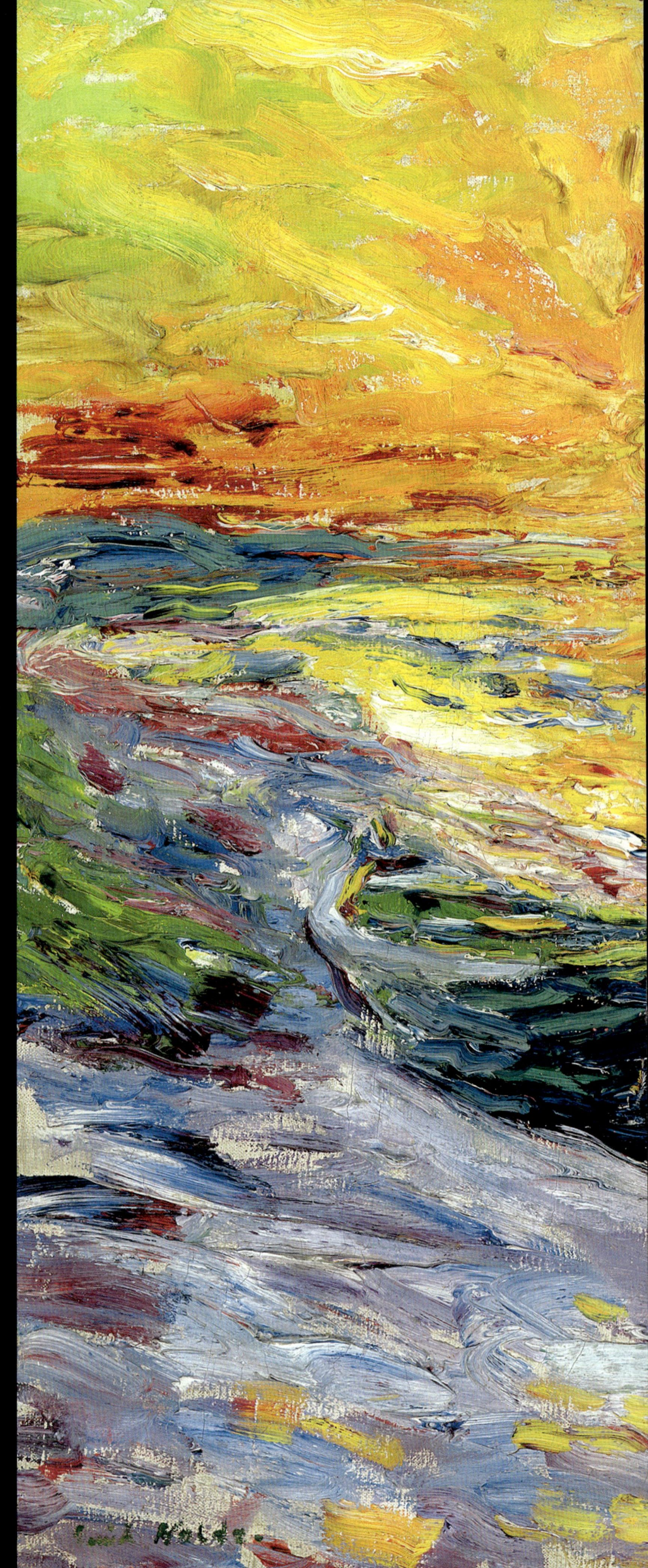

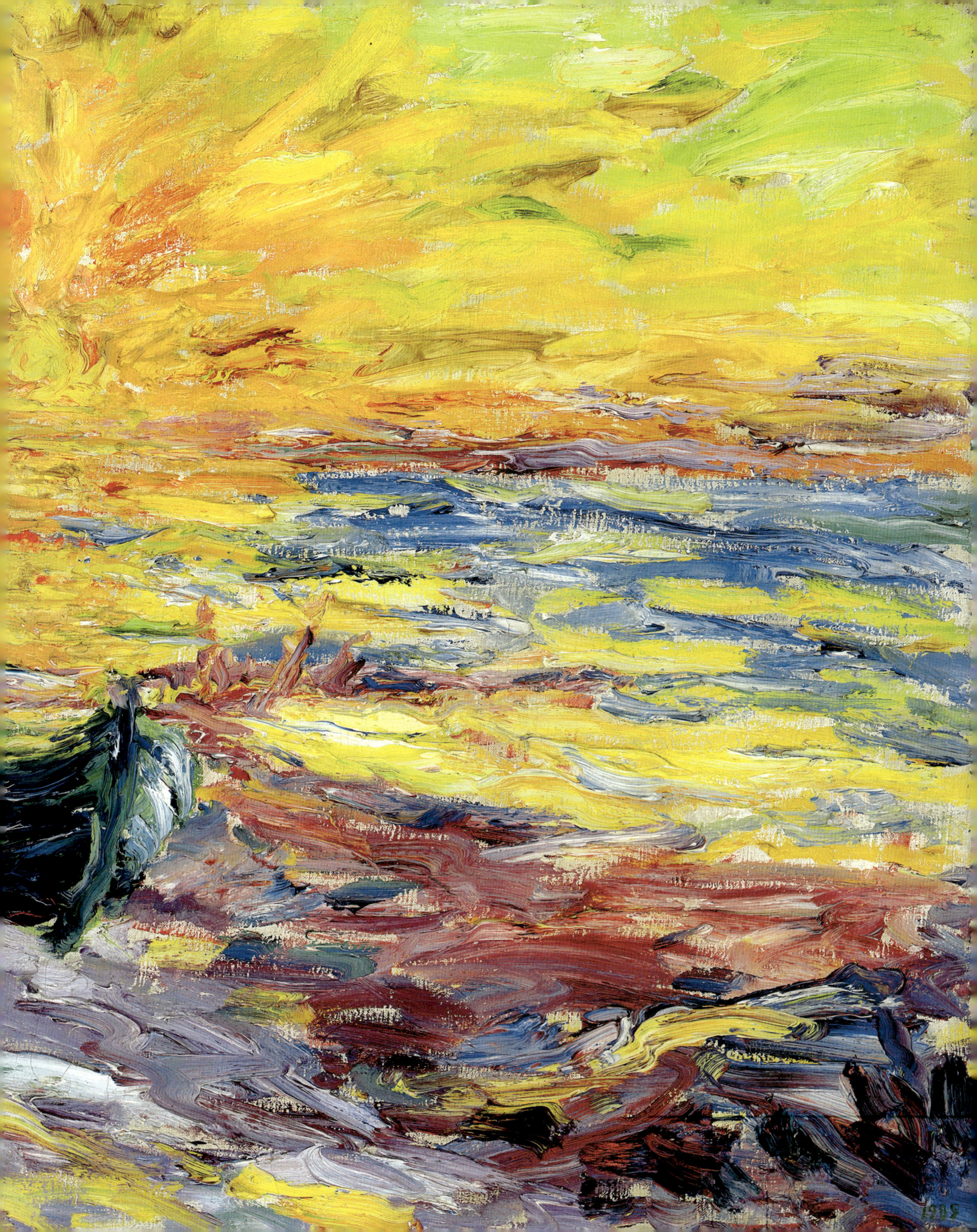

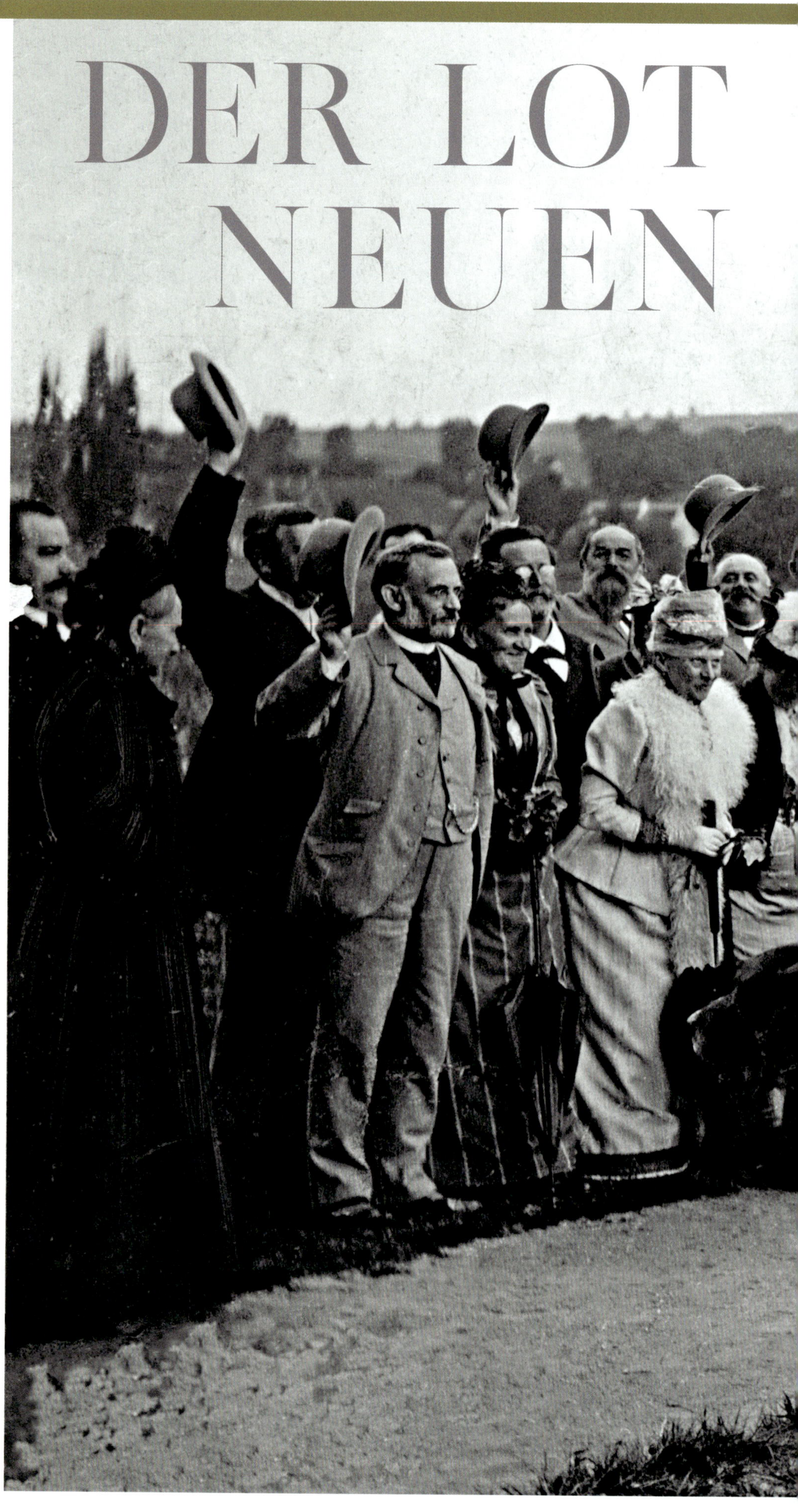

DER LOT NEUEN

Die Gründung des Deutschen Kaiserreiches ist das Werk eines einzelnen Mannes: des preußischen Ministerpräsidenten Otto von Bismarck. Mit Intrigen und Kriegen – zuletzt gegen Frankreich – hat der skrupellose Politiker 1871 sein großes Ziel erreicht und aus 25 Einzelstaaten eine geeinte Nation geschmiedet. Noch für zwei weitere Jahrzehnte wird vor allem er die Geschicke der Deutschen bestimmen. Bis man ihn angeblich nicht mehr braucht

Text: HEINRICH JAENECKE

Ehrfürchtig senken die Damen das Haupt, jubelnd schwenken die Herren ihre Hüte, als Otto von Bismarck 1890 in Bad Kissingen mit seiner Dogge an ihnen vorüberschreitet. Noch in hohem Alter ist der Staatsmann eine imposante Erscheinung und bei vielen Deutschen beliebt. Das war nicht immer so

SE DES DEUTSCHLAND

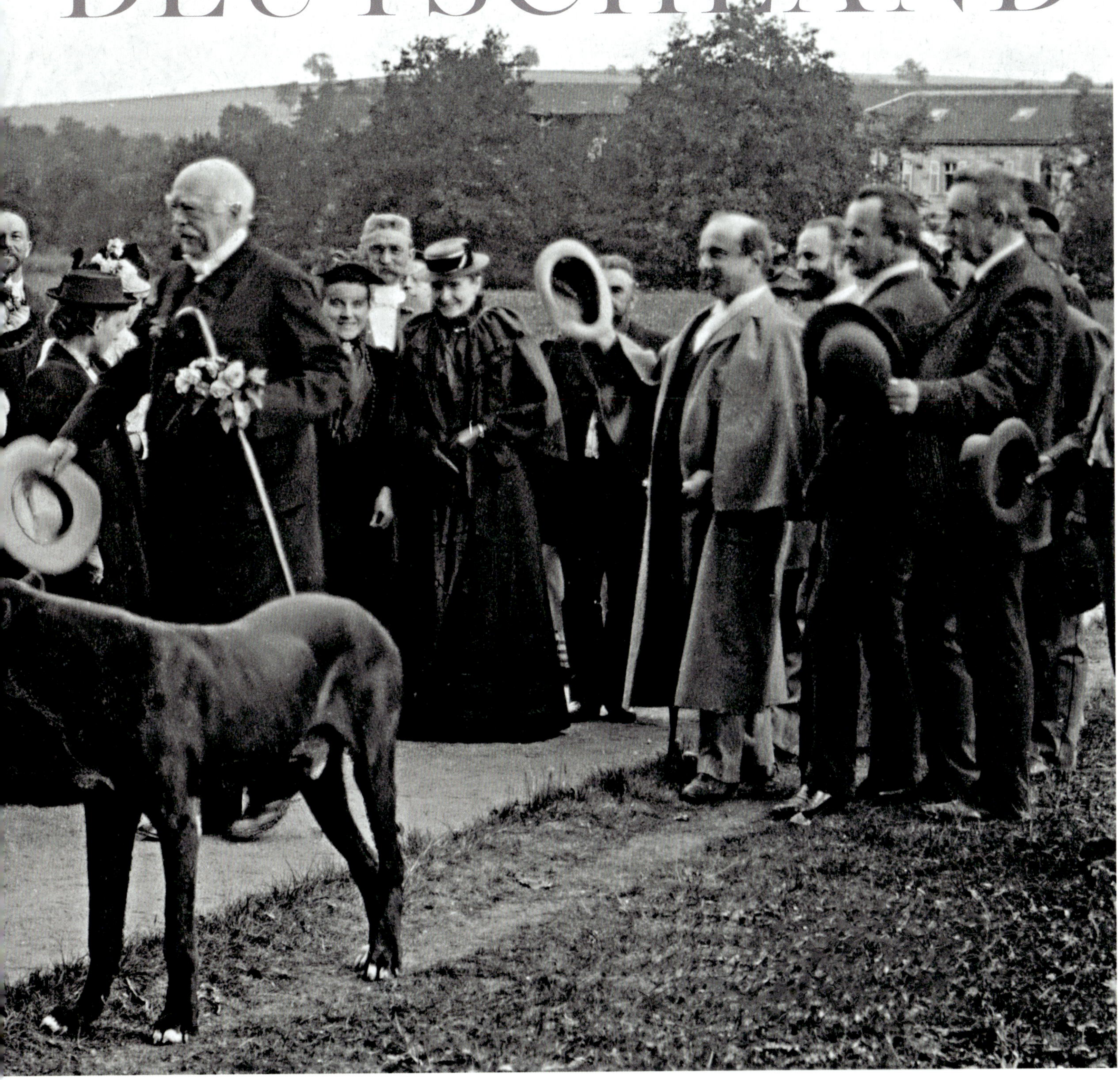

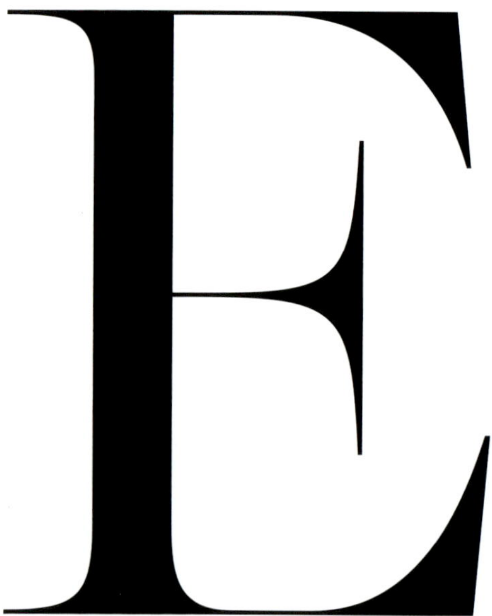

Er war ein Gewaltmensch. In der hünenhaften Gestalt mit dem massigen Schädel brannte eine vulkanische Energie, die aus seinem Leben eine Kette unaufhörlicher Kämpfe machte. Blut schreckte ihn nicht. Als Student schlug er in drei Semestern 28 scharfe Mensuren und kam bei allen glimpflich davon. Als Staatsmann brach er in sechs Jahren drei Kriege vom Zaun, die er alle gewann. Er stapfte mit seinen Kürassierstiefeln durch das Jahrhundert und ließ ganz Europa erbeben in Schrecken und Bewunderung.

Er war kein Gewaltmensch. In der hünenhaften Gestalt mit dem massigen Schädel hauste eine empfindsame, harmoniebedürftige Seele. Er litt unter schweren Depressionen und wurde in Lebenskrisen von Weinkrämpfen geschüttelt. Seiner Frau schrieb er von jeder Reise, jedem Feldzug, jeder Konferenz die zärtlichsten Briefe, über 40 Jahre hinweg. Er konnte kaltblütig über Schlachtfelder reiten, aber er geriet in Panik, wenn er drei Tage lang keine Post von ihr bekam.

Er hasste seine Mutter, eine schöne, gebildete, ehrgeizige Frau, die ihn mit sechs Jahren aus seinem Kinderparadies, dem väterlichen Gut, riss und nach Berlin in ein Internat steckte. „Meine Kindheit hat man mir in der Plamannschen Anstalt verdorben, die mir wie ein Zuchthaus vorkam."

Die Frauen seiner Dienstherren, Kaiserin Augusta und ihre englische Schwiegertochter Victoria, verabscheuten ihn. „Fürst Bismarck hat so viel Brutales und Zynisches, so wenig Anständiges und Ehrliches in seiner Natur; er ist ein Mensch aus einem ganz anderen Jahrhundert" – so Victoria, die Gemahlin Kaiser Friedrichs III.

Er polarisierte und hatte ein Vergnügen daran. Er machte Bewunderer zu Feinden und Feinde zu Bewunderern. Theodor Fontane, anfangs ein Bewunderer, nannte ihn eine „Mischung von Übermensch und Schlauberger, von Heros und Heulhuber".

Die preußische Kardinaltugend, der Gehorsam, war Bismarcks Sache nicht. „Ich habe nie Vorgesetzte vertragen können", bekannte er. „Nicht zu gehorchen, sondern zu befehlen" sei sein Ehrgeiz. Als Behördenchef war er gefürchtet. „Die Zitrone ausdrücken und wegwerfen, das ist seine Politik", sagte ein Diplomat, der unter ihm arbeitete.

Er war der erfolgreichste Machtmensch der deutschen Geschichte, aber er verlor nie den Boden unter den Füßen. „Das lernt sich in diesem Gewerbe", schrieb er seiner Frau, „dass man so klug sein kann wie die Klugen dieser Welt und doch jederzeit in die nächste Minute geht wie ein Kind ins Dunkle."

Er hatte nichts übrig für einen deutschen Nationalstaat. Doch als dieser nicht zu verhindern war, setzte er sich an die Spitze der Bewegung und zimmerte ihn nach seinem Gusto zusammen. „An Grundsätzen hält man nur fest, solange sie nicht auf die Probe gestellt werden."

Lange Zeit wusste er nicht, was er mit seinem Leben anfangen sollte. „Ich habe manche Stunde trostloser Niedergeschlagenheit mit dem Gedanken zugebracht, dass mein und anderer Menschen Dasein zwecklos und unersprießlich sei", sagte er mit 31 Jahren.

Er musste sich nicht nach oben durchboxen. Er gehörte der Kaste an, die die tragende Säule des preußischen Staates war, und als er entdeckte, wozu er auf der Welt war – nämlich einzugreifen in den Lauf der Dinge, Schicksal zu sein, statt zu erleiden –, brauchte er nur die Bühne zu betreten. Das Stück, das auf dem Spielplan des Jahrhunderts stand, hieß „Was soll aus Deutschland werden?".

Die Welt ist im Umbruch, als Otto von Bismarck 1815 im väterlichen Schloss Schönhausen in der Altmark, 100 Kilometer westlich von Berlin, geboren wird. Napoleon ist geschlagen, Europa atmet auf nach einem Vierteljahrhundert Krieg und Tyrannei. Eine Welle der Hoffnung geht durch Deutschland. Das alte „Heilige Römische Reich Deutscher Nation", ein amorphes Gebilde, das sich wie ein Gespenst durch die Jahrhunderte schleppte, ist für immer untergegangen. Die Befreiungskriege haben das Tor zu einem neuen Zeitalter aufgestoßen. „Einheit und Freiheit" heißt die Losung – Nationalstaat und Demokratie.

Die deutschen Fürsten haben ihren Untertanen während der Erhebung gegen Napoleon freiheitliche Verfassungen versprochen. Doch nur wenige von ihnen halten Wort. Österreich und Preußen, die beiden deutschen Großmächte, denken nicht daran, dem Volk Mitbestimmung einzuräumen. Klemens Fürst von Metternich, der österreichische Staatskanzler, dreht das Rad der Geschichte zurück und etabliert im Bündnis mit Preußen ein rigoroses Unterdrückungssystem.

Auch von „Einheit" ist keine Rede mehr. An die Stelle des alten Reiches tritt der „Deutsche Bund", ein loser Zusammenschluss der 38 Einzelstaaten (34 Erbmonarchien und vier Freie Städte), die ihre volle Souveränität behalten. Einzige gesamtdeutsche Insti-

SEINE ERSTE PARLAMENTSREDE ENDET IN TUMULT UND EMPÖRUNG

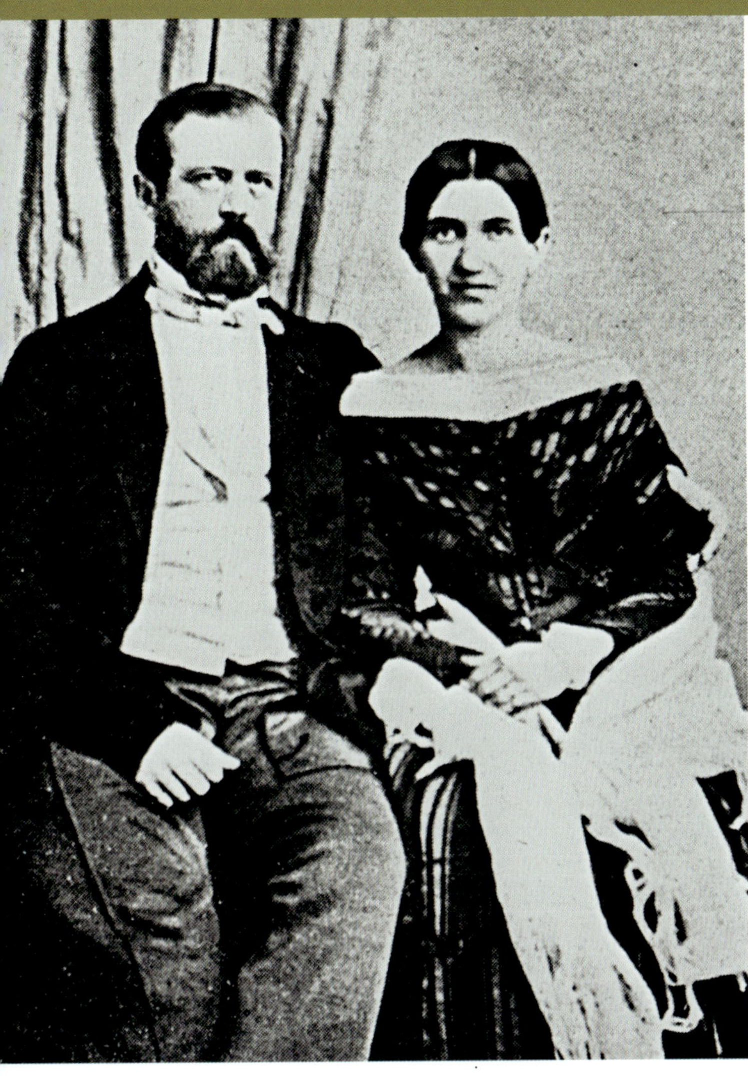

Zwei Jahre nach der Hochzeit im Sommer 1847 lässt sich Bismarck mit seiner Gemahlin Johanna fotografieren. Zwar war nicht sie seine große Liebe – sondern ihre beste Freundin –, doch über 47 Ehejahre ist ihm Johanna die einzige nahe Vertraute

tution ist der „Bundestag" in Frankfurt – kein Parlament, sondern ein Delegierten-Club der Regierungen.

Der preußische Landjunker Otto von Bismarck wächst auf in der Zeit der „Demagogenverfolgung", der Unterdrückung der nationaldemokratischen Bewegung. Er hat nichts übrig für die Idealisten und Schwärmer, die von einem geeinten und freien Deutschland träumen. Sie stellen eine Bedrohung seiner Welt dar – der fest gefügten preußischen Ordnung, die auf dem Prinzip von Dienen und Herrschen beruht und Krone und König verpflichtet ist. Eine Ordnung, in der die Armee das Fundament des Staates ist und der Zweck des Staates die Aufrechterhaltung seiner selbst.

Der junge Herr hat gerade sein Jurastudium in Göttingen begonnen, als im April 1832 die erste Massendemonstration für „Einheit und Freiheit" in Deutschland stattfindet – das Hambacher Fest: Mehr als 20 000 Menschen protestieren unter schwarz-rot-goldenen Fahnen gegen das System Metternich. Ein Jahr später stürmen Studenten die Frankfurter Hauptwache in einer putschartigen Erhebung. „Diese Erscheinungen stießen mich ab", schreibt Bismarck später. Er schließt sich nicht den demokratischen Burschenschaften an, sondern einer konservativen schlagenden Verbindung. Er fordert sechs Kommilitonen auf einmal, weil „sie so auf unseren König geschimpft haben".

Stets begleitet von einer schwarz-gelben Dogge, ist der preußische Junker bald eine markante Erscheinung an der Göttinger Georgia-Augusta-Universität, trinkfest und großmäulig. „Ich werde entweder der größte Lump oder der erste Mann in Preußen sein", verkündet er.

Vorerst gibt er sich jedoch dem Rausch des Lebens hin. Den größten Teil seiner Referendarzeit absolviert er bei der Provinzialverwaltung in Aachen. Die Stadt ist damals ein mondäner Kurort, der bevorzugt vom englischen Hochadel besucht wird. Bismarck, den die Aktenarbeit anödet, findet reichlich Gesellschaft.

„Ich bin fortwährend exzessiv verliebt", berichtet er in einem Brief. Mal ist es die Nichte eines englischen Herzogs, mal eine verheiratete „gemme de qualité", dann die 17-jährige Tochter eines Geistlichen. Ohne Urlaub reist er ihr quer durch Deutschland nach, das Geld mit vollen Händen bei Champagner-Diners und am Spieltisch ausgebend. Als er nach Wochen an seinen Arbeitsplatz zurückkehrt, wirft ihn der Regierungspräsident kurzerhand hinaus – Bismarcks Beamtenlaufbahn ist beendet.

„Arm im Beutel und krank am Herzen" kehrt er auf die heimatliche Scholle zurück. Nach dem Tod seines Vaters übernimmt er die ausgedehnten Familiengüter in Brandenburg und Pommern und ist damit einer der Großen unter den ostelbischen Agrarmagnaten.

Aber auch unter den Standesgenossen bleibt er das Enfant terrible: Der „tolle Junker" veranstaltet die wüstesten Saufgelage und wildesten Jagden. Eine große Liebe bringt ihn auf den Pfad der Tugend. Sie heißt Marie von Thadden, ist 21 Jahre alt, Gutsherrentochter in Hinterpommern, sehr religiös und gerade verlobt – Bismarcks Sehnsucht muss unerfüllt bleiben. Dennoch macht Marie aus ihm einen ernsthaften Menschen: Sie führt ihn zum Glauben.

Ihr Tod, drei Jahre später, erschüttert Bismarck zutiefst. Marie hatte sich gewünscht, dass er ihre beste Freundin heiratet: Johanna von Puttkamer, Tochter des benachbarten Großgrundbesitzers. Bismarck erfüllt der Toten den Wunsch; 1847 findet die Trauung statt. Johanna wird der „Anker seines Lebens". Er zieht mit ihr nach Schönhausen, in das Schloss seiner Väter.

Stürmische Zeiten kündigen sich an. Der Ruf nach demokratischen Reformen und nationaler Einheit ist nicht mehr zu ignorieren. König Friedrich Wilhelm IV. beruft den Vereinigten Landtag ein, der aus Vertretern der acht preußischen Provinziallandtage besteht. Bismarck, Deichhauptmann in Schönhausen, zieht als Nachrücker für einen erkrankten Abgeordneten in das Pseudo-Parlament ein – ein Zufall, der eine Lebenswende einleitet: Bismarck entdeckt seine wahre Leidenschaft, die Politik.

„Die Sache ergreift mich viel mehr, als ich dachte", schreibt er aus Berlin. Er befinde sich „in einer ununterbrochenen Aufgeregtheit, die mich kaum essen und schlafen lässt". Schon mit seiner ersten Rede profiliert sich der 32-jährige Parlamentsneuling als rabiater Konservativer und Verfassungsgegner.

Es sei eine „Legende", ruft er mit seiner schneidenden hohen Stimme aus, dass es der Volkserhebung von 1813* um eine Verfassung gegangen sei, als hätte „die Nation dafür, dass sie sich selbst befreit habe, dem König eine in Verfassungsparagrafen zahlbare Rechnung überreichen wollen".

Ein Sturm der Entrüstung schlägt ihm entgegen. „Ich blieb auf der Tribüne", so Bismarck, „blätterte in einer Zeitung und brachte, nachdem der Lärm sich ausgetobt hatte, meine Rede zu Ende" – noch am Ende seines Lebens ist er stolz auf diesen Tag.

* Nach Jahren der französischen Fremdherrschaft in Deutschland überzeugen Patrioten wie Freiherr vom Stein und Ernst Moritz Arndt den preußischen König Friedrich Wilhelm III., einen Freiheitskrieg gegen Napoleon Bonaparte zu führen, der 1813 mit der Völkerschlacht bei Leipzig erfolgreich ausgeht. Schon vor den Befreiungskämpfen hat der König seinem Volk eine Verfassung in Aussicht gestellt – ein Zugeständnis, an das er sich später nicht hält.

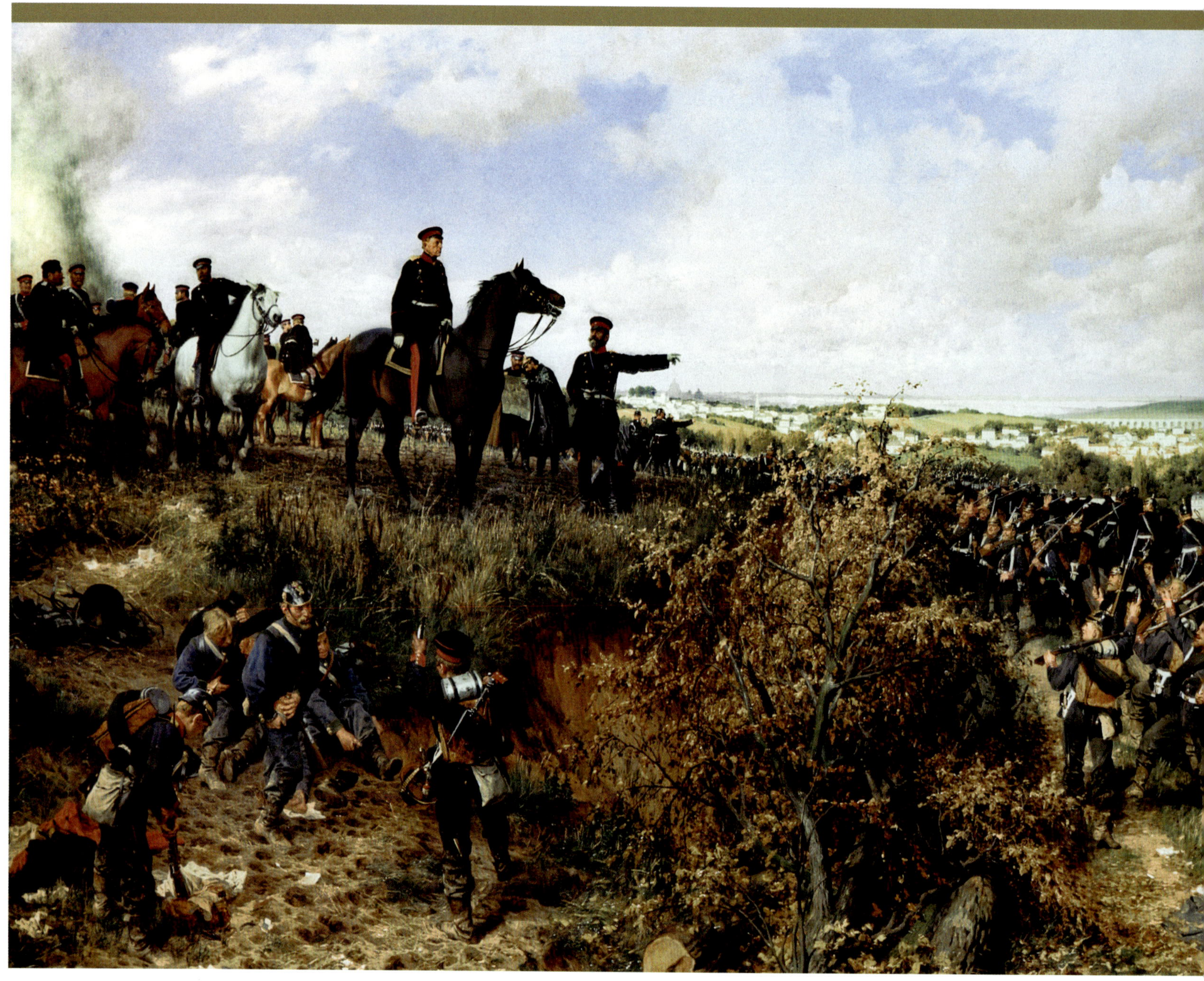

Sein Auftritt macht ihn auf einen Schlag im politischen Berlin bekannt. Der König äußert allerhöchstes Wohlwollen. Als er Bismarck und dessen junger Frau auf ihrer Hochzeitsreise in Venedig begegnet, lädt er ihn zu Tisch und befiehlt Bismarck, sich „im Laufe des Winters bei ihm zu melden".

Damit ist Bismarck bei Hofe eingeführt.

Wenig später, im März 1848, fegt die Revolution durch Deutschland. Von Wien bis Berlin gehen die Menschen auf die Straße und fordern nationale Einheit und demokratische Verfassungen. Das System Metternich bricht wie ein Kartenhaus zusammen, der allmächtige Wiener Staatskanzler flieht nach England. Der Frankfurter Bundestag hebt die Zensur auf und erklärt Schwarz-Rot-Gold zur Bundesflagge. Überall beugen sich die deutschen Fürsten den Forderungen der Revolution. Nur in Berlin kommt es zu einem Blutbad.

Friedrich Wilhelm IV. – ein weicher, wankelmütiger Mensch – versucht, der Revolution die Kraft zu nehmen, indem er sich die nationale Sache zu eigen macht. Nach schweren Zusammenstößen zwischen Demonstranten und Militär erklärt er am 18. März 1848, sein Ziel sei eine „constitutionelle Verfassung für alle deutschen Länder" und die „Umwandlung Deutschlands aus einem Staatenbund in einen Bundesstaat".

Die Proklamation ist überall angeschlagen. Die Berliner, schwankend zwischen Freude, Misstrauen und Neugier, strömen zum Schloss. Sie wollen den König selbst hören. Friedrich Wilhelm tritt auf den Balkon und lässt den Innenminister zwei Verkündungen verlesen:

1. Aufhebung der Pressezensur, 2. Einberufung des Vereinigten Landtages.

Doch die Stimmung unten auf dem Schlossplatz bleibt aufgeheizt. Als die Menge Anstalten macht, in das Schloss einzudringen, lässt General Karl von Prittwitz den Platz durch die Schlosswache räumen. Schüsse fallen – der Zündfunke zur offenen Rebellion. Im Handumdrehen stehen in allen Zufahrtsstraßen zum Schloss Barrikaden. Bewaffnete Arbeiter, Handwerker und Bürger übernehmen die Kontrolle. Am Nachmittag ist ganz Berlin in der Hand der Auf-

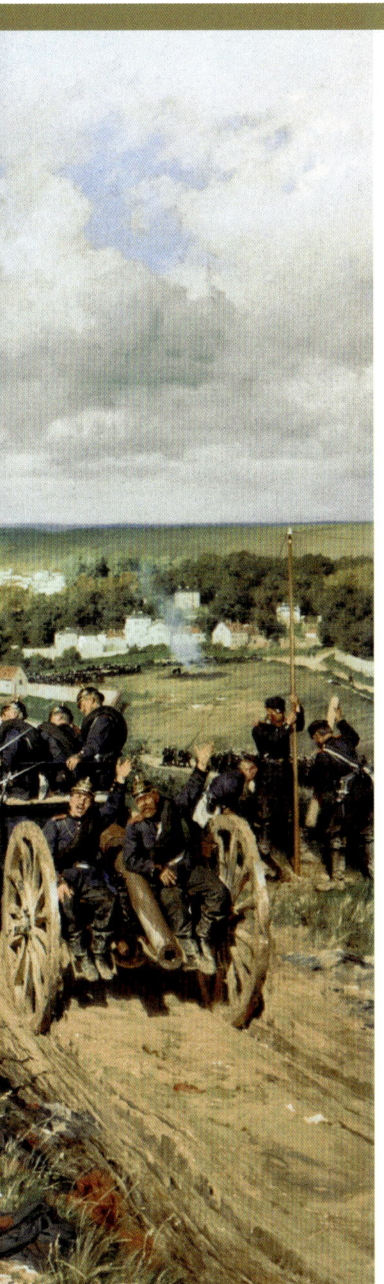

Weniger durch Diplomatie als durch drei von ihm lancierte Kriege drängt Bismarck, seit 1862 Preußens Ministerpräsident, die deutschen Regierungen unter Berlins Führung: 1864 gegen Dänemark, 1866 gegen Österreich und 1870/71 gegen Frankreich. Der Sieg über den Nachbarn im Westen – hier Generalstabschef Helmuth Graf von Moltke bei der Belagerung von Paris – eint die deutschen Staaten in einem Reich. Und schafft zugleich einen erbitterten Gegner (Gemälde von Anton von Werner, 1873)

ständischen. Neben den schwarz-rot-goldenen flattern erstmals rote Fahnen.

Der König zaudert, er will kein Blutvergießen. Doch sein Bruder Wilhelm, der Thronfolger (Friedrich Wilhelm IV. hat keine Kinder), ist für hartes Durchgreifen, nach dem Motto „Gegen Demokraten helfen nur Soldaten". Am Nachmittag des 18. März tritt die Armee zum Angriff an. Die Truppe hat Schießbefehl.

Von den Barrikaden schlägt den Soldaten erbitterter Widerstand entgegen. Prinz Wilhelm lässt Artillerie auffahren. Barrikade um Barrikade wird sturmreif geschossen. Hunderte wälzen sich in ihrem Blut. Der ungleiche Kampf dauert bis in die Nacht. Als der Morgen graut, liegt eine gespenstische Stille über Berlin.

Der König ist entsetzt. Er ordnet die Einstellung der Kampfhandlungen an und befiehlt der Armee, die Hauptstadt zu räumen. Seinen Bruder, den „Kartätschenprinzen", wie er von nun an heißt, schickt er auf den Weg nach England.

Das Königspaar bleibt schutzlos im Schloss zurück. Es bekommt bald Besuch: Am 19. März, einem Sonntag, wälzt sich abermals ein Menschenstrom zum Schloss. Er bringt die Toten der letzten Nacht mit, auf Wagen und Bahren – 183 Leichen, blutverkrustet, darunter 15-jährige Knaben. Sie werden im Schlosshof niedergelegt.

Der König erscheint mit seiner Frau auf der Treppe. „Hut ab!", brüllt die Menge. Friedrich Wilhelm gehorcht und verneigt sich vor den Toten. Die Königin ist leichenblass. „Jetzt fehlt nur noch die Guillotine", flüstert sie. Aber die Menge stimmt ein Kirchenlied an: „Jesus meine Zuversicht".

Friedrich Wilhelm, sichtlich erschüttert, wechselt die Front und stellt sich auf die Seite der Revolution. Am Morgen des 21. März reitet er mit schwarz-rot-goldener Armbinde durch die Linden. „Ich trage die Farben, die nicht mein sind", erklärt er den jubelnden Berlinern, „aber ich will nichts usurpieren, ich will Deutschlands Freiheit." Am Abend erklärt er in einer neuen Proklamation, er werde nunmehr die „Leitung" zur Vereinigung der Deutschen übernehmen: „Ich habe heute die alten deutschen Farben angenommen und Mich und Mein Volk unter das ehrwürdige Banner des Deutschen Reiches gestellt. Preußen geht fortan in Deutschland auf." Das sind ungeheuerliche Sätze für einen Preußenkönig.

Bismarck hält sich in diesen stürmischen Tagen in Potsdam auf. In ohnmächtiger Wut hat er die „Kapitulation" des Königs und dessen „würdelosen Umzug" verfolgt. Er drängt die ihm bekannten Generäle, die Revolution auf eigene Faust niederzuschlagen – eine Aufforderung zum Hochverrat also.

Doch die Generäle lehnen ab – Gehorsam ist noch immer oberste Preußenpflicht. Auch ein Versuch Bismarcks, die Unterstützung von Prinzessin Augusta, der Frau des flüchtigen „Kartätschenprinzen", zu gewinnen, schlägt fehl. Die spätere Königin und Kaiserin lässt den anmaßenden Amateur-Putschisten eiskalt abblitzen. Sie wird mit dieser Stunde zu seiner Intimfeindin am Hof. Noch in seinen Memoiren klagt Bismarck, sie habe ihm „mehr Schwierigkeiten bereitet als alle fremden Mächte und die gegnerischen Parteien im Lande".

Dem König wird er die „Weichlichkeit" vom März 1848 nie verzeihen. Wochenlang grollt er, bis er einer Einladung des Königspaares nach Sanssouci folgt. „Was werfen Sie mir eigentlich vor?", fragt Friedrich Wilhelm. „Die Räumung Berlins", entgegnet Bismarck.

„Daran ist der König ganz unschuldig", wirft die Königin ein, „er hatte seit drei Tagen nicht geschlafen."

Darauf Bismarck kühl: „Ein König muss schlafen können."

DIE REVOLUTION HAT GESIEGT – vorübergehend. In Frankfurt tritt die Nationalversammlung, das erste freigewählte deutsche Parlament, in der Paulskirche zusammen, in Berlin eine preußische Nationalversammlung. Verfassungen werden ausgearbeitet, ein „Reichsverweser" wird eingesetzt und eine „Reichsregierung" gebildet, deren Autorität freilich an der Tür der Paulskirche endet.

Aber schon im Herbst schlägt das Pendel zurück. In Wien wird die junge Demokratie durch die Armee in blutigen Straßenkämpfen liquidiert, der Paulskirchen-Abgeordnete Robert Blum am 9. November 1848 standrechtlich erschossen. Einen Tag später marschiert die preußische Armee in Berlin ein. Gleichzeitig wird die preußische Nationalversammlung „vertagt" und am 5. Dezember 1848 endgültig aufgelöst.

Die deutsche Revolution ist zu Ende. Nur die Paulskirchenversammlung spielt immer noch Staatsgründung, als wäre nichts geschehen. In grotesker Realitätsverdrängung wählt sie im März 1849 den preußischen König zum „Kaiser der Deutschen" und schickt eine Delegation nach Berlin, um ihm die Krone anzutragen.

Friedrich Wilhelm, inzwischen wieder ganz Preuße, lehnt angeekelt ab. An diesem „Reif aus Dreck und Letten (Lehm)" hänge der „Ludergeruch der Revolution". Ende 1849 herrscht wieder Ruhe in Deutschland. Der demokratischen Bewegung ist das Rückgrat gebrochen. Sie wird sich für 100 Jahre nicht davon erholen.

Doch die ungelöste nationale Frage steht weiter auf der Tagesordnung des Jahrhunderts. Das Verlangen nach einem staatlichen Zusammenschluss der Deutschen ist zum dominierenden Faktor der Politik geworden.

Aber was ist „Deutschland"? Wer soll dazu gehören und wer nicht? Wo liegen die Grenzen des ersehnten neuen Reiches? Für die alte Nationalbewegung war dies klar. Ihr Barde Ernst Moritz Arndt hatte die Frage „Was ist des Deutschen Vaterland?" beantwortet: „So weit die deutsche Zunge klingt / Und Gott im Himmel Lieder singt / Das soll es sein, das soll es sein! / Das, wackrer Deutscher, nenne dein!"

Die Frankfurter Nationalversammlung ist gespalten. „Großdeutsch" oder „kleindeutsch" – mit oder ohne Österreich –, heißt die Frage in der Paulskirche. Viele Liberale und Republikaner sind „großdeutsch", weil sie in Österreich ein Gegengewicht gegen die preußische Dominanz sehen. Doch die „Kleindeutschen" setzen sich durch. Die „Reichsverfassung" (die nie in Kraft tritt) schließt den Vielvölkerstaat der Habsburger aus.

BISMARCK IST FÜR die kleindeutsche Lösung. Ein deutsches Reich, in dem Preußen nicht dominiert, ist für ihn inakzeptabel. Für nationales Einheitspathos ist er ohnehin nicht empfänglich. „Es liegt ohne Zweifel etwas in unserem Nationalcharakter, was der Vereinigung widerstrebt", erklärt er. „Wir hätten die Einheit sonst nicht verloren oder hätten sie bald wiedergewonnen."

Doch er spürt, dass das Verlangen nach Einheit nicht mehr aufzuhalten ist. Sein Denken nimmt eine neue Richtung. Vorsichtig leitet er eine Kurskorrektur ein: Wenn schon deutsche Einheit, dann unter Preußens Führung und zu preußischen Bedingungen. Das aber bedeutet die Konfrontation mit Österreich, denn „für beide ist kein Platz (in Deutschland). Wir atmen einer dem anderen die Luft vor dem Munde fort, einer muss weichen oder vom andern gewichen werden".

Österreich ist indessen nicht bereit, sich „aus Deutschland hinauswerfen zu lassen", wie der Wiener Ministerpräsident erklärt. Als der Preußenkönig 1849/50 eine separatistische „Deutsche Union" mit Hannover und Sachsen zusammenbastelt, droht Wien mit Krieg. Preußen, militärisch nicht gerüstet, muss nachgeben. In der „Punktation von Olmütz" setzt sich Österreich mit allen Forderungen durch: Der Deutsche Bund wird in alter Form wiederhergestellt, Preußen verzichtet feierlich auf künftige Alleingänge, Österreich bleibt Präsidialmacht.

In Preußen kocht die Volksseele über die „Schmach". Doch Krieg wäre jetzt eine Torheit. Bismarck antwortet den Scharfmachern im Landtag mit einer Friedensrede, wie sie leidenschaftlicher kein Pazifist hätte halten können: „Es ist leicht für einen Staatsmann, mit dem populären Winde in die Kriegstrompete zu stoßen und sich dabei vor seinem Kaminfeuer zu wärmen oder von dieser Tribüne donnernde Reden zu halten und es dem Musketier, der auf dem Schnee verblutet, zu überlassen, ob sein System Sieg und Ruhm erwirbt oder nicht. Werden Sie dann (nach dem Krieg; Red.) den Mut haben, zu dem zusammengeschossenen Krüppel, zu dem kinderlosen Vater hinzutreten und zu sagen: ‚Ihr habt viel gelitten, aber freut euch mit uns, die Unionsverfassung ist gerettet?' Haben Sie den Mut, das den Leuten zu sagen, dann beginnen Sie diesen Krieg!"

Im gleichen Atemzug proklamiert er sein unverändert reaktionäres Glaubensbekenntnis: „Ich suche die preußische Ehre darin, dass Preußen sich von jeder schmachvollen Verbindung mit der Demokratie fern halte, dass Preußen nicht zugebe, dass in Deutschland irgendetwas ohne Preußens Einwilligung geschehe." Dies bleibt seine Richtschnur bis zum Ende seiner Tage.

Nach so viel Einsatz darf Bismarck eine Anerkennung erwarten. Er hofft auf einen Kabinettsposten, doch der König will ihn nicht in der Regierung haben. „Nur zu gebrauchen, wo das Bajonett schrankenlos waltet", schreibt er hinter Bismarcks Namen auf einer Liste. Er entschädigt ihn dafür mit einem diplomatischen Posten: Bismarck wird preußischer Gesandter beim Bundestag in Frankfurt. Drei Jahre nach seinem Einstieg in die Politik sitzt er im Zentrum des komplizierten deutschen Machtgeflechts.

Frankfurt wird seine Hohe Schule. Endlich kann er mitspielen beim großen Poker um Deutschlands Zukunft. Er lernt alle Finessen der Diplomatie, sieht hinter die Kulissen der Macht, erlebt die Eitelkeiten, die Beschränktheit und die Skrupellosigkeit der Amtsinhaber – und liefert sich lustvoll einen entnervenden Kleinkrieg mit der Präsidialmacht Österreich, dem Gegner von morgen.

DANN KOMMT EIN RÜCKSCHLAG: Friedrich Wilhelm IV. fällt in geistige Umnachtung. Dessen Bruder Wilhelm, der „Kartätschenprinz", übernimmt 1858 die Regentschaft – keine gute Nachricht für Bismarck, denn nun herrscht seine Feindin Augusta am Hof. Unter ihrem mäßigenden Einfluss verkündet Wilhelm bei seiner Amtsübernahme den Anbruch einer „neuen Ära": Preußen wolle fortan „moralische Eroberungen" in Deutschland machen – schlechte Zeiten für Scharfmacher.

BISMARCK EINT DAS REICH DURCH »EISEN UND BLUT«

Bismarck wird als Gesandter nach Sankt Petersburg versetzt, eine Art ehrenvolle Verbannung. Er fällt in eine monatelange Erkrankung, die ihn an den Rand des Todes bringt. „Wenn er doch alles aufgeben möchte, was mit Politik zusammenhängt, und wir nach Schönhausen gingen – das wäre meine Wonne", schreibt Johanna an einen Freund. Aber er kann die Politik nicht abschütteln.

1861 stirbt der umnachtete König. Der Regent besteigt als Wilhelm I. den Thron, im Wetterleuchten eines Dauer-

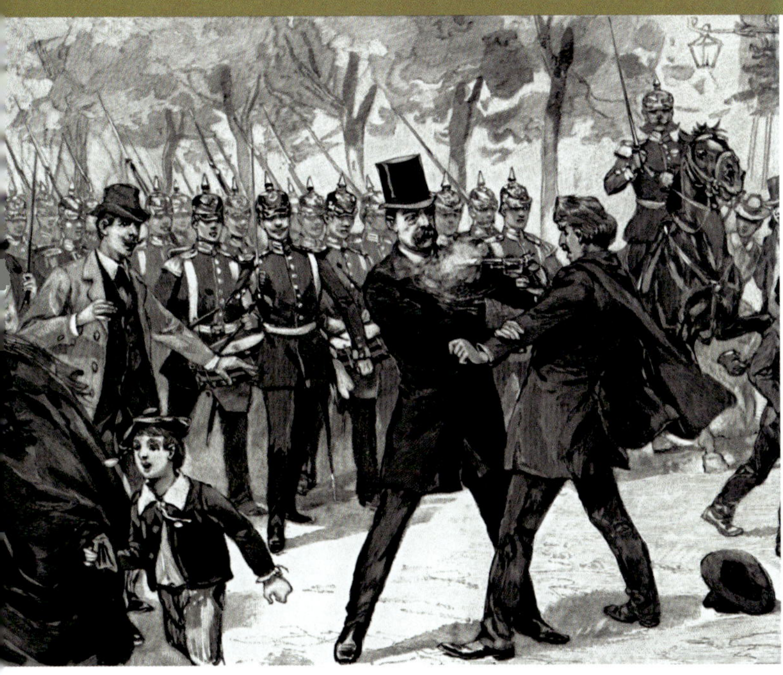

Vor dem Bruderkrieg mit Österreich ist Bismarck Preußens meistgehasster Mann. Am 7. Mai 1866 versucht ihn ein Student zu erschießen. Doch Bismarck bleibt unverletzt und kann den jungen Täter sogar entwaffnen

konflikts mit dem Parlament. Der König will auf Biegen und Brechen eine „Heeresreform" durchpauken, die nichts anderes als eine drastische Aufrüstung ist. Der Landtag, der das Haushaltsrecht besitzt, verweigert dem König die Mittel. Alles treibt auf eine Staatskrise zu. Das ist die Stunde, auf die Bismarck hofft. Er kehrt 1862 aus Sankt Petersburg zurück und geht als Gesandter nach Paris – in Wartestellung.

Dieser Sommer wird für Bismarck zur Lebenszäsur: Er erreicht das Hochplateau der Macht – und er erlebt seine letzte große Liebe.

Ungeachtet der gespannten Lage in Berlin hat der preußische Gesandte in Paris Urlaub genommen. Er reist ans Meer, nach Biarritz, dem Modebad der europäischen Hautevolee. Unter den Gästen ist der russische Gesandte in Brüssel, Fürst Nikolaj Orlow, den Bismarck von Sankt Petersburg her kennt.

Der Fürst hat seine junge Frau mitgebracht: Katharina, 22 Jahre alt, temperamentvoll, schön, klug. Der 47-jährige Bismarck verliebt sich, und sie erwidert seine Zuneigung. Die junge Russin erinnert ihn an Marie, die Liebe seines früheren Lebens, und wie jene muss auch diese letzte Leidenschaft unerfüllt bleiben.

Er berichtet seiner Frau von „Kathi": „Sie spielt mir alle Tage sämtliche Mendelsöhne und Beethoven und Winterreise und ist eine Frau, für die Du Dich passionieren wirst, wenn Du sie kennst."

Johanna zeigt Verständnis: „Ich freue mich ungeheuer, dass mein lieber Gemahl die reizende Frau dort gefunden, ohne deren Gesellschaft er nimmer so lange Ruhe auf einem Fleck gehabt hätte."

Noch einmal genießt der Machtmensch in vollen Zügen den Rausch des Augenblicks, die Freiheit des Daseins. Man unternimmt gemeinsame Ausflüge zu dritt, macht Hochgebirgswanderungen in den Pyrenäen, reist an die Côte d'Azur, vergisst alle Turbulenzen der Welt.

Die Zeit mit „Kathi" erscheint ihm später „wie der letzte Widerschein eines schönen Tages, der nicht mehr ist". Zum Abschied schenkt sie ihm einen Olivenzweig, den sie in Avignon gepflückt hat. Bismarck verwahrt ihn in seinem Zigarrenetui.

Bei seiner Rückkehr nach Paris findet er ein Alarmtelegramm des Kriegsministers vor: „Periculum in mora. Dépêchez-vous!" (Gefahr im Verzug. Beeilen Sie sich!). Die preußische Staatskrise hat den Höhepunkt erreicht. Bismarck nimmt den nächsten Zug nach Berlin.

Am 22. September steht er in Schloss Babelsberg vor dem König. Wilhelm I. teilt ihm mit, dass er keine andere Lösung der Krise sehe, als die Krone niederzulegen und zugunsten seines Sohnes abzudanken. Er zeigt Bismarck seine Demissionserklärung.

Die Abdankung des Königs wäre für Bismarck die Katastrophe schlechthin, denn der Thronfolger, verheiratet mit der ältesten Tochter Queen Victorias, ist für seine liberale Einstellung bekannt. Er würde den Repräsentanten des preußischen Junkertums keinen Tag in politischer Verantwortung dulden und Preußen auf den Weg in die konstitutionelle Monarchie führen.

Bismarck weiß, dass dieser Tag über die Zukunft Preußens entscheidet – und auch über seine eigene. Er setzt alles auf eine Karte und packt den König beim „Portepee" (was er später noch öfter tun wird). Er appelliert an dessen Ehrgefühl als Hohenzoller und spitzt den Konflikt auf eine griffige Formel zu, die dem schlichten Gemüt Wilhelms I. entgegenkommt: „Königliches Regiment oder Parlamentsherrschaft" – das, und nichts anderes, sei die Frage, um die es gehe. Eine „Parlamentsherrschaft" müsse mit aller Macht verhindert werden, notfalls „durch eine längere Periode der Diktatur".

Was Bismarck dem König vorschlägt, ist ein kalter Staatsstreich. Aber das schreckt ihn nicht. Er ist wieder der Putschist von 1848 und kokettiert mit Todesszenarien. Er werde „lieber mit dem König untergehen, als Eure Majestät im Kampf mit der Parlamentsherrschaft im Stich lassen". Dieser Gedanke, so Bismarck in seinen Erinnerungen, erschien ihm als „natürlicher und sympathischer Abschluss des Lebens".

Als er am Abend Schloss Babelsberg verlässt, hat er die Ernennung zum Ministerpräsidenten in der Tasche: Preußen hört jetzt auf sein Kommando.

Das Echo ist ein allgemeiner Aufschrei – Bismarck, die Inkarnation preußischen Junkertums, an der Spitze der Regierung!

Sieben Tage nach seiner Ernennung hat der neue Ministerpräsident seinen ersten Auftritt im preußischen Abgeordnetenhaus. Zum Zeichen seiner Friedensbereitschaft zieht er sein Zigarrenetui heraus und schwenkt den Olivenzweig, den ihm „Kathi" in Avignon gepflückt hat.

Doch dann hält er jene Rede, die ihn für immer zum wilden Mann stempelt. „Nicht auf Preußens Liberalismus sieht Deutschland, sondern auf seine Macht. Nicht durch Reden und Majoritätsbeschlüsse werden die großen Fragen der Zeit entschieden – das ist der große Fehler von 1848 gewesen –, sondern durch Eisen und Blut."

Er kann diese Worte zeitlebens nicht mehr abschütteln, aber er will es auch gar nicht.

Er macht keine Kompromisse. Er regiert ohne Parlament, ohne Budget – ein glatter Verfassungsbruch, aber was schert ihn die Verfassung. Die Abgeordneten beschließen, dass sie die Minister für alle ungesetzlichen Ausgaben mit deren Privatvermögen haftbar machen werden. Bismarck kann darüber nur lachen.

Dennoch: Das Land kann auf Dauer nicht in einem diktaturähnlichen Zustand verharren. Da kommt es zu einem Krieg – das Beste, was Bismarck passieren kann. Es geht um Schleswig-Holstein. Beide Herzogtümer sind der dänischen Krone unterstellt, das südliche Holstein ist jedoch zugleich Mitglied des Deutschen Bundes. Als König Christian IX. die dänische Verfassung auf das Herzogtum

Wilhelm I. – hier an seinem Schreibtisch lehnend – spricht oft mit Bismarck, fühlt sich von ihm indes angezogen und dominiert zugleich (Lithografie nach einem Gemälde von Konrad Siemenroth, 1887)

Schleswig ausdehnt – und es damit von Holstein trennt –, lodert die nationale Empörung auf. Der Bundestag in Frankfurt verhängt die „Bundesexekution“ gegen sein Mitglied, den König von Dänemark.

Seite an Seite marschieren österreichische und preußische Truppen am 1. Februar 1864 in Schleswig ein. Die Preußen schlagen mit der Erstürmung der Düppeler Schanzen die entscheidende Schlacht. Dänemark muss Schleswig-Holstein aufgeben. Österreich und Preußen übernehmen die Verwaltung, zunächst gemeinsam.

DER KÖNIG PLANT DIE AUFRÜSTUNG, BISMARCK SETZT SIE DURCH

Der Sieg verändert alles. Über Nacht ist Bismarck der gefeierte Staatsmann, bei Hofe wie beim Volk. Auch einige Liberale schwenken um. Bismarck sieht es mit Genugtuung. Schon peilt er die nächste Runde an: den Krieg mit Österreich.

Der Regierungschef hat ihn sorgfältig vorbereitet: militärisch, politisch, diplomatisch. Aber dieser Krieg ist nicht populär. Es ist kein Einigungs-, sondern ein Trennungskrieg. Jahrhundertelang stellten die Habsburger den Kaiser des alten Reiches, waren sie die einzige Klammer, die Deutschland zusammenhielt. Zudem fühlen sich die liberalen süddeutschen Staaten dem Wiener Kaiserreich näher als dem kalten Militärstaat Preußen.

Doch Sentimentalitäten zählen nicht für Bismarck. „Für die Phrasen vom Bruderkrieg bin ich stichfest“, sagt er. „Ich kenne keine andere als ungemütliche Interessenpolitik, Zug um Zug und bar.“

Der Krieg entzündet sich am Schleswig-Holstein-Problem. Als preußische Truppen das von Österreich verwaltete Holstein besetzen, ruft Wien den Bundestag an, der die Mobilmachung gegen Preußen beschließt. Fast alle deutschen Länder, mit Ausnahme der norddeutschen Kleinstaaten, schließen sich Österreich an. Preußen erklärt daraufhin den Deutschen Bund für aufgelöst. Am 16. Juni 1866 tritt die preußische Armee zum Großangriff auf das übrige Deutschland an.

Der „Deutsche Krieg“ ist der erste moderne Blitzkrieg. Der preußische Aufmarsch erfolgt per Eisenbahn, die Kommunikation per Telegraf. Die deutschen Mittelstaaten werden in wenigen Tagen überrollt. Keine drei Wochen nach Kriegsbeginn fällt bereits die Entscheidung.

Am 3. Juli 1866 stehen sich die Hauptarmeen Österreichs und Preußens bei Königgrätz in Böhmen gegenüber, mehr als 200 000 Mann auf jeder Seite, der Truppenstärke nach die größte Schlacht des 19. Jahrhunderts. Sie endet mit einem Desaster für Österreich. Die überlegene Führung der Preußen durch Generalstabschef Helmuth von Moltke sowie die bessere Bewaffnung mit dem neuartigen Zündnadelgewehr bereiten der kaiserlichen Armee in wenigen Stunden eine vernichtende Niederlage.

Der englische Kriegsreporter W. H. Russell ist Augenzeuge: „Überall Verwundete, Trümmer zurückflutender Regimenter, die Straßen gesäumt von Fahrzeugen, Geschützen, durcheinandergewürfelten Kavallerieverbänden, Tiroler Jäger, Ungarn, Kroaten, Italiener – das Wrack einer Armee.“

Der preußische Triumph ist grenzenlos. Der König, der die Schlacht gemeinsam mit Bismarck verfolgt hat – zeitweise im Feuerbereich der feindlichen Artillerie –, will den Sieg vollenden und bis Wien durchmarschieren.

Doch Bismarck will Österreich nicht noch tiefer demütigen. Seine Visionen reichen weiter als bis zur Siegesparade in Berlin. Eine falsche Entscheidung, aus soldatischer Eitelkeit getroffen, kann alles zunichte machen. Zum ersten Mal handelt Bismarck als europäischer Staatsmann und nicht mehr als gehorsamer Diener der preußischen Krone.

Es kommt zu einer dramatischen Auseinandersetzung im preußischen Hauptquartier. Die Generäle sind geschlossen gegen den Ministerpräsidenten. Sie mögen es nicht, dass der Reserveoffizier ihnen ins Handwerk pfuscht. Bismarck steht allein mit seiner Ansicht.

„Der König trat der militärischen Mehrheit bei“, schreibt er in seinen Erinnerungen. „Meine Nerven widerstanden den mich Tag und Nacht ergreifenden Eindrücken nicht, ich stand schweigend auf, ging in mein Schlafzimmer und wurde dort von einem heftigen Weinkrampf befallen.“ Er fragt sich, „ob es nicht besser sei, aus dem offen stehenden, vier Stock hohen Fenster zu fallen“.

Der Kronprinz Friedrich, der bei Königgrätz mit seiner 2. Armee den entscheidenden Stoß geführt hat, sucht Bismarck in dessen Zimmer auf und beruhigt ihn. Ausnahmsweise ist er mit dem Regierungschef einer Meinung. Es gelingt ihm, seinen Vater, den König, umzustimmen. Grollend erklärt Wilhelm: „Nachdem mich mein Ministerpräsident vor dem Feinde im Stiche lässt, sehe ich mich zu meinem Schmerz gezwungen, nach so glänzenden Siegen einen so schmachvollen Frieden anzunehmen.“

DER „SCHMACHVOLLE“ Friedensschluss verändert Europa von Grund auf. Österreich ist aus Deutschland ausgeschlossen, es wird zur k. u. k. Donaumonarchie, die ein halbes Jahrhundert später im Ersten Weltkrieg untergeht. Preußen übernimmt die Führungsrolle in Deutschland.

Hannover trifft es am härtesten. Das Königreich wird ausgelöscht und zur preußischen Provinz degradiert. König Georg V., der ins Exil nach Wien gegangen ist, wird enteignet, sein Privatvermögen (16 Millionen Taler) als „Welfenfonds“ in ein Geheimbudget verwandelt, das Bismarck zur Bekämpfung hannoverscher Oppositionsbestrebungen verwendet.

Annektiert werden auch Schleswig-Holstein, Kurhessen und Nassau. Die alte Reichsstadt Frankfurt, die sich auf die Seite Österreichs gestellt hat, wird ihrer Unabhängigkeit beraubt und zur Zahlung von 31 Millionen Gulden verdonnert. Bürgermeister Carl Fellner nimmt sich nach dem Einmarsch preußischer Truppen das Leben. Die süddeutschen Staaten werden mit harten Kriegskon-

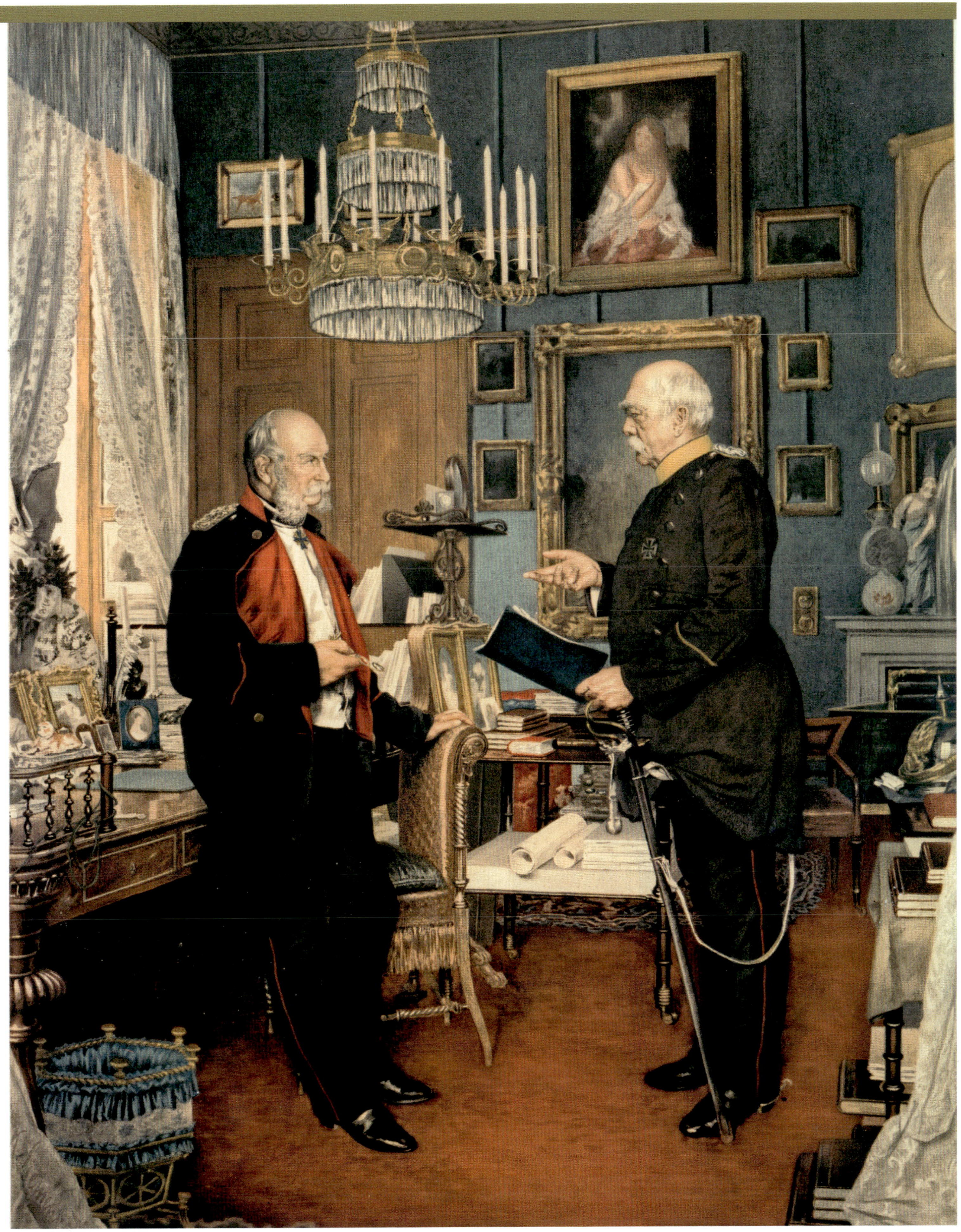

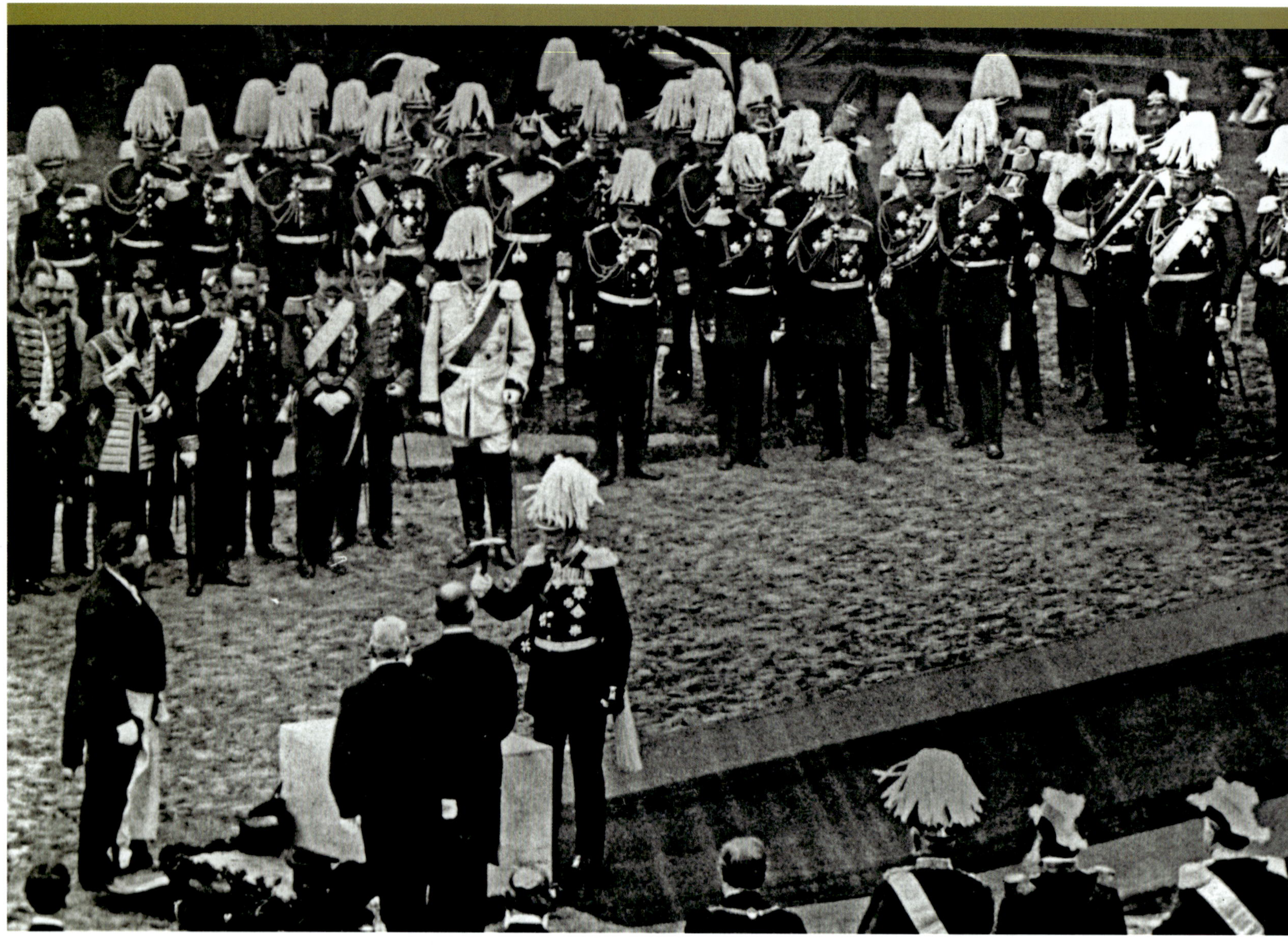

tributionen belegt und durch „Schutz- und Trutzbündnisse“ an Preußen gefesselt.

Das Ergebnis von Königgrätz ist eine „weiße“ Revolution, ein Umsturz von oben. Bismarck selbst sieht es so. „Soll Revolution sein, so wollen wir sie lieber machen als erleiden“, sagt er 1866.

Verlierer sind nicht nur Österreich und die süddeutschen Staaten, sondern das liberale Deutschland. Es bleibt für immer verkrüppelt. „Das Gefühl der Trauer über diesen tragischen Weg der deutschen Geschichte kann einen bis heute ergreifen“, so der Historiker Thomas Nipperdey.

Doch in Preußen ist Bismarck jetzt eine Lichtgestalt. Alle Sünden sind vergeben. Das Parlament gewährt dem Regierungschef durch das „Indemnitätsgesetz“ Generalpardon, indem alle verfassungswidrigen Staatsausgaben nachträglich legalisiert werden. Auf Vorschlag des Königs bewilligt ihm der Landtag eine „Dotation“ von 400 000 Talern. Bismarck erwirbt damit das Besitztum Varzin in Hinterpommern, 25 000 Morgen groß, sieben Dörfer inklusive.

Innenpolitisch bieten sich neue Freunde an. Von der alten Fortschrittspartei spalten sich die „Nationalliberalen“ ab, die Partei des Besitzbürgertums, der Industrie und der Finanzwelt. Sie werden zu Bismarcks wichtigster Stütze im Parlament.

Zügig steuert er nun das Endziel an: das geeinte Reich. Der „Norddeutsche Bund“, in dem alle Staaten nördlich des Mains unter Preußens Führung vereint sind, wird zum Modell des neuen Reiches, einschließlich Reichstag, Verfassung und Fahne: das Schwarz-Weiß Preußens plus dem Rot der Hansestädte. „Meine Herren, arbeiten wir rasch“, ruft Bismarck den Abgeordneten des Nord-Parlaments zu, „setzen wir Deutschland in den Sattel, reiten wird es schon können.“

Der Rest ergibt sich fast von selbst. Die vier süddeutschen Länder – Bayern, Württemberg, Baden, Hessen – haben nach dem Untergang des Deutschen Bundes kein gemeinsames Dach mehr. Wollen sie nicht in Bedeutungslosigkeit versinken, bleibt ihnen nur ein Weg: der Anschluss an das entstehende Bismarck-Reich.

Widerstrebend fügen sich die Besiegten in das Unvermeidliche, und wenn einer gar zu uneinsichtig ist wie der junge Bayernkönig Ludwig II., der mit 18 Jahren den Thron bestiegen hat, hilft Bismarck mit Geld aus dem Welfenfonds nach.

Das Endziel vor Augen, entdeckt er nun den gesamtdeutschen Patriotismus. „Unsere Politik“, schreibt er an den Kronprinzen, „hat das Gesicht der Zukunft zuzuwenden und unter Beseitigung der Erinnerung an vergangene Stammesfeindschaft die nationale Einheit zu suchen“ – also „das auf die Dauer nicht haltbare Verhältnis zwischen Siegern und Unterworfenen zu verwischen.“

Doch er braucht noch einen Krieg, um dieses Volk wirklich „zusammenzuschweißen“: einen Krieg gegen den äußeren Feind,

Der Parlamentarismus ist dem Kanzler suspekt. Als er in heller Gala-Uniform der Grundsteinlegung des Reichstagsgebäudes am 9. Juni 1884 beiwohnt, hat er die Rechte der Abgeordneten längst durch die Reichsverfassung stark einschränken lassen

gegen Frankreich. Er kommt schneller als erhofft. Bismarck schaukelt eine Bagatelle – die spanische Thronfolger-Frage – zur internationalen Krise hoch, und Frankreichs Kaiser Napoleon III. tut ihm den Gefallen und erklärt Preußen am 19. Juli 1870 den Krieg. Für die Süddeutschen ist damit der Bündnisfall gegeben, sie müssen mitmarschieren, und sie tun es mit fliegenden Fahnen.

Eine noch nicht da gewesene nationale Euphorie ergreift Bayern wie Brandenburger, Württemberger wie Schlesier. Die Erinnerung an 1813, an die Erhebung gegen Napoleon I. und den Traum von deutscher Einheit, wird heraufbeschworen. Es ist wie damals, nur schöner noch: „Nie war ein Krieg mit so viel Liebe vorbereitet worden, nie wurde er so begeistert geführt. Was die beiden Revolutionsjahre nicht zuwege gebracht hatten und fünfzig schleppende Friedensjahre nicht, drei Tage Krieg gegen Frankreich brachten es zuwege" – so der Historiker Golo Mann in seiner „Deutschen Geschichte des 19. Jahrhunderts".

Der Krieg wird zum Paten des neuen Deutschland. Keiner der süddeutschen Fürsten kann sich ausschließen, auch der empfindsame Bayernkönig nicht. Andernfalls, so fürchtet er zu Recht, verlöre „die Krone allen Halt im Lande". Diesen Krieg mitzumachen sei, „so schauderhaft und entsetzlich es bleibt, ein Akt von politischer Klugheit, ja von Notwendigkeit" – so Ludwig an seinen Bruder Otto.

Der Krieg ist kein militärischer Spaziergang, die Verluste sind hoch. Auch Bismarcks Sohn Herbert wird verwundet. Der Vater findet ihn in einem Feldlazarett, „zwei Löcher in der linken Lende, Aus- und Einschuss, gut verbunden", wie er Johanna schreibt.

Der Regierungschef bleibt für die Dauer des Krieges beim Hauptquartier der Armee, um den König unter Kontrolle zu haben. Bei seinen Erkundungsritten im Hinterland schlägt ihm der Hass der Bevölkerung entgegen. „Die Leute müssen mich hier für einen Bluthund halten", meldet er nach Hause, „die alten Weiber, wenn sie meinen Namen hören, fallen auf die Knie und bitten mich um ihr Leben."

Mit der Schlacht von Sedan am 1. September 1870 ist der Krieg entschieden. Das Gros der französischen Armee, mit Napoleon an der Spitze, wird eingeschlossen und muss die Waffen strecken.

Noch in der Nacht der Kapitulation lässt Napoleon melden, dass er Bismarck zu sehen wünsche. Sie kennen sich aus Paris, wo sie sich auf das Liebenswürdigste unterhalten haben. „Ungewaschen und ungefrühstückt" reitet Bismarck dem Kaiser in der Morgenfrühe des 2. September entgegen. Napoleon erwartet ihn auf der Landstraße im offenen Wagen.

„Ich grüßte ihn ebenso höflich wie in den Tuilerien und fragte nach seinen Befehlen", schreibt Bismarck nach Hause. Er bemüht sich persönlich um ein anständiges Quartier für den Kaiser und bringt ihn in einem kleinen Schloss in der Nähe unter. „Unsere Unterhaltung war schwierig, wenn ich nicht Dinge berühren wollte, die den von Gottes Hand Niedergeworfenen schmerzlich berühren mussten. Es ist ein welthistorisches Ereignis, ein Sieg, für den wir Gott dem Herrn in Demut danken wollen."

DER KANZLER HÄLT NICHTS VON DER DEMOKRATIE

Der Krieg geht indessen weiter. In Paris wird die Republik ausgerufen, die den Kampf als „Volkskrieg" fortsetzen will. Die Hauptstadt wird von den Deutschen eingeschlossen. Die Außenforts liegen unter dem Dauerbeschuss der Belagerer.

In dieser Situation wird das Deutsche Reich gegründet – nicht auf heimatlichem Boden, nicht durch eine Volksvertretung, sondern im besetzten Land, im Allerheiligsten des Gegners, dem Schloss von Versailles, das sich die preußische Armeeführung als Hauptquartier ausgesucht hat. Unter den Detonationen der Belagerungsgeschütze wird der deutsche Nationalstaat am 18. Januar 1871 aus der Taufe gehoben.

Der Festakt findet unter Ausschluss der Öffentlichkeit statt. Volk ist nicht zugelassen. Eine Delegation des Norddeutschen Reichstags muss vor der Tür bleiben, während im Spiegelsaal des Sonnenkönigs die deutschen Fürsten den neuen Kaiser küren. Anton von Werner hat die Szene in seinem idealisierenden Kolossalgemälde verewigt: ein Wall von Uniformen, Ordensschärpen und gezogenen Degen, kein einziger Zivilist, und ein einsamer Bismarck im weißen Waffenrock der Kürassiere.

In Wahrheit ist die Stimmung im Saal gedämpft. Wilhelm I. hegt einen tiefen Widerwillen gegen das ganze Unternehmen. Die preußische Krone bedeutet ihm mehr als jeder deutsche Kaisertitel. „Was soll mir der Charaktermajor", knurrt er Bismarck an. Für den Hohenzoller ist die Reichsgründung der Abschied vom alten Preußen, wie er mit Tränen in den Augen erklärt.

Am Abend vor der Proklamation ist es abermals zu einem schweren Zusammenstoß zwischen dem 73-jährigen König und Bismarck gekommen. Es geht um den Kaisertitel. Wilhelm beharrt auf der Bezeichnung „Kaiser von Deutschland", statt „Deutscher Kaiser", wie es im Entwurf der neuen Verfassung festgeschrieben ist. Bismarck erklärt seinem Dienstherrn noch einmal die Gründe dafür. Aber der König will nichts mehr hören. Er schlägt mit der Faust auf den Tisch und bricht die Diskussion ab. „Ich hatte das dringende Bedürfnis, eine Bombe zu sein und zu platzen, dass der ganze Bau in Trümmer gegangen wäre" (Bismarck an Johanna).

Wilhelms Groll ist auch beim Festakt noch nicht verflogen. Als der Großherzog von Baden die Gründungsproklamation mit einem diplomatischen Hoch auf „Kaiser Wilhelm" vollzogen hat, geht der Monarch an dem vor ihm stehenden Bismarck vorbei, ohne ihn eines Blickes zu würdigen.

Die Könige von Bayern, Sachsen und Württemberg – die ranghöchsten deutschen Fürsten – sind der Gründungszeremonie ostentativ ferngeblieben: Die Erhebung des Hohenzollern zum Kaiser bedeutet ihre Degradierung.

Detailliert hat der zeitgenössische Maler Anton von Werner die Eröffnung des Reichstages am 25. Juni 1888 festgehalten – und zugleich den Beginn einer neuen Ära. Der 29-jährige Wilhelm II., erst seit wenigen Tagen regierender Monarch, beherrscht mit Kaiserin und Kronprinz die Szene. Bismarck, noch angetan mit dem Trauerflor für den verstorbenen Herrscher, steht etwas abseits (Gemälde von 1893)

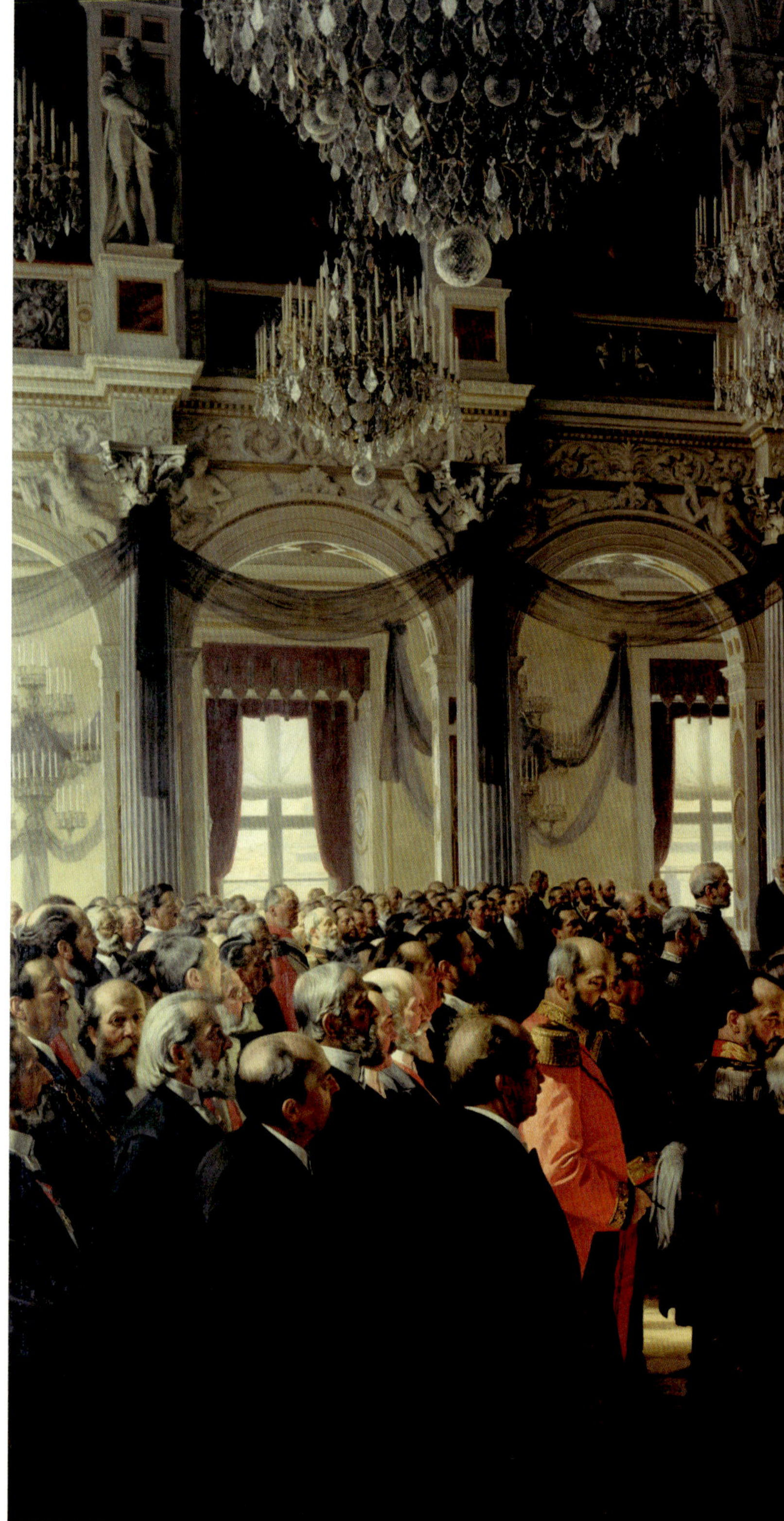

Prinz Otto von Bayern, der König Ludwig II. in Versailles vertritt, schreibt dem Bruder: „Ach Ludwig, ich kann Dir gar nicht beschreiben, wie unendlich weh es mir während jener Zeremonie zumute war, wie sich jede Faser in meinem Innern empörte gegen all das, was ich mitansah. Alles so kalt, so stolz, so glänzend, so prunkend und großtuerisch und herzlos und leer."

Preußen ist nicht in Deutschland aufgegangen, wie Friedrich Wilhelm IV. im Revolutionsjahr 1848 meinte, vielmehr geht Deutschland an diesem 18. Januar 1871 in Preußen auf.

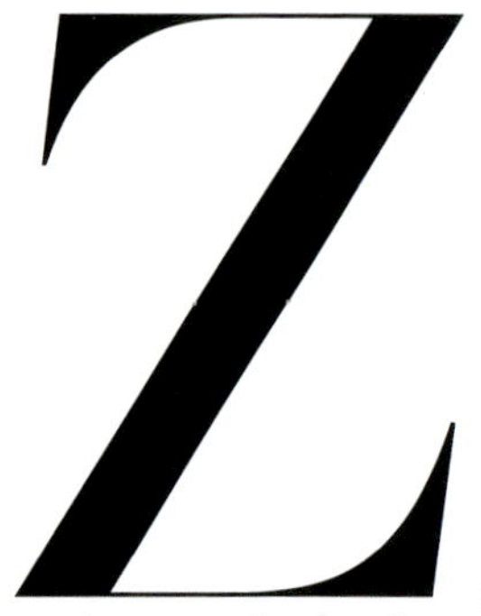

ZEHN TAGE NACH der Kaiserproklamation kapituliert Paris. Der Krieg ist vorüber. Die Friedensbedingungen sind hart: fünf Milliarden Francs Kriegskontribution sowie Abtretung von Elsass-Lothringen – womit ein Grundstein für den nächsten Krieg gelegt ist.

Deutschland jubelt. Nach Jahrhunderten der Ohnmacht und Zerrissenheit ist das „Reich" zur europäischen Großmacht aufgestiegen – ein waffenklirrender Gigant. „Wir Deutsche fürchten Gott und sonst nichts auf der Welt", verkündet sein Schöpfer. Der Kaiser erhebt Bismarck in den Fürstenstand und schenkt ihm den „Sachsenwald", einen 60 Quadratkilometer großen Forst vor den Toren Hamburgs.

Bismarck hat Deutschland „zusammengeschmiedet", wie es nun heißt, doch die innere Einheit, und mit ihr der Traum von einem freiheitlichen Gemeinwesen, bleibt unerfüllt. Das Kaiserreich ist ein autoritär verfasster Staat. Der Regierungschef ist nicht dem Parlament, sondern dem Kaiser verantwortlich. Dieser ernennt und entlässt den Reichskanzler nach eigenem Ermessen. Bismarck ist Kanzler, Außenminister und preußischer Ministerpräsident zugleich.

Umstrahlt vom Nimbus des Reichsgründers, genießt er eine nahezu diktatorische Machtfülle. „Er ist ein vollkommener Despot", schreibt der britische Premierminister Disraeli nach einem Besuch in Berlin. „Vom Höchsten bis zum Niedrigsten der Preußen und aller ausländischen Diplomaten beben alle vor seinem Stirnrunzeln und werben höchst emsig um sein Lächeln."

Zeitlebens bleibt der Kanzler ein erbitterter Gegner der Demokratie. Schon der schwache Reichstag ist ihm zu viel, Bismarck hasst ihn. „Die Herstellung eines parlamentarischen Regiments wäre die sichere Einleitung zum Verfall und zur Wiederauflösung des Deutschen Reiches", erklärt er.

Kaum ist das Reich konstituiert, eröffnet der Kanzler den Kampf gegen die „Reichsfeinde" – die katholischen „Pfaffen" und die Sozialdemokraten. Gegen beide hegt er einen neurotischen Hass. Er reißt Gräben auf, die erst nach Generationen überwunden werden. Doch in beiden Fällen verliert er die Schlacht.

Der „Kulturkampf" ist ein Unterwerfungsfeldzug gegen den politischen Katholizismus, dessen oberste Autorität nicht der Staat ist, sondern der Papst in Rom. Bismarck setzt das Bürgerrecht auf freie Religionsausübung faktisch außer Kraft. Gottesdienste und Predigten werden polizeilich überwacht, die Klöster aufgelöst, die Orden verboten. Der gesamte katholische Klerus bis hinunter zum kleinsten Dorfpfarrer wird unter Staatsaufsicht gestellt. Auf dem Höhepunkt der Verfolgung sind alle preußischen Bischöfe verhaftet oder ausgewiesen, ein Viertel der Pfarrstellen ist nicht mehr besetzt, zahllose Priester sind eingekerkert.

Doch die deutschen Katholiken halten durch: Ihre Partei, das Zentrum, wird trotz aller Repression zur stärksten Fraktion im Reichstag. Bismarck muss den „Kulturkampf" abbrechen. Einziges

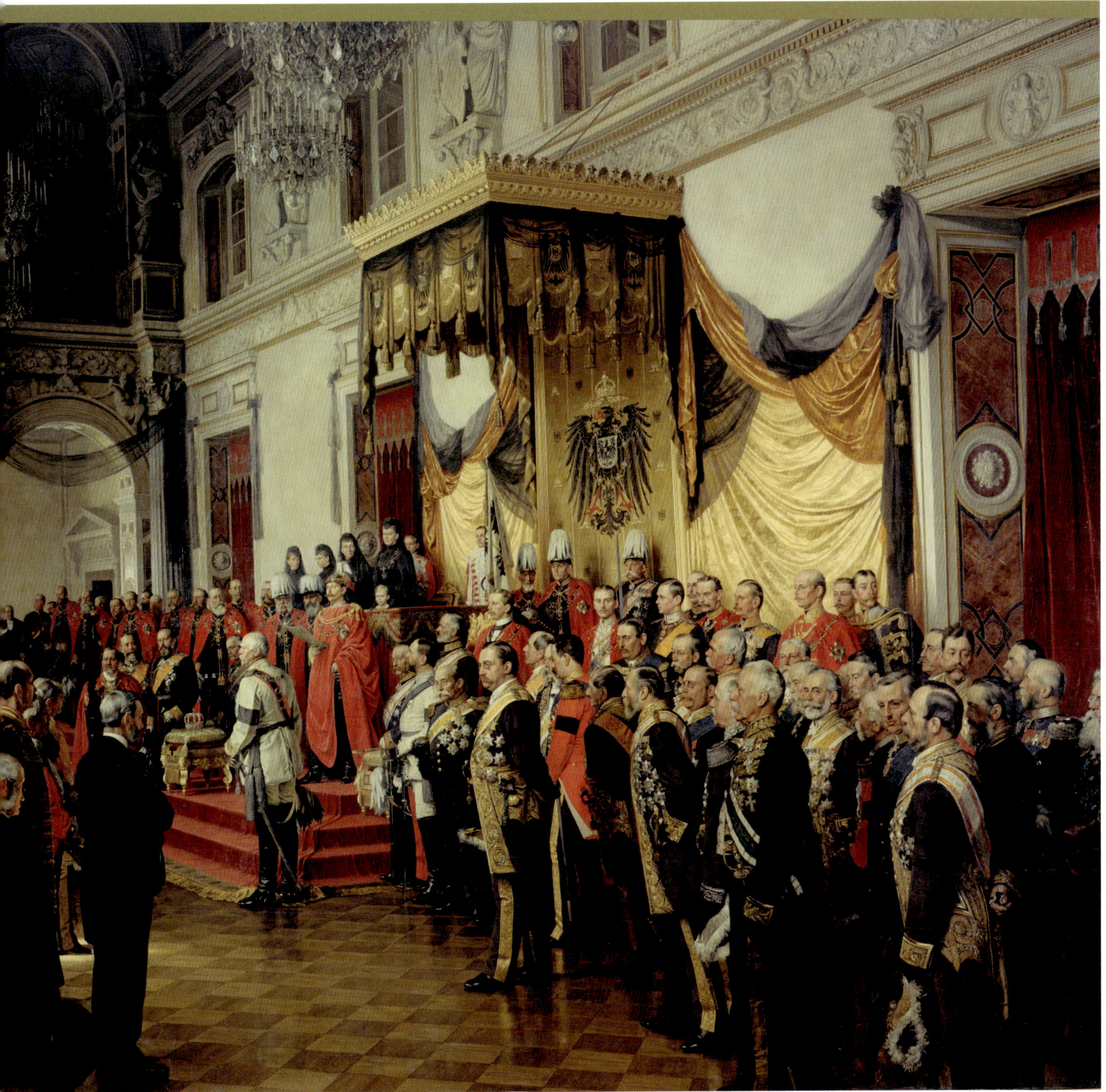

Ergebnis: Der Graben zwischen dem katholischen und dem protestantischen Deutschland ist zu einem Abgrund geworden.

Das nächste Opfer Bismarckscher Hass-Sucht sind die Sozialdemokraten. „Sie sind die Ratten im Lande und sollten vertilgt werden", erklärt er noch wenige Jahre vor seinem Tod.

Nach zwei (fehlgeschlagenen) Attentaten auf den Kaiser holt der Kanzler 1878 mit dem „Gesetz gegen die gemeingefährlichen Bestrebungen der Sozialdemokratie" zum Schlag gegen die Arbeiterbewegung aus: Alle Versammlungen und Aktivitäten werden verboten, die sozialistischen Vereine, auch Arbeitergesangvereine, aufgelöst, die führenden Genossen unter Polizeiaufsicht gestellt, Hunderte verhaftet, aus ihren Wohngebieten verjagt oder in die Emigration getrieben.

Der Kampf dauert zwölf Jahre, bis zum letzten Tag von Bismarcks Kanzlerschaft. Am Ende aber steht die Arbeiterpartei stärker da als je zuvor. Sie wächst in der Zeit der Verfolgung um

ZULETZT GILT BISMARCK ALS GARANT DES FRIEDENS

das Dreifache auf 1,4 Millionen Mitglieder an und wird 1890 im Reichstag zweitstärkste Fraktion nach dem Zentrum.

Bismarck ist abermals gescheitert, doch seinen Hass legt er nicht ab. Als es 1889, in seinem vorletzten Regierungsjahr, zu einem Bergarbeiterstreik kommt, erwägt er, den Ausstand durch die Armee gewaltsam niederzuschlagen. „Fragen, wie die der Sozialdemokratie, werden nicht gelöst ohne Bluttaufe, wie die deutsche Einheit auch", erklärt er.

Paradoxerweise führt der Sozialistenhasser als Erster die gesetzliche Sozialversicherung ein: Unfall-, Kranken-, Invaliden- und Altersversorgung (ab dem 70. Lebensjahr). Es ist Sozialpolitik nach Gutsherrenart: Wenn die Leute gehorchen und ordentlich arbeiten, muss man auch für sie sorgen. „Der Staatssozialismus paukt sich durch", erklärt Bismarck im Alter, „jeder, der diesen Gedanken wieder aufnimmt, wird ans Ruder kommen" – prophetische Worte.

So engstirnig und grobschlächtig Bismarck als Innenpolitiker ist, so weitsichtig gibt er sich in seiner Außenpolitik. Hier zeigt er staatsmännische Größe. Er widersteht dem aggressiven Chauvinismus, der mehr und mehr den deutschen Stammtisch beherrscht. „Wir verfolgen keine Macht-, sondern eine Sicherheitspolitik", sagt er.

Er hält das Reich für „saturiert" und will bewahren, „was wir mühsam unter dem bedrohenden Gewehranschlag Europas ins Trockene gebracht haben". Er ist gegen Kolonien und gegen Militäreinsätze im Ausland. Als es wegen Bosnien (schon damals) zu einer Krise kommt, donnert er 1876 vor dem Reichstag, diese Frage sei nicht „die gesunden Knochen eines einzigen pommerschen Musketiers wert".

Sein Albtraum ist ein französisch-russisches Bündnis gegen Deutschland. Er tut alles, um Russland davon abzuhalten. Im „Rückversicherungsvertrag" verpflichtet sich das Zarenreich für den Fall eines deutsch-französischen Krieges zur Neutralität. Dafür sichert Bismarck den Russen in einem geheimen Zusatzprotokoll Unterstützung für deren Balkanpläne zu.

Es ist sein letzter Schachzug auf dem Feld der Diplomatie.

Am 9. März 1888 stirbt Wilhelm I. im Alter von 91 Jahren. „Es ist nicht leicht, unter einem solchen Kanzler König zu sein", hat er einmal gesagt und damit diese seltsame Partnerschaft auf die kürzeste Formel gebracht. 26 Jahre haben sie gemeinsam Geschichte gemacht, immer wieder im Streit und in Versöhnung. Auch Bismarcks Zeit ist abgelaufen. Er will es nur nicht wahrhaben.

Der „ewige Kronprinz", der nach dem Tod seines Vaters als Kaiser Friedrich III. den Thron besteigt, ist bereits vom Tode gezeichnet, als ihm die Macht zufällt. Einst war er die Hoffnung des liberalen Deutschland. Seine Frau Victoria, Tochter der britischen Königin, hat den preußischen Prinzen an ihrer Seite zu einem konstitutionellen Demokraten und Bismarck-Gegner erzogen.

„Bismarck hat uns groß und mächtig gemacht", hat der Thronfolger nach der Reichsgründung gesagt, „aber er raubte uns unsere Freunde, die Sympathien der Welt und – unser gutes Gewissen." Dem Kronprinzen schwebt ein Deutschland vor, das nicht „durch die Gewalt der Waffen", sondern durch „deutsche Kultur, deutsche Wissenschaft und deutsches Gemüt" draußen in der Welt „Achtung, Liebe und Ehre gewinnen" würde.

Die Chance, ein solches Deutschland zu schaffen, ist ihm nicht vergönnt. Der Kehlkopfkrebs hat ihn umklammert, als Friedrich III. mit 57 Jahren endlich die Krone übernimmt. Die letzten Monate seines Lebens sind ein Martyrium. Er kann nicht mehr sprechen und nicht mehr essen. Er wird künstlich ernährt und verständigt sich nur noch durch kleine handgeschriebene Zettel. Auf eine förmliche Krönung wird verzichtet.

99 Tage später ist er erlöst. Mit ihm stirbt die Hoffnung, das Bismarck-Reich in ein liberaleres Staatswesen umzuwandeln.

Eine neue Zeit bricht an, in Gestalt des schneidigen jungen Herrn, der nun als Wilhelm II. „die Brücke übernimmt", wie er sich ausdrückt. Er ist 29 Jahre alt. Bismarck, 73, könnte sein Großvater sein. Der junge Monarch steckt voller Kraft und Tatendrang, Bismarck ist ausgebrannt, doch er denkt nicht daran, Abschied von der

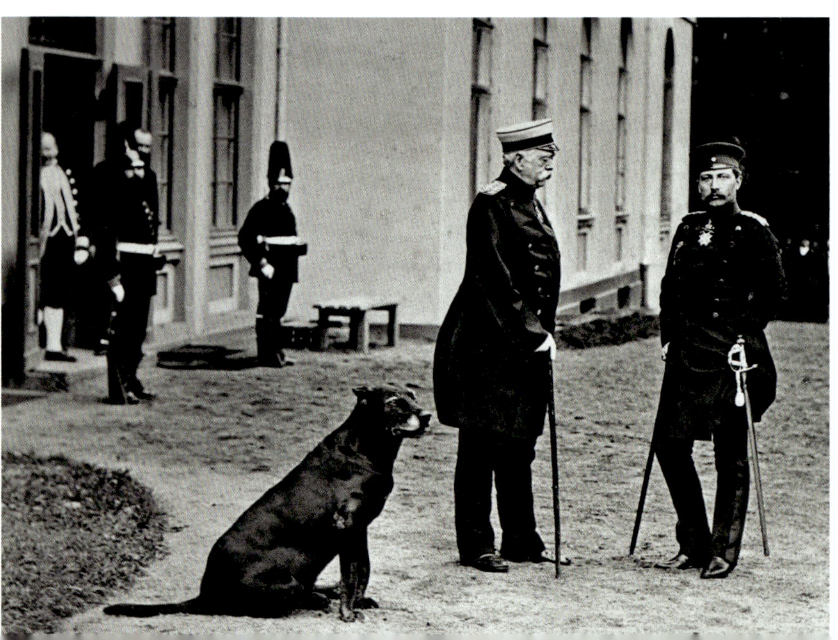

Auf Schloss Friedrichsruh im Sachsenwald, einem Geschenk Wilhelms I., empfängt Bismarck im Herbst 1888 den neuen Kaiser. Der Kanzler glaubt, Wilhelm II. ähnlich lenken zu können wie dessen Großvater – doch da täuscht er sich

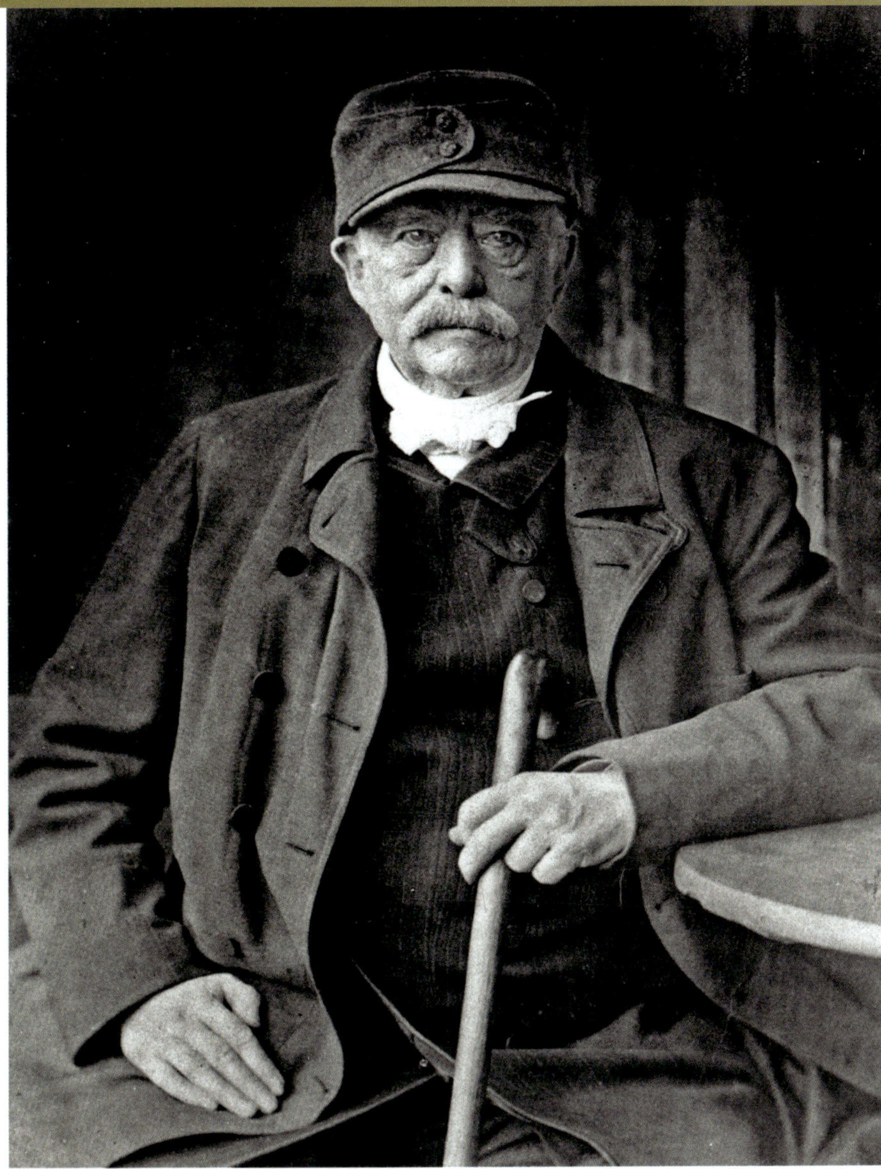

Der alternde Bismarck, hier in der Kleidung eines Landwirts, muss mit ansehen, wie Wilhelm II. die deutsche Außenpolitik auf einen gefährlichen Kurs bringt

Macht zu nehmen. Er will alle Fäden in der Hand behalten und unterlässt es, den Kaiser, den er schon als jungen Mann nicht leiden konnte, über die laufenden Geschäfte zu informieren. Zwischen Schloss und Reichskanzlei herrscht offener Krieg. Nach zwei quälenden Jahren kommt es schließlich zum Bruch.

Letzter Anlass ist das Sozialistengesetz. Bismarck will es verlängern und sogar verschärfen, der Kaiser dagegen hat vor, es aufheben zu lassen, weil er seine ersten Regierungsjahre „nicht mit dem Blut seiner Untertanen färben" wolle. Als Bismarck stur bleibt, schickt der Kaiser am Morgen des 17. März 1890 den Chef seines Militärkabinetts, General Hahnke, in die Reichskanzlei: Der Kanzler solle am Nachmittag ins Schloss kommen und sein Abschiedsgesuch mitbringen.

Bismarck lehnt dies ab. „Meine bis dahin gleichmütige Stimmung musste naturgemäß einem Gefühl der Kränkung weichen." Er lässt sein Abschiedsgesuch am nächsten Tag durch Boten ins Schloss bringen. Am Abend bestellt Wilhelm die Kommandierenden Generäle ein und teilt ihnen den Abgang des Reichskanzlers mit.

Am 29. März 1890 verlässt Bismarck nach 26 Dienstjahren die Reichskanzlei. In offener Kutsche fährt er zum Lehrter Bahnhof. Die Berliner stehen am Straßenrand Spalier.

Der Kaiser hat eine Ehreneskorte zum Bahnhof geschickt, aber der scheidende Reichsgründer empfindet alles nur als „Leichenbegängnis erster Klasse".

Europa ist bestürzt. Der Eiserne Kanzler galt zuletzt als Garant des Friedens. Doch in Deutschland sind viele erleichtert. „Ein Glück, dass wir ihn los sind", schreibt der Preuße Theodor Fontane, der ihn einst verehrt hat.

Das „System Bismarck" hat fast 20 Jahre wie ein erstickender Panzer über dem Land gelegen. Das autokratische Regiment eines einzigen Mannes, der jeden Widerspruch niederbügelte, hat alle Regungen zur politischen und geistigen Emanzipation verkümmern lassen. „Die Gewinne an Macht", schreibt der Historiker und liberale Reichstagsabgeordnete Theodor Mommsen um die Jahrhundertwende, „waren Werte, die bei dem nächsten Sturm der Weltgeschichte wieder verloren gehen; aber die Knechtung der deutschen Persönlichkeit, des deutschen Geistes, war ein Verhängnis, das nicht mehr gutgemacht werden kann."

Bismarck lässt sich in Friedrichsruh nieder, wird „der Alte vom Sachsenwald". Längst ist er zum Mythos seiner selbst geworden, Gegenstand eines wuchernden Personenkults, den er verabscheut. Noch immer grollt er und schleudert Blitze gegen seine Feinde. Er schreibt seine Memoiren (die zum Bestseller werden) und rechnet mit allen ab, die ihm in die Quere kamen, einschließlich seiner weiblichen Gegner am Hof.

Vier Jahre nach seiner Entlassung kommt der Kaiser zu einem Versöhnungsbesuch nach Friedrichsruh. Die Atmosphäre bleibt frostig. Die alten Bitterkeiten sind nicht vergessen. Der Reichstag lehnt es mit knapper Mehrheit ab, dem Altkanzler zum 80. Geburtstag zu gratulieren.

Am Ende ist er einsam. Johanna, die geduldige Gefährtin seines wilden Lebens, stirbt vor ihm. Ihr hat er seine wahren Gedanken anvertraut. Bei ihr war er nie hochmütig. „Leb wohl mein süßes Herz und lerne des Lebens Unverstand mit Wehmut genießen", schreibt er ihr einmal, „es ist ja nichts auf dieser Erde als Heuchelei und Gaukelspiel, und ob uns das Fieber oder die Kartätsche diese Maske von Fleisch abreißt, fallen muss sie doch über kurz oder lang ..."

Er stirbt am 30. Juli 1898 in Schloss Friedrichsruh.

***

47 Jahre später, in den letzten Tagen des Zweiten Weltkriegs, wird das Schloss zerbombt. Einige Erinnerungsstücke werden gerettet – seltsamerweise auch ein vertrockneter Olivenzweig und ein silbernes Zigarrenetui. Heute liegen sie zusammen im Bismarck-Museum, zwischen den Kürassierstiefeln und martialischen Kolossalgemälden: Lebensspuren einer empfindsamen Seele, die an einen brodelnden Vulkan gekettet war. ●

Am ANFANG das SUCHEN

Es ist, als müsse sich auch die Kunstwelt des neu gegründeten Kaiserreichs erst finden. Die einen huldigen inbrünstig allem Nationalen, während andere fast nüchtern auf die politische Lage blicken. Manche Künstler fliehen wehmütig in Fantasiewelten und ferne Gefilde. Und wieder andere bearbeiten mit höchster Genauigkeit das Hier und Jetzt. Es ist ein vielstimmiges Schaffen, ein Tasten im Angesicht der heraufziehenden Moderne

BILDTEXTE: JENS-RAINER BERG

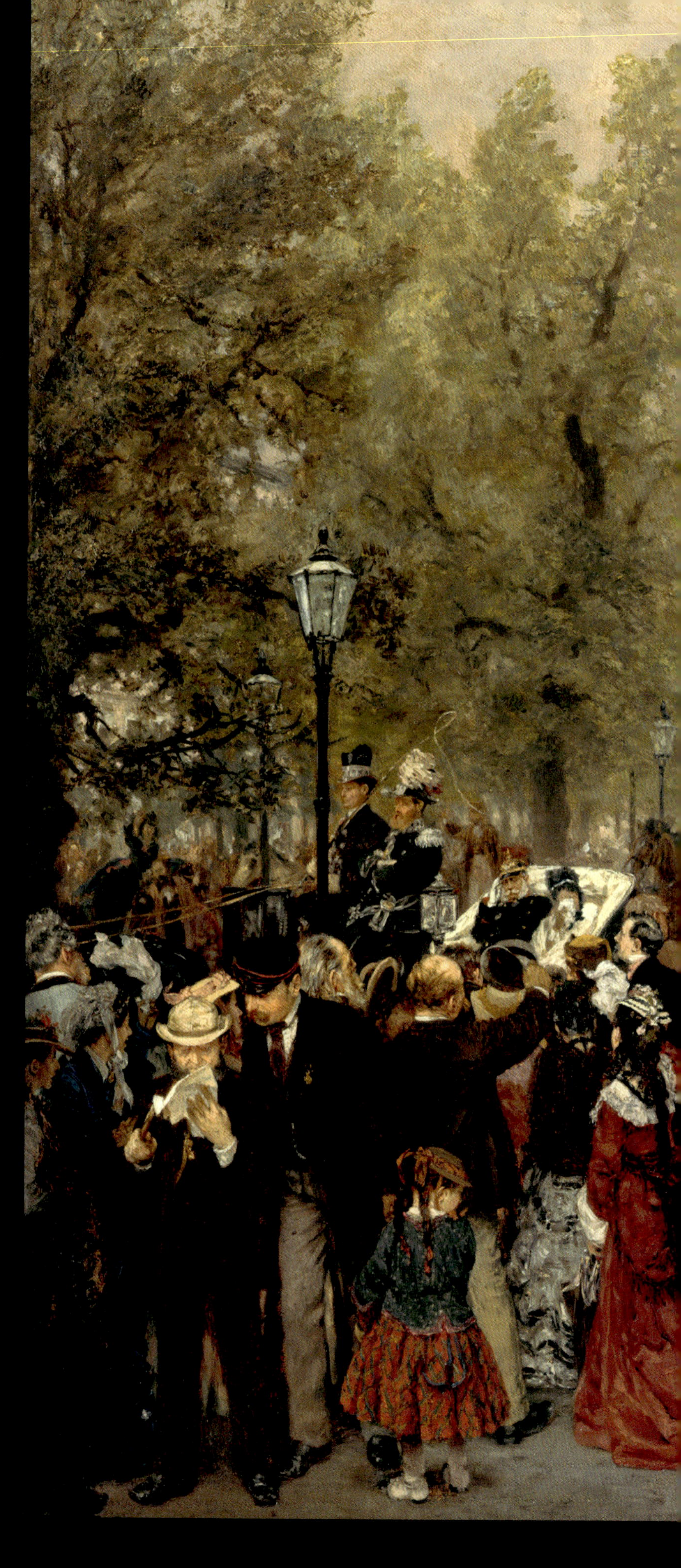

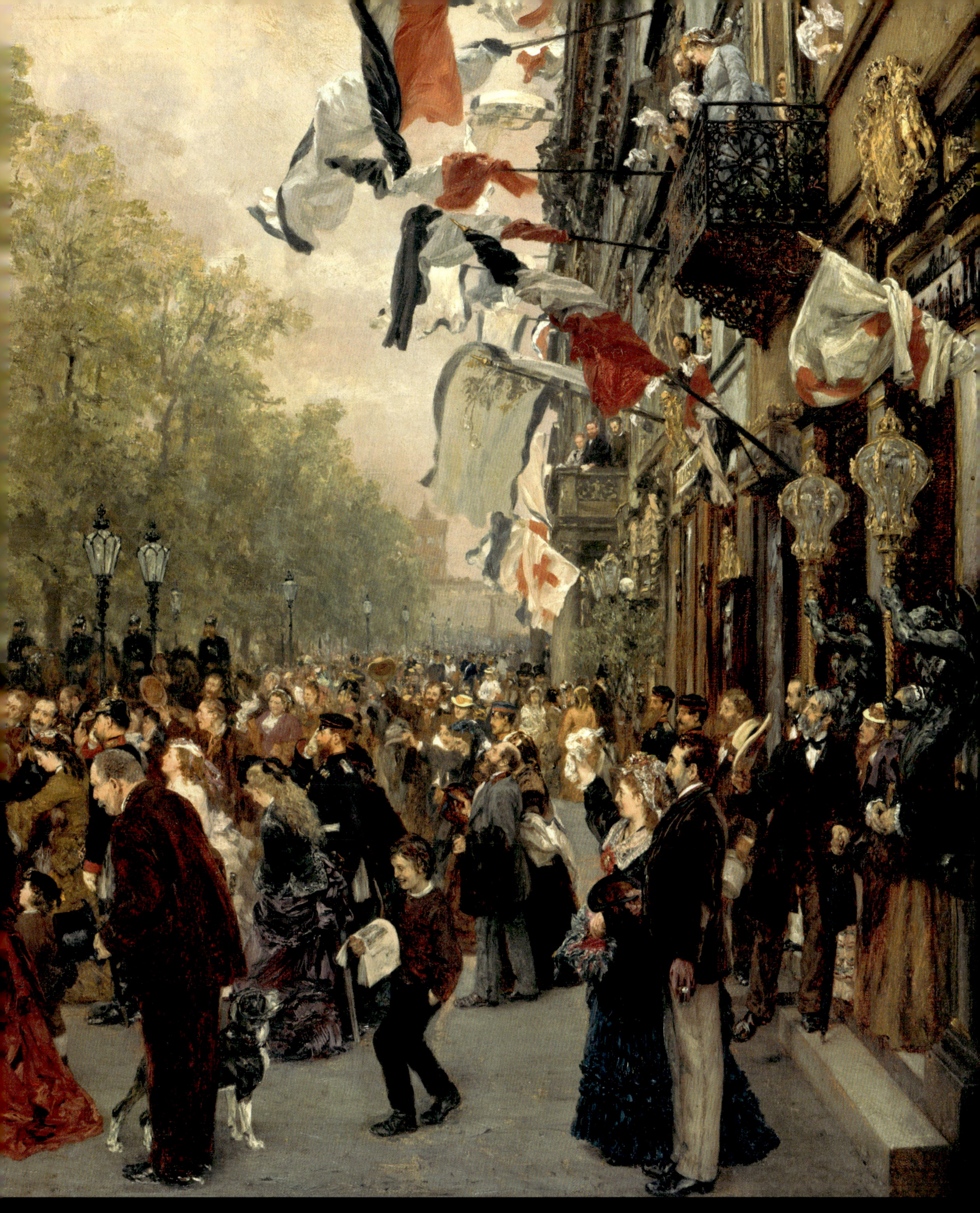

Der Maler Adolph Menzel zählt zu den angesehensten Künstlern des Landes, widmet sich gern den allseits beliebten historischen Sujets. Doch nimmt er den Darstellungen dabei oft das Heroische: Bei der **»ABREISE KÖNIG WILHELMS I. ZUR ARMEE AM 31. JULI 1870«** verschwindet das Monarchenpaar in der Kutsche fast im Hintergrund, es dominieren die Bürger auf der Straße.

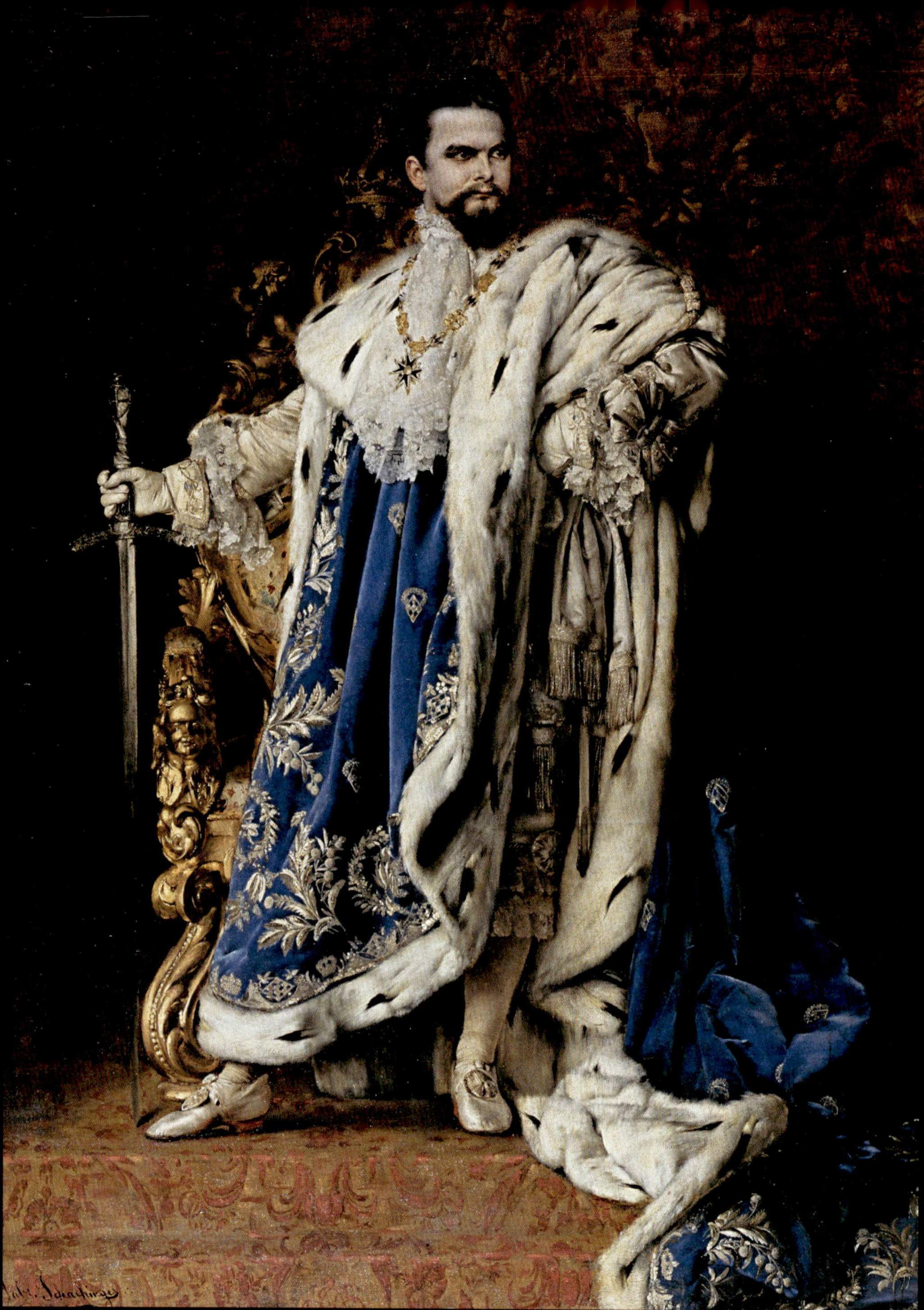

Die Eliten und Würdenträger des neuen deutschen Staates nutzen Kunst immer wieder zur Selbstdarstellung. Als bayerischer König im vereinten Kaiserreich nunmehr zum Regionalfürsten degradiert, lässt sich **»LUDWIG II.«** von Gabriel Schachinger dennoch stolz im Stil absolutistischer französischer Herrscher porträtieren. Die Kluft weist ihn zudem als Mitglied einer alten Machtgemeinschaft aus: des Ritterordens vom Heiligen Georg (vollendet 1887)

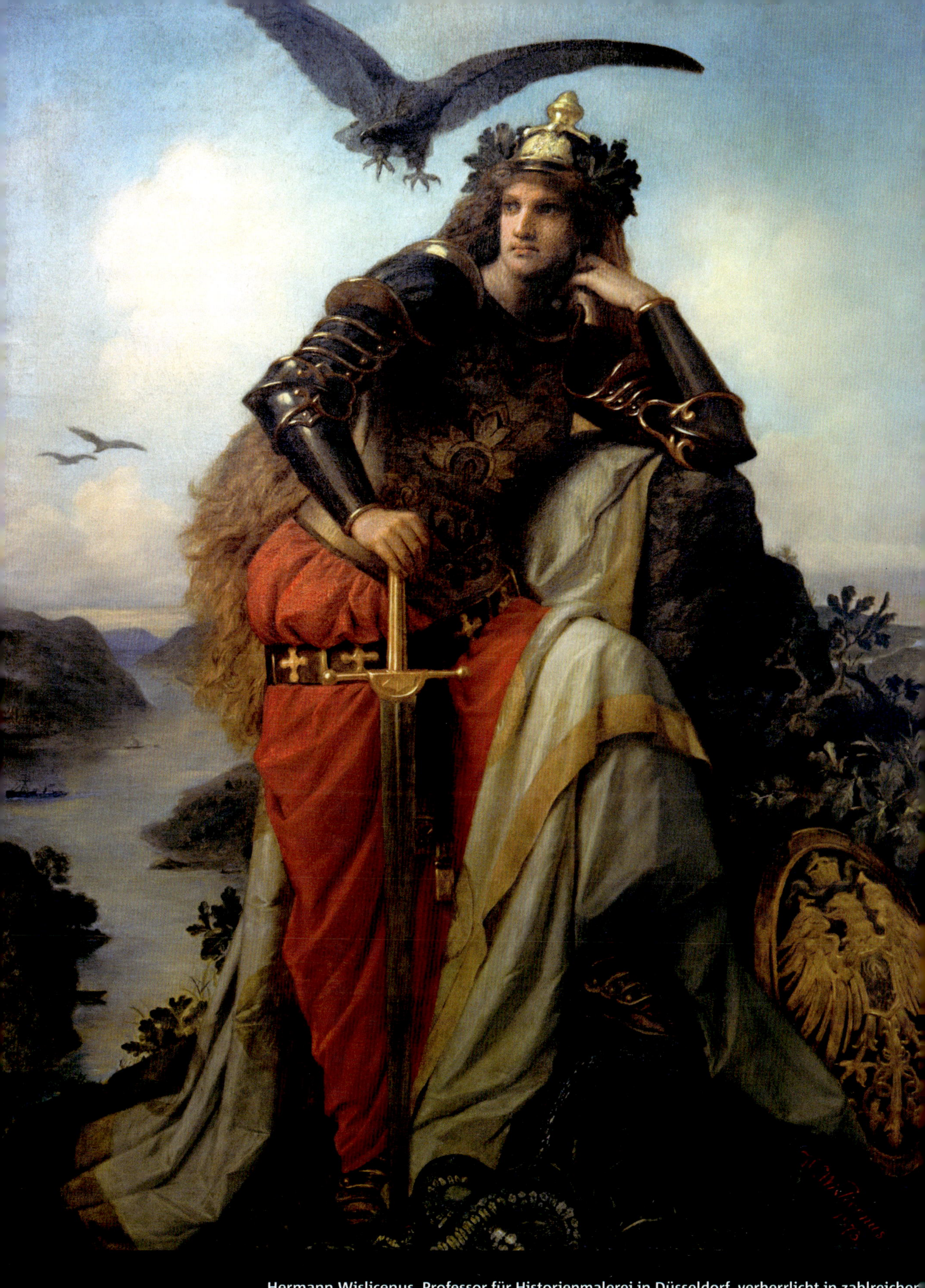

Hermann Wislicenus, Professor für Historienmalerei in Düsseldorf, verherrlicht in zahlreichen Werken das Kaiserreich, beschwört auf idealisierende Weise dessen Werden und Tradition. In diesem Gemälde blickt Germania, als Allegorie Deutschlands, schwerbewaffnet und selbstsicher Richtung Frankreich. Die Botschaft: Die Nation werde entschlossen alle Eroberungen des Jahres 1871, vor allem die Gebiete in Elsass-Lothringen, gegen Paris verteidigen (**»DIE WACHT AM RHEIN«**, 1873

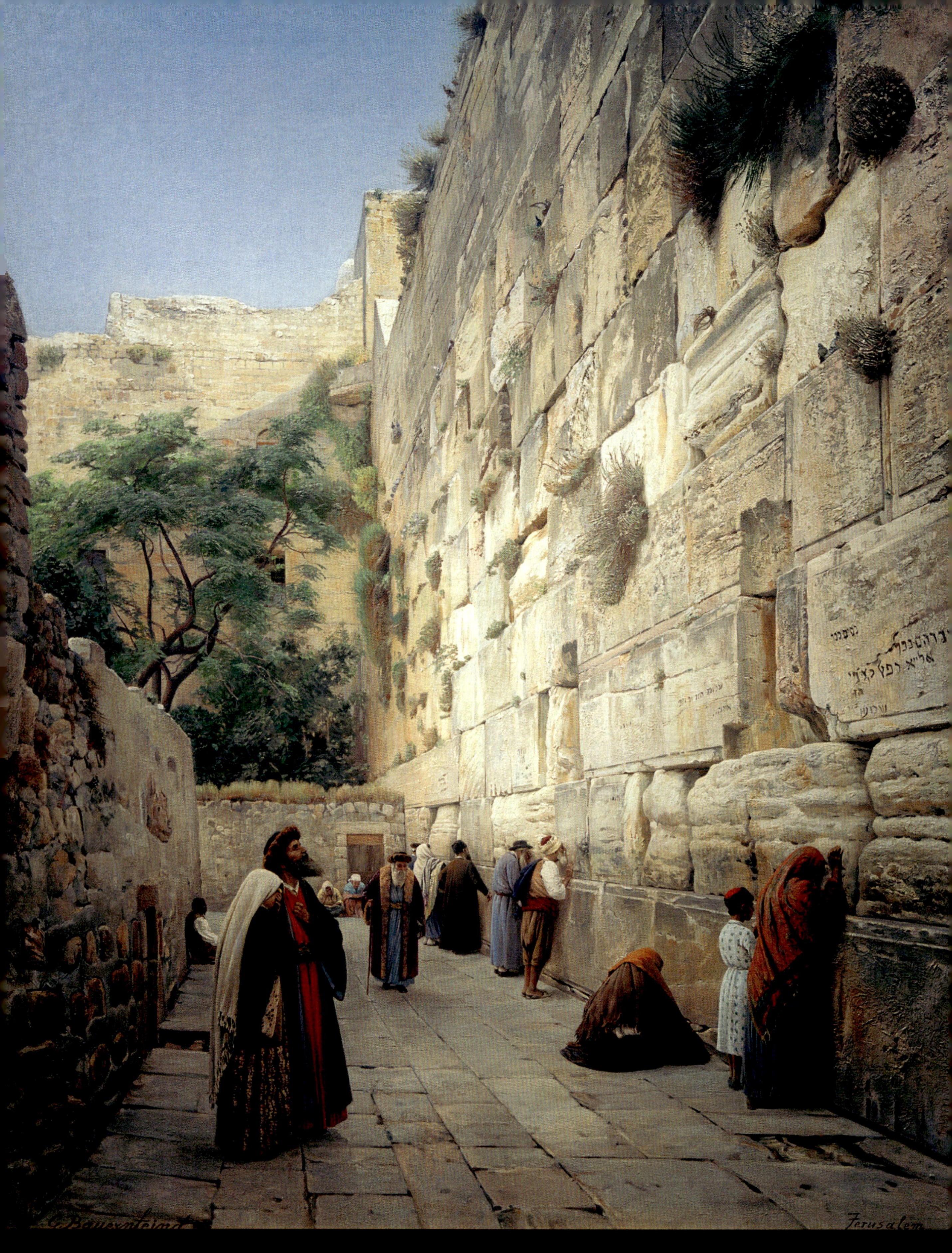

Gläubige beten an der hoch aufragenden **»KLAGEMAUER IN JERUSALEM«** (1880). Wie das bürgerliche Kunstpublikum im Kaiserreich entdeckt auch der schwäbische Maler Gustav Bauernfeind seine Leidenschaft für den Nahen Osten. Mehrere Reisen, auf denen er zeichnet und malt, unternimmt er in den 1880er Jahren nach Palästina – und lässt sich schließlich ganz in der Region nieder

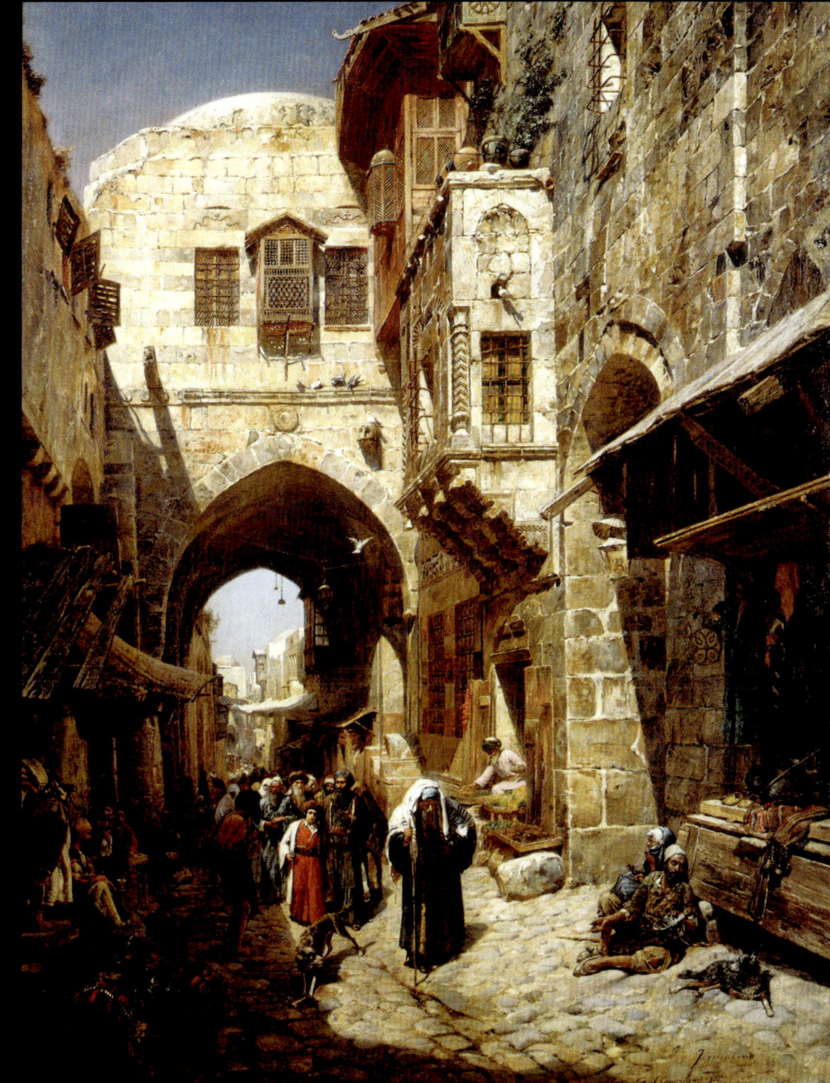

Präzision und Realitätsflucht: Für viele Bürger, herausgefordert vom sich mit Macht modernisierenden Leben, verspricht der Blick auf den Orient lindernde Exotik und Sinnlichkeit. Eine Illusion, die Bauernfeind, der ursprünglich Architektur studiert hat, mit fotografischer Genauigkeit und aufwendigen Kompositionen wie kein Zweiter erfüllt, hier in seiner Ansicht der **»DAVIDSTRASSE IN JERUSALEM«** von 1887

Im Jahr 1873 beauftragt der kaiserliche Kronprinz Friederich Wilhelm (im Bild auf dem Schimmel) den Orientmaler Wilhelm Gentz, seinen **»EINZUG IN JERUSALEM«** bei einem Besuch einige Jahre zuvor effektvoll auf Leinwand zu bannen. Gentz fährt sogar nach Palästina, um die Örtlichkeiten zu studieren, ehe er das Werk 1876 vollendet

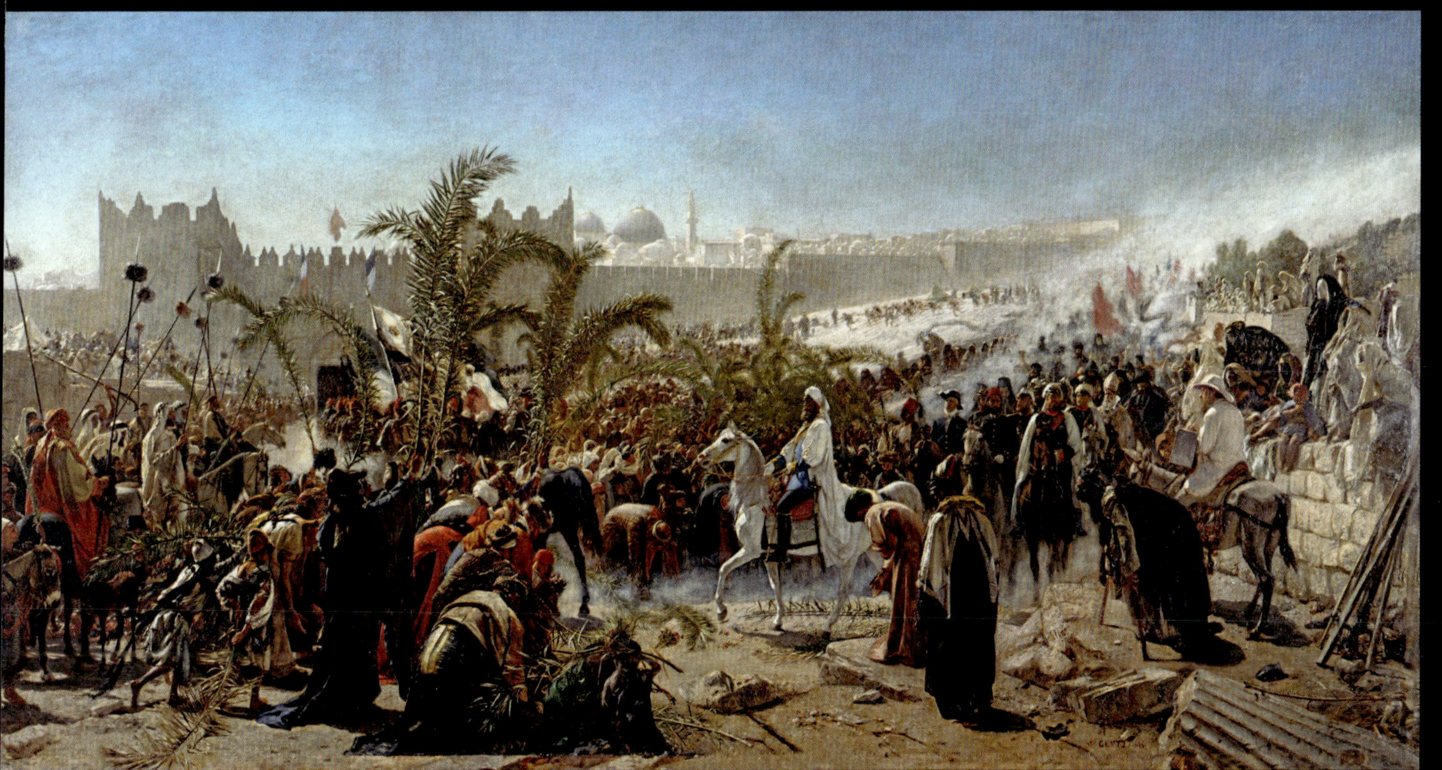

Entrückt, feierlich und zeitlos wirken die Welten, die Hans von Marées entwirft. In **»DIE WERBUNG«** (um 1885) – das in den Figuren an die Antike, in der Dreiteilung des Bildes an mittelalterliche Altäre erinnert – geht es um Treue (links), Selbstliebe (rechts) und einen ehegleichen Bund (Mitte). Doch nicht die erzählten Handlungen oder gar Bezüge zur Gegenwart sind dem Maler wichtig, sondern nur die immerwährenden Ideale

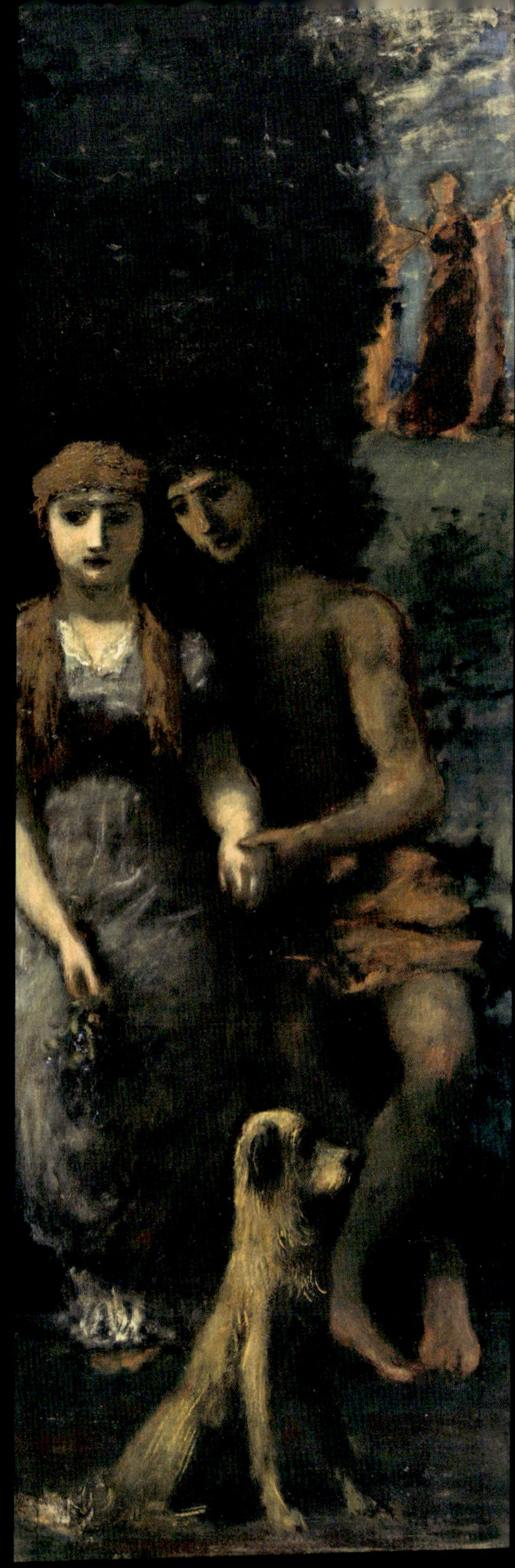

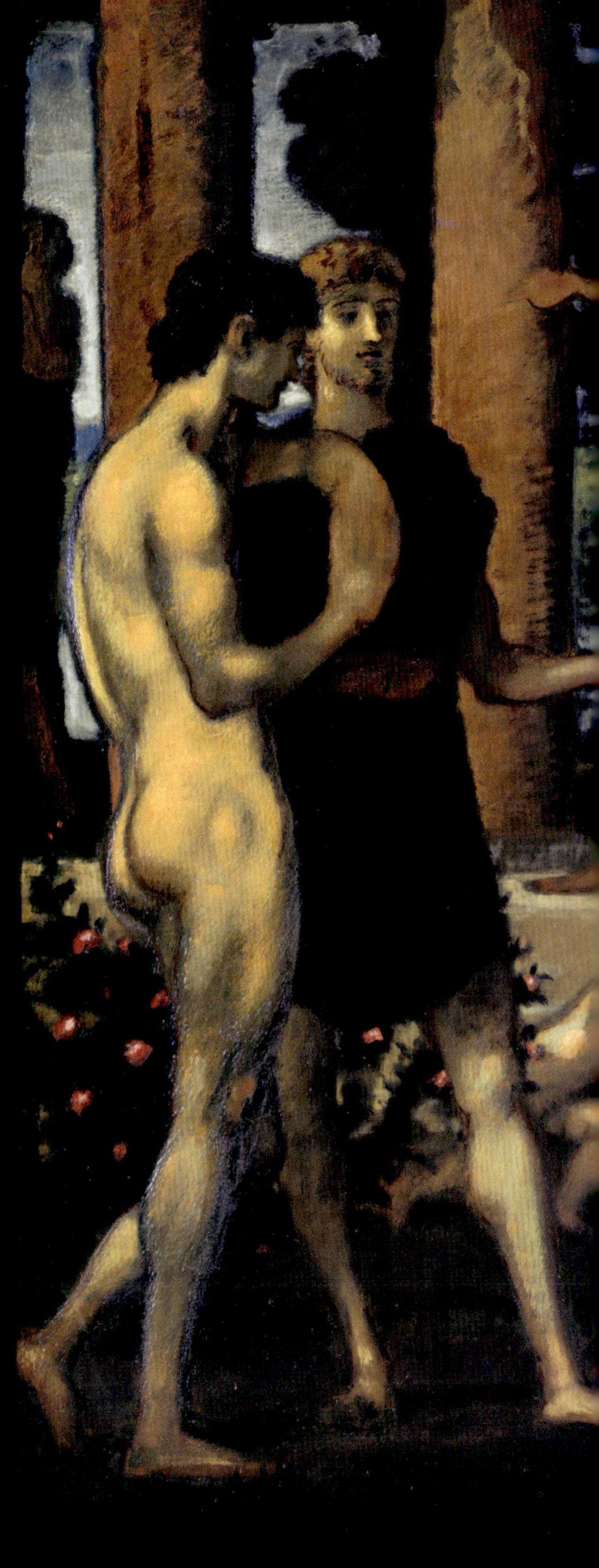

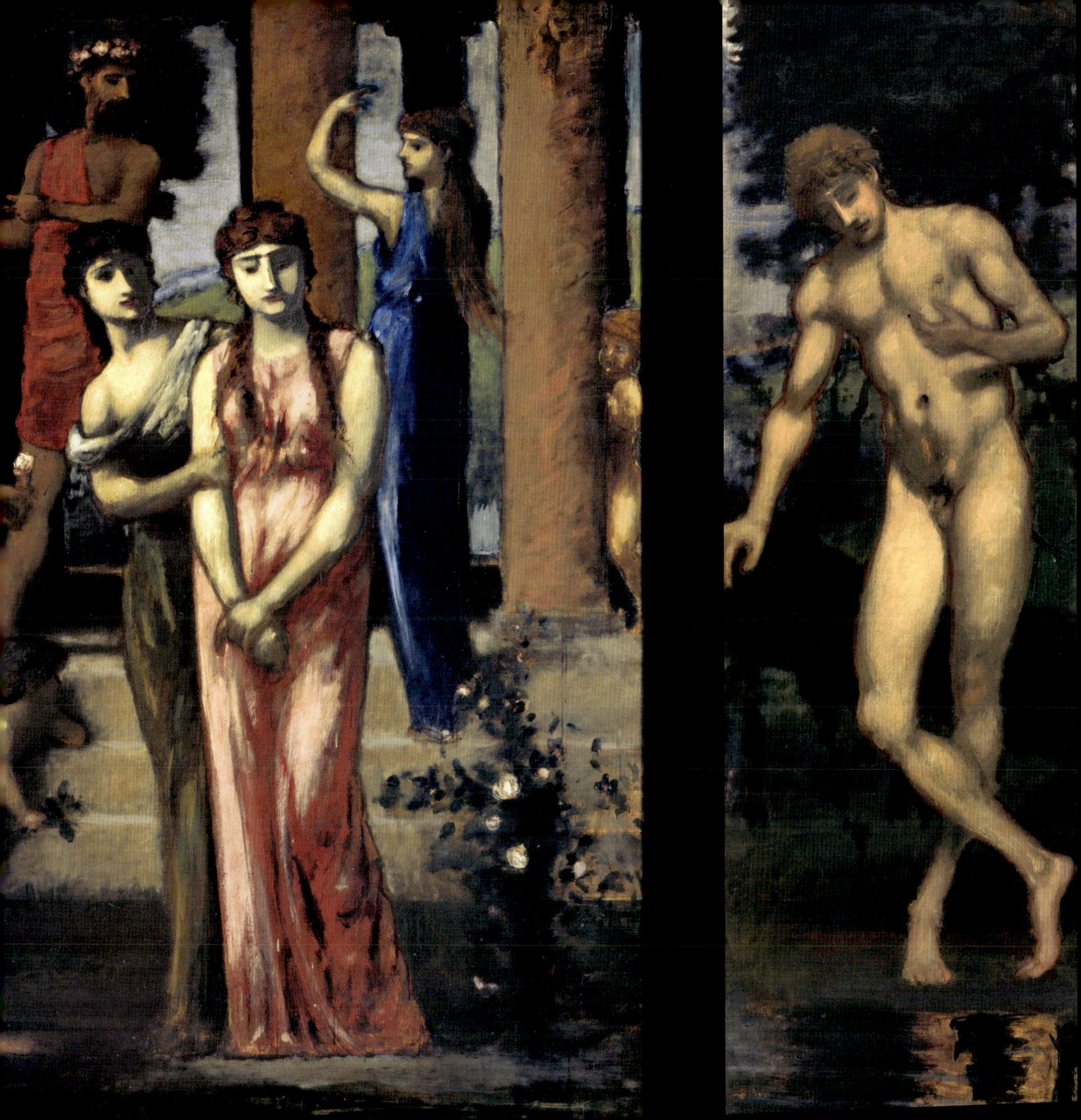

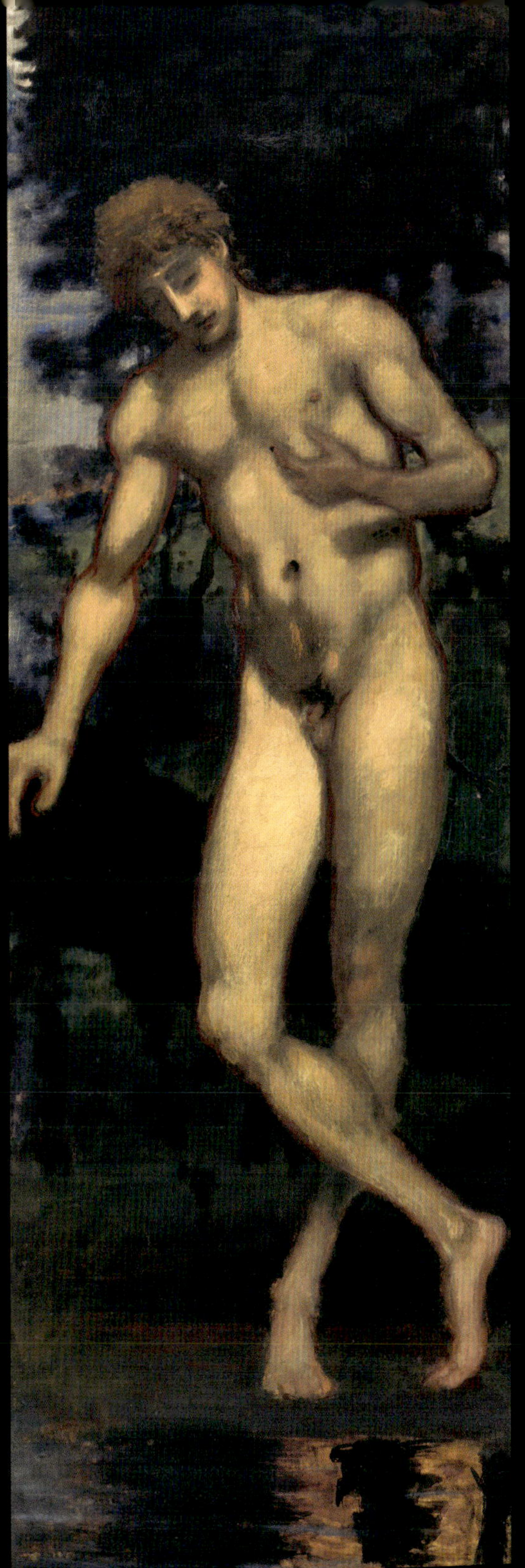

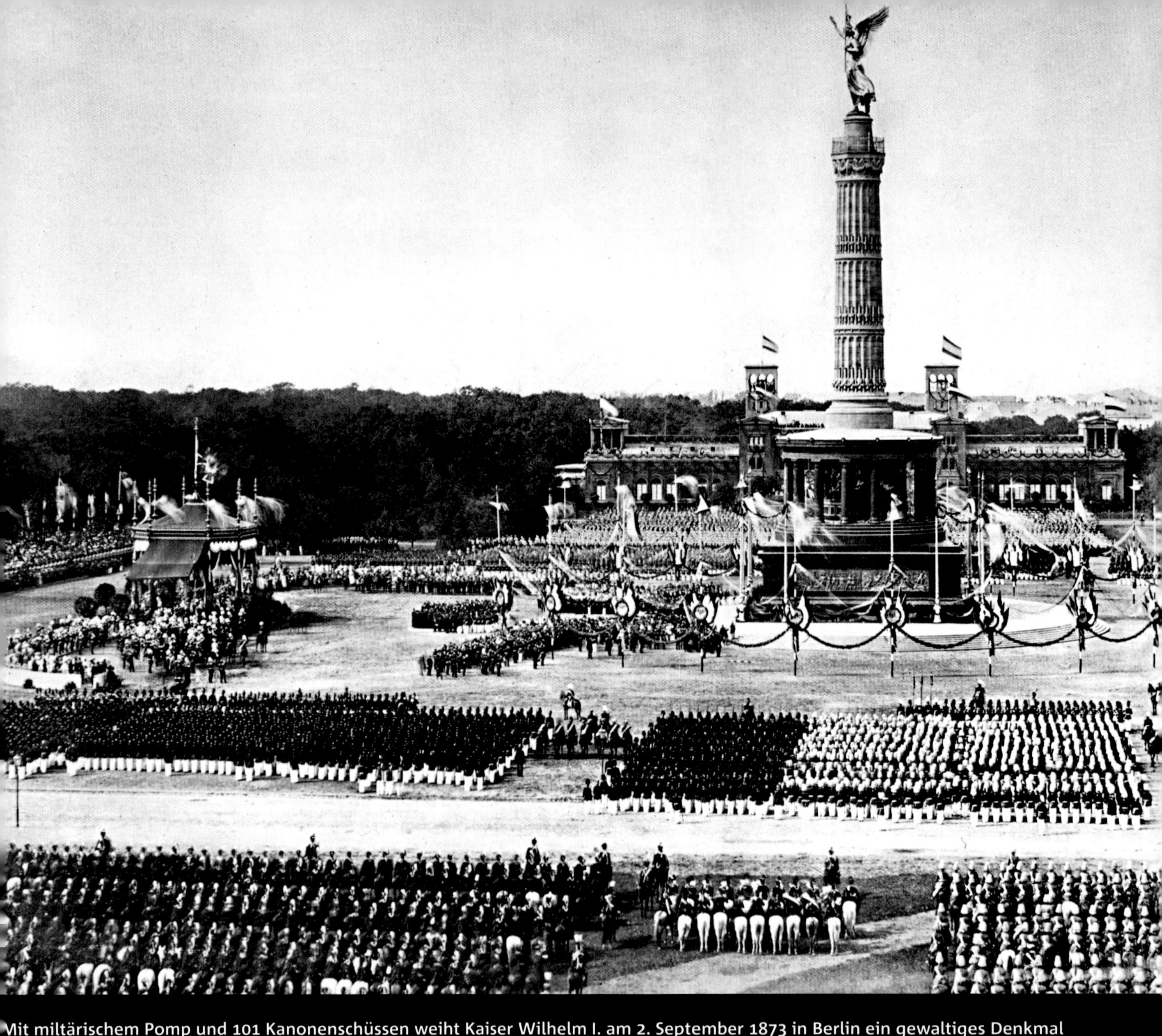

Mit miltärischem Pomp und 101 Kanonenschüssen weiht Kaiser Wilhelm I. am 2. September 1873 in Berlin ein gewaltiges Denkmal ein: Die **»SIEGESSÄULE«**, bekrönt von der Göttin Victoria, soll an die Einigungskriege, vor allem an den Triumph über Frankreich gemahnen. Sie ist das erste einer Reihe von Monumenten, mit denen Bildhauer in staatlichem Auftrag die neue Nation feiern

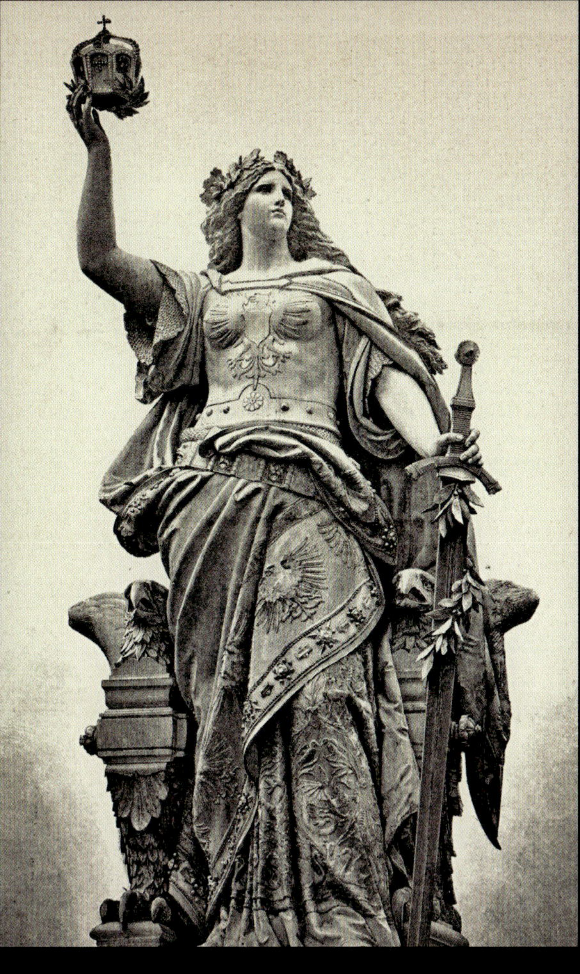

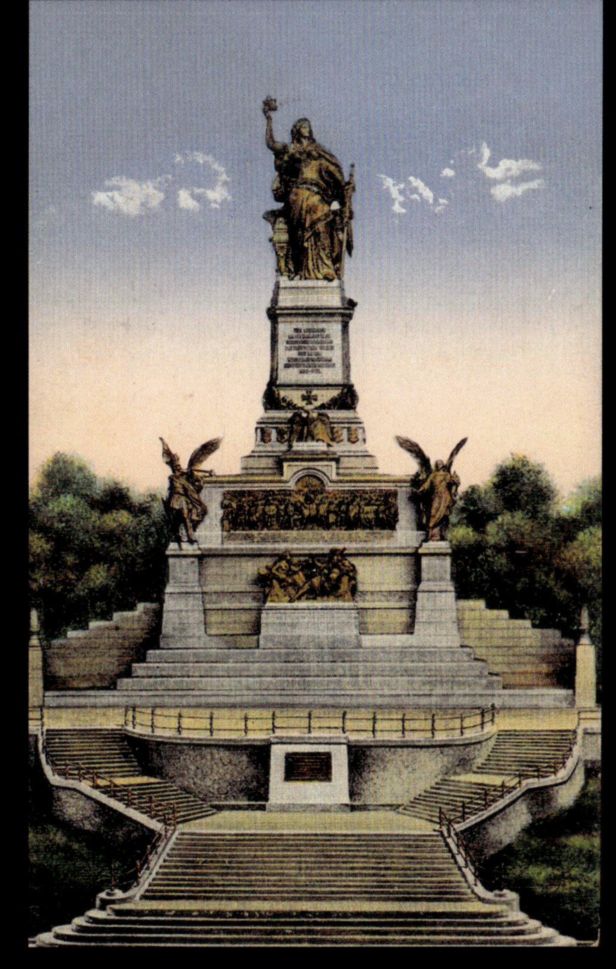

1871 beginnen die Planungen für das **»NIEDERWALD-DENKMAL«**, das in den folgenden zwölf Jahren am Rhein in der Nähe von Rüdesheim entsteht. Die Germania-Statue des Bildhauers Johannes Schilling hält in ihrer Rechten die Kaiserkrone. Möglicherweise, um sie sich eigenmächtig aufzusetzen und so zu suggerieren: Die Deutschen haben sich mit der Reichsgründung selbst belohnt

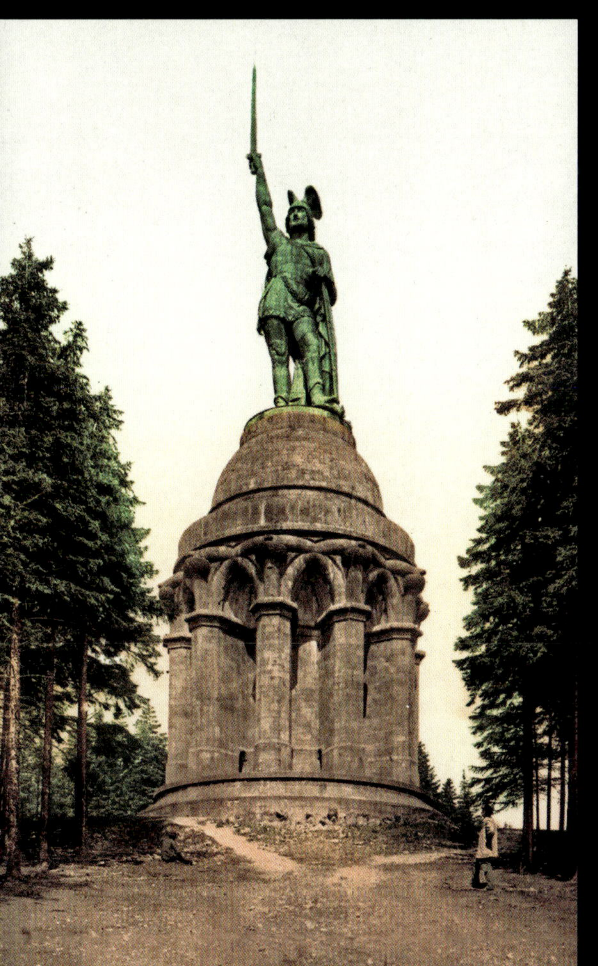

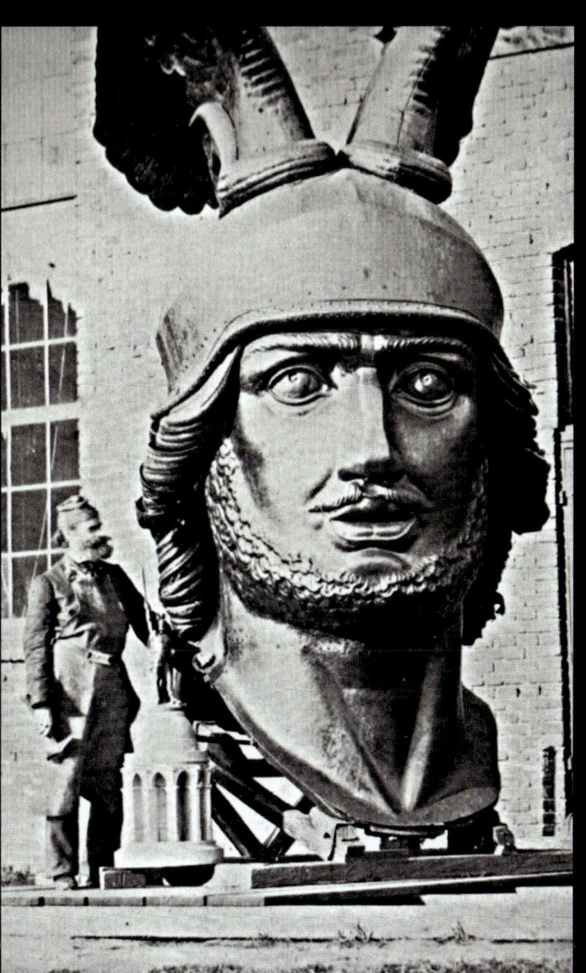

Im Jahr 1875 vollendet der Künstler Ernst von Bandel (stehend, im rechten Bild) sein **»HERMANNSDENKMAL«** bei Detmold. Es zeigt den germanischen Fürsten Arminius, der als antiker Heroe und vermeintliche Ursprungsfigur der Deutschen das Nationalbewusstsein schüren soll

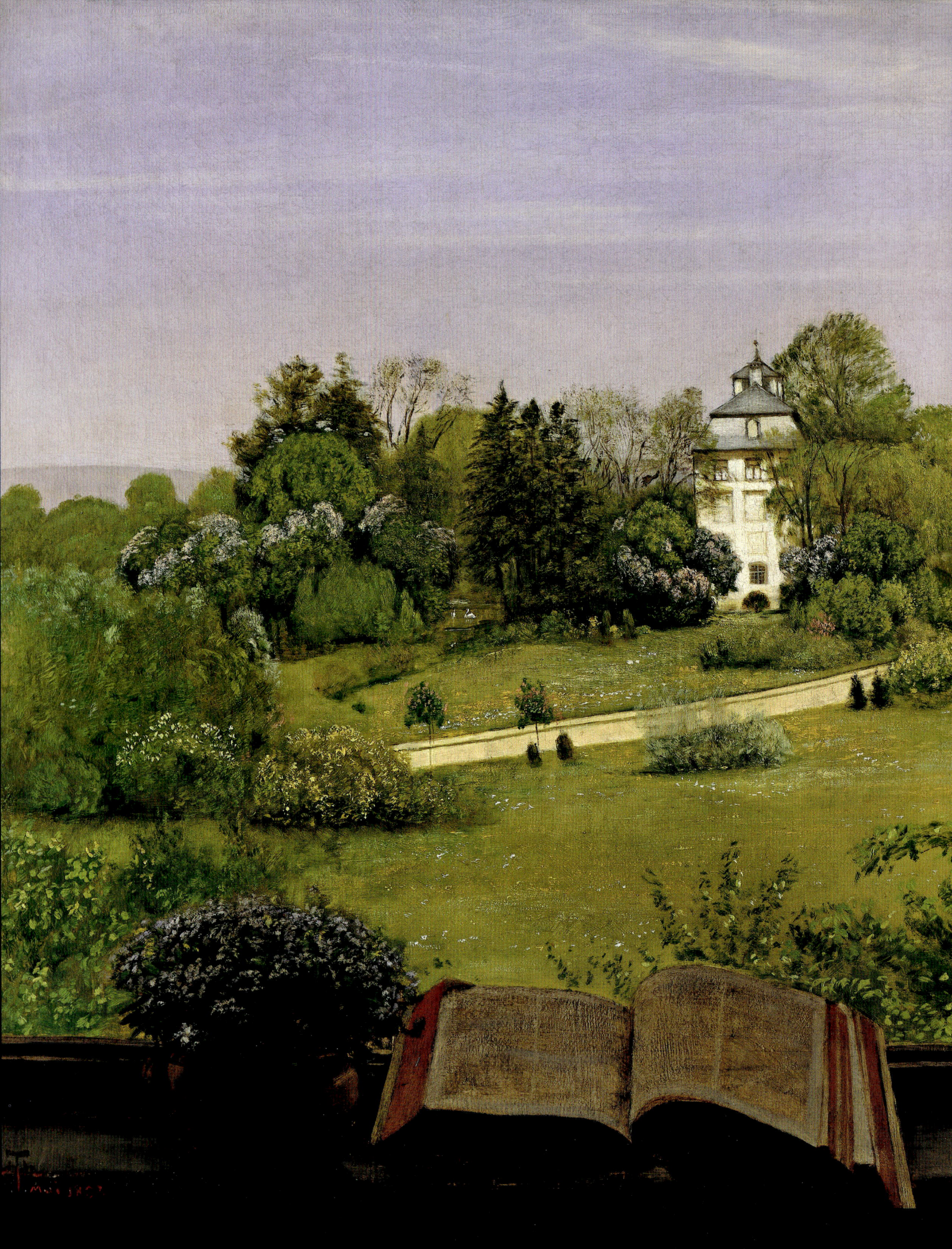

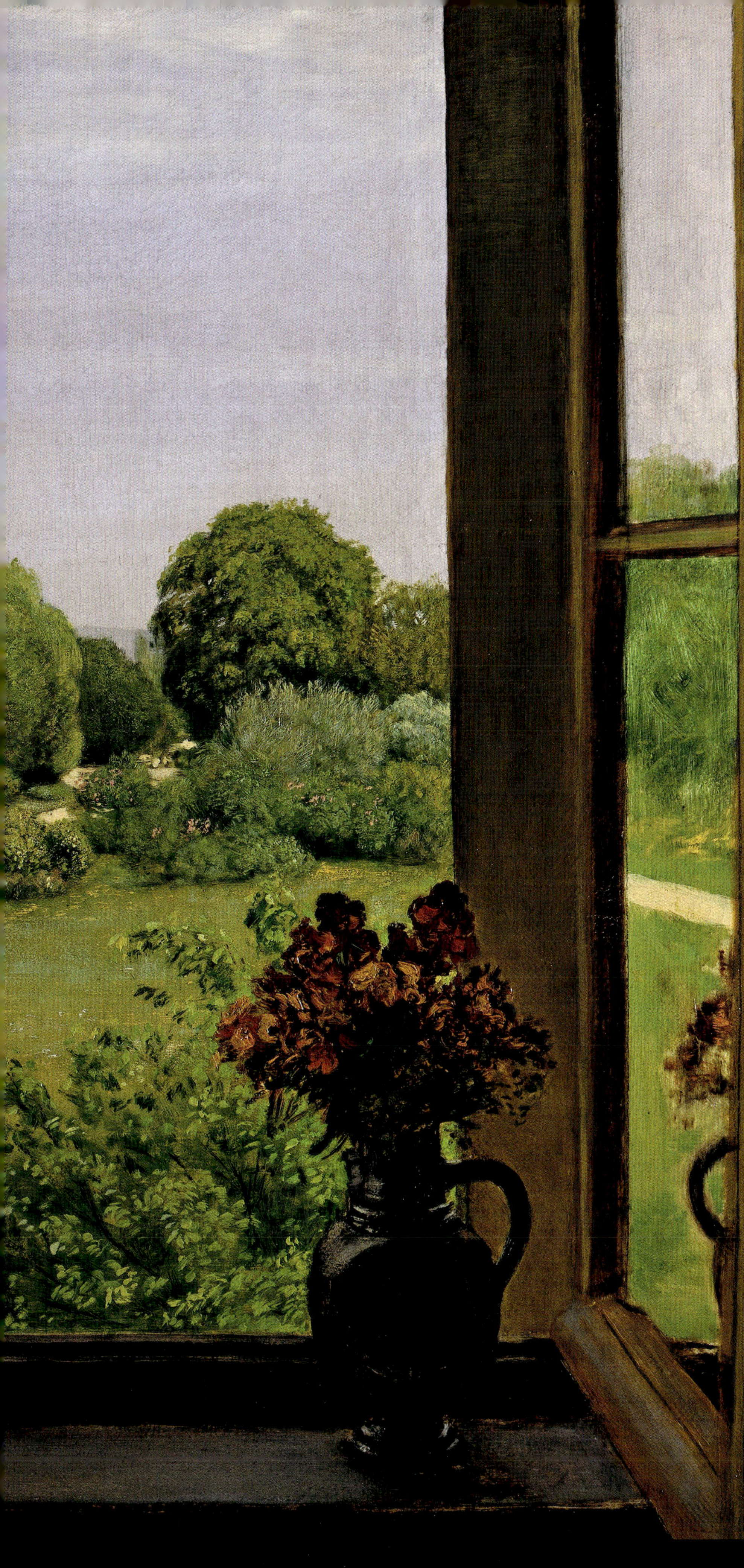

Mit seinen Landschaftsbildern zielt Hans Thoma nicht auf das in der offiziellen Kunst verbreitete Pathos. Wie beiläufig etwa erscheint der **»BLICK AUF DEN HOLZHAUSENPARK«** (1883) in Frankfurt. Und doch lädt der Maler seine möglichst naturgetreuen Werke zugleich symbolisch auf: Die wohlplatzierte Bibel auf dem Fensterbrett verweist hier auf die göttliche Ordnung der Welt

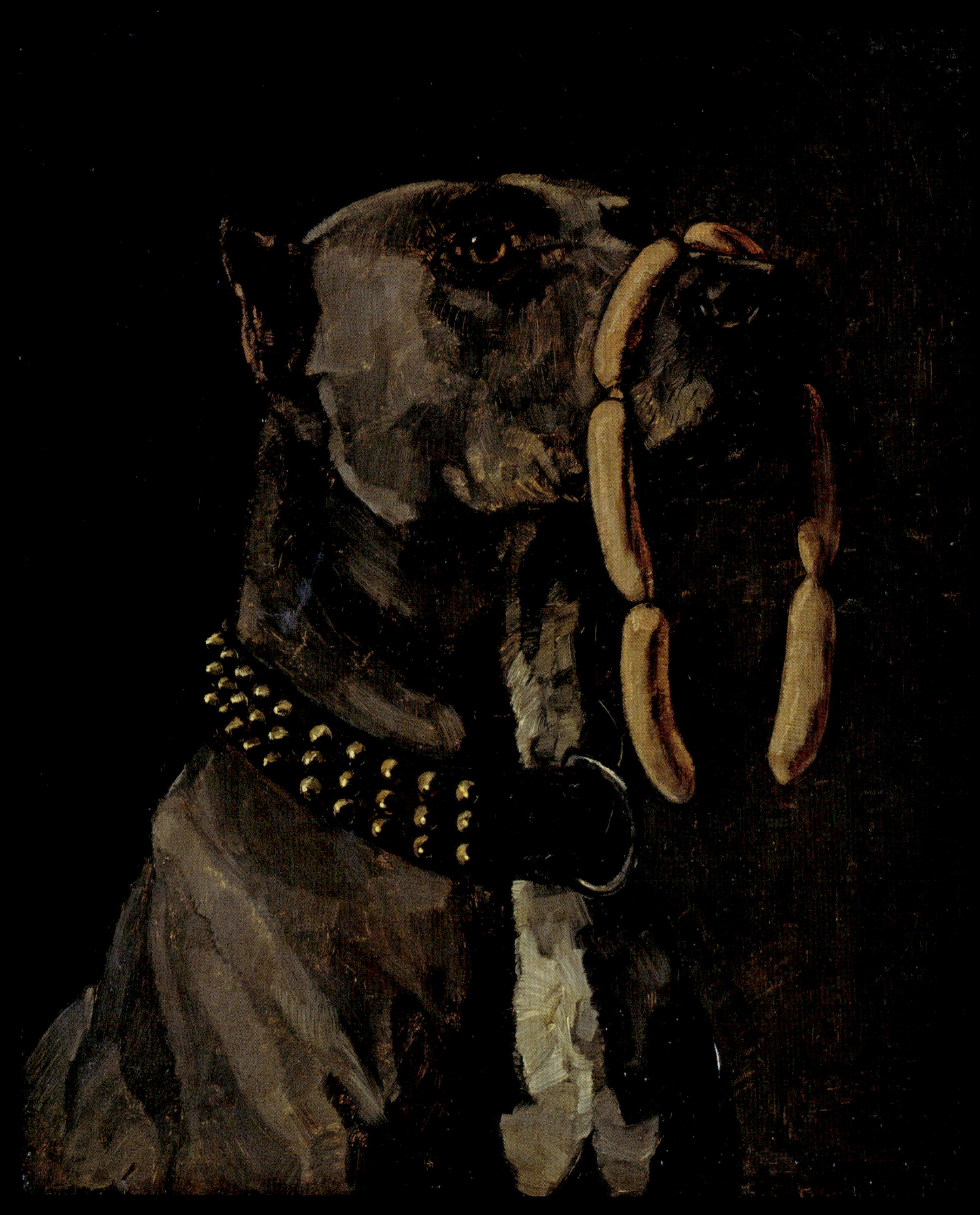

Auch der in Heidelberg geborene Maler Wilhelm Trübner will in seinen aus dunklen Tönen komponierten Werken vor allem Wirklichkeit abbilden – und wählt dafür häufig bewusst profane, mitunter kuriose Motive. Dem Porträt seiner Dogge Cäsar mit Würsten auf der Schnauze von 1877 gibt er, inspiriert vom antiken römischen Gladiatorengruß, den Namen **»AVE, CAESAR, MORITURI TE SALUTANT«** (»Sei gegrüßt, Cäsar, die Todgeweihten grüßen dich«). Ein ironischer

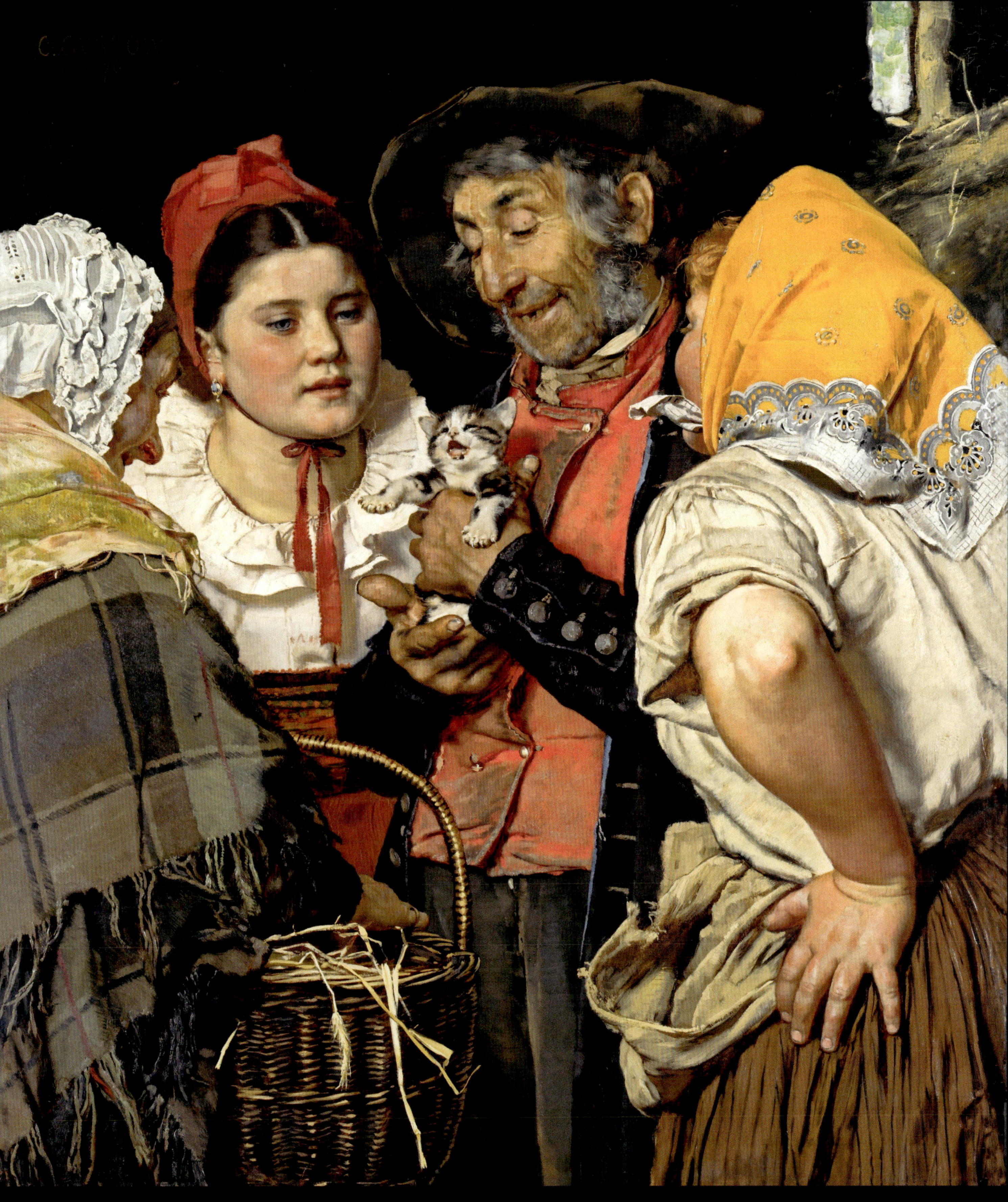

Mit bescheidenem Stolz präsentiert der alte Mann den drei Frauen ein **»KÄTZCHEN«** (um 1875); das flauschige Fell hebt sich bis in einzelne Haare von den schwieligen Händen des Greisen ab. Bekannt wird Karl Gussow, Schöpfer des Bildes, im Kaiserreich für die starken Farben und die Detailtreue seiner Alltagsszenen und Porträts. Aber auch für seine Lehrtätigkeit: Als Professor an der Königlichen Akademie der Künste in Berlin prägt er viele Schüler mit seiner vor allem auf Technik konzentrierten Malweise

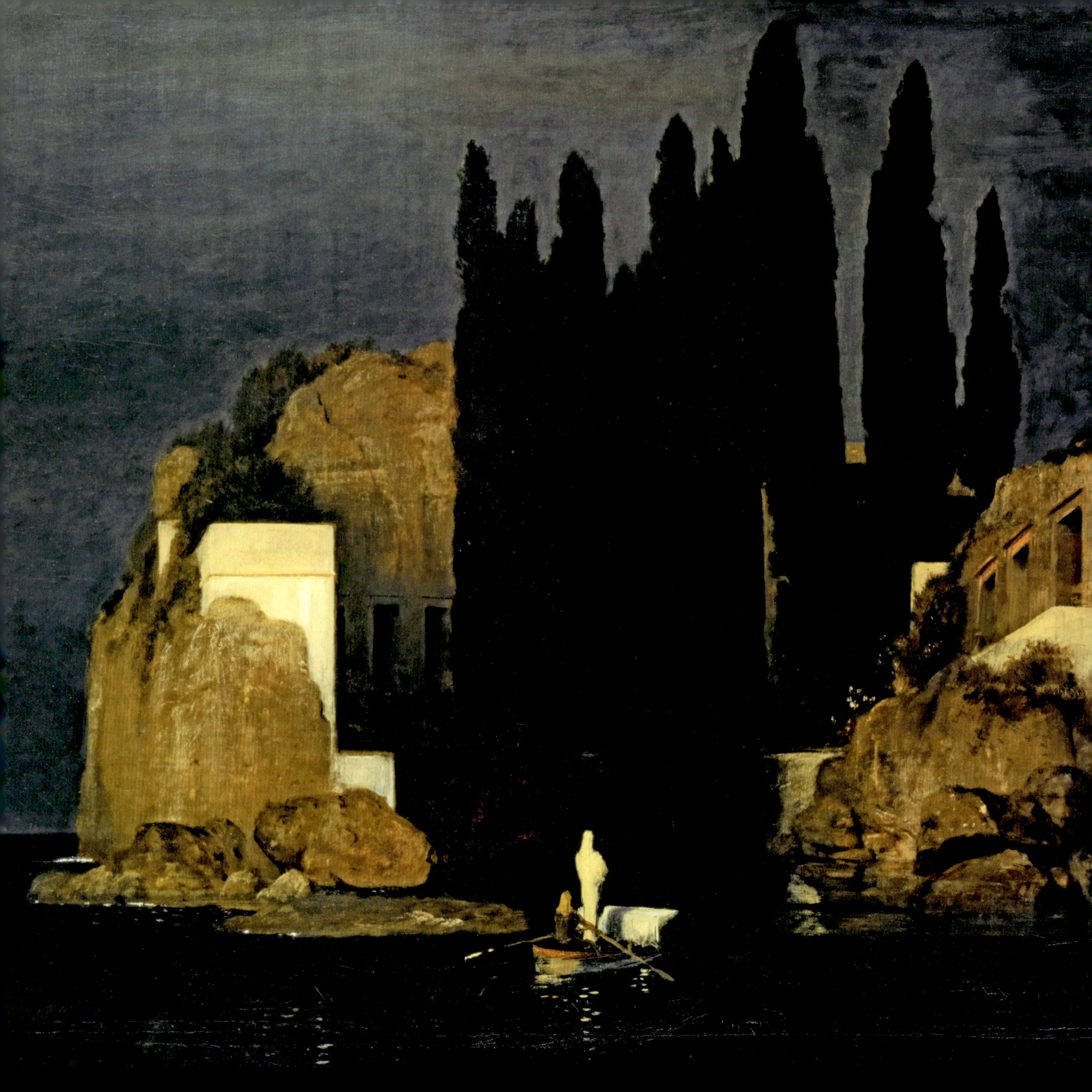

Unwirklich beleuchtet liegt **»DIE TOTENINSEL«** (1880) im Wasser. In einem Nachen geleitet eine aufrecht stehende, weiß gekleidete Person einen Verstorbenen im Sarg zur letzten Ruhe. Arnold Böcklin, geachtet für seine mythischen, hochsymbolischen Gemälde, inszeniert das Eiland als Sehnsuchtsziel – und zugleich als zutiefst unheimliche, fast bedrohliche Landschaft. Die Melancholie des Werks überwältigt schon viele Zeitgenossen, die darin eine Parabel auf den Untergang alter Traditionen angesichts von technischem Fortschritt und Moderne erkennen.

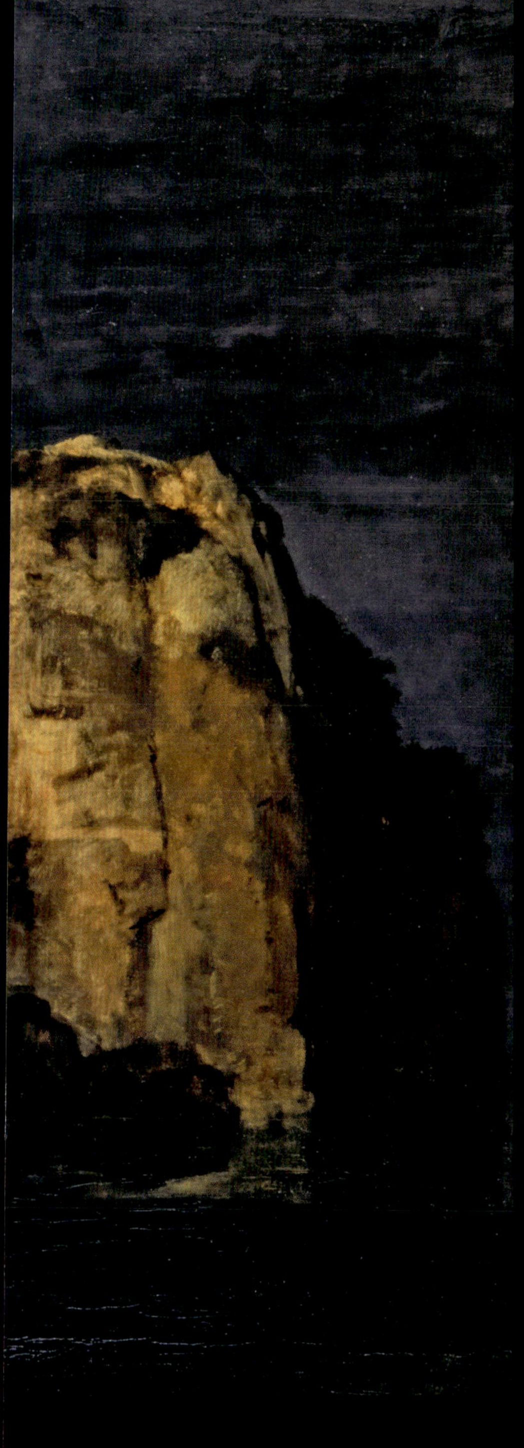

In der Schweiz geboren, hält sich Böcklin viel in Italien und in Deutschland auf, wo er eine Professur in Weimar übernimmt. Reale Orte aber interessieren ihn künstlerisch kaum – dafür Fantastisches: etwa die Renaissance-Geschichte von **»RUGGIERO UND ANGELICA«** (1873) über eine Rettung aus den Klauen eines Ungeheuers

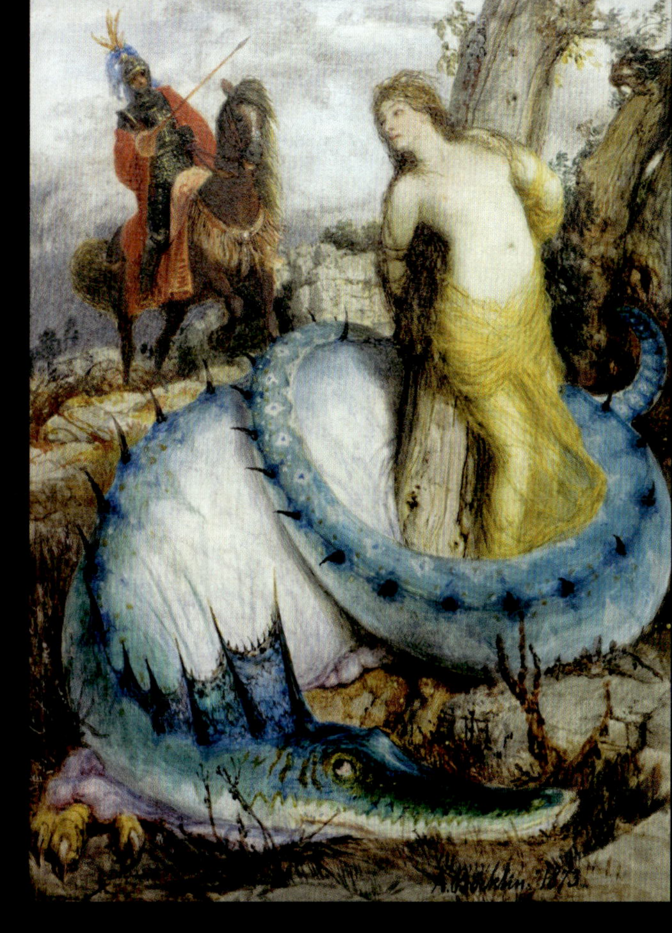

Die Skepsis gegenüber der modernen Zivilisation zieht Böcklin hin zu antiken Sagen, die für ihn ewige Wahrheiten bergen. Doch seine Interpretationen der Mythen haben wenig mit dem sittsamen bildungsbürgerlichen Kanon gemein, sondern zeigen oft sehr sinnliche, zuweilen brutale Szenen wie diesen **»KENTAUREN-KAMPF«** (1873)

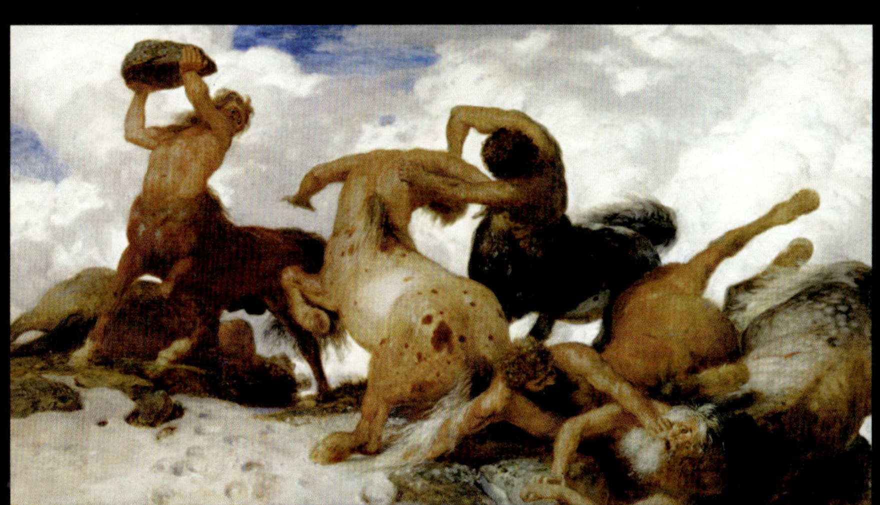

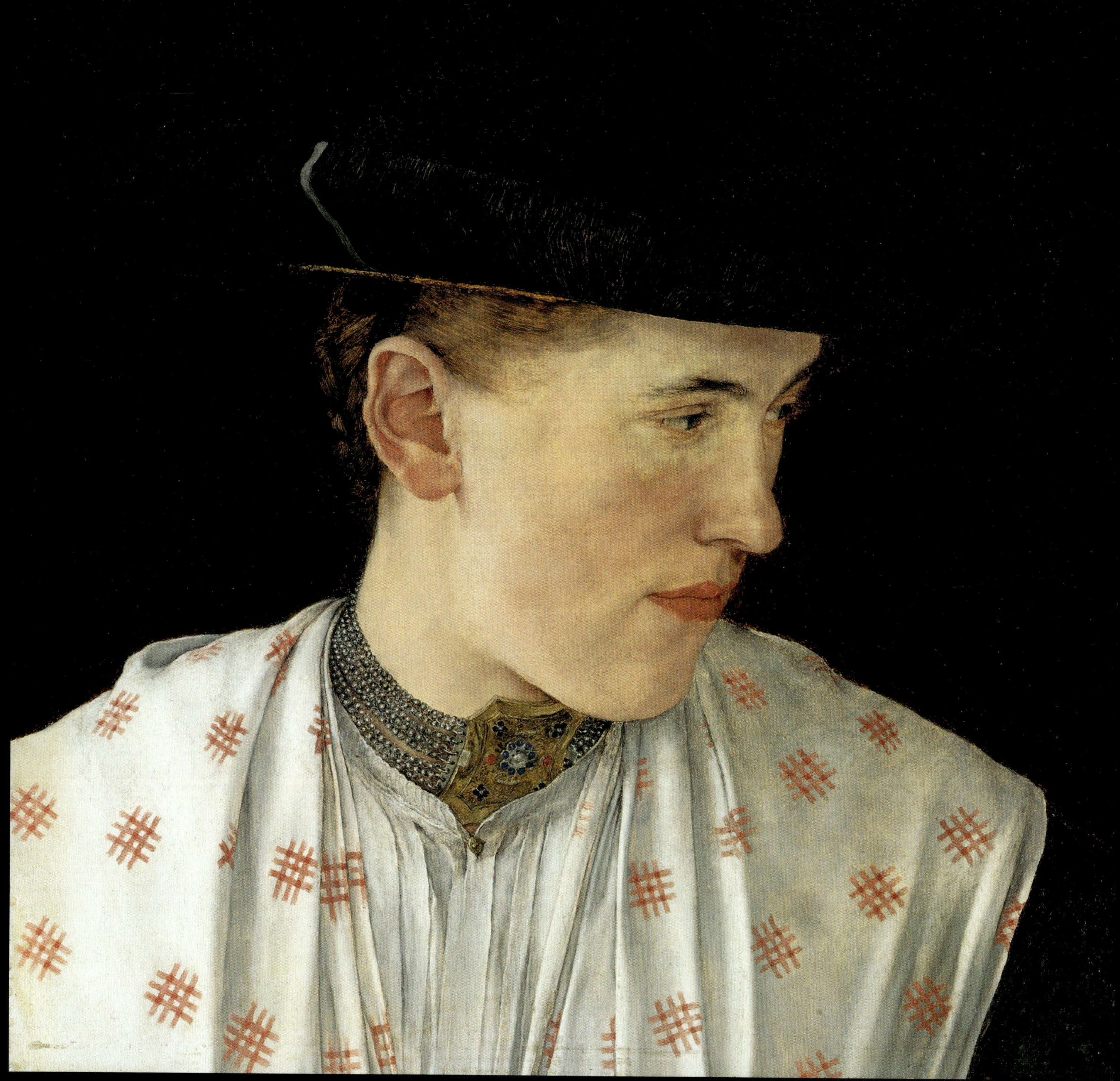

Ausgebildet in allen gängigen malerischen Genres an der Akademie der Großstadt München, sucht Wilhelm Leibl doch bald das einfache Leben und die Ursprünglichkeit auf dem oberbayerischen Land. Vor allem erschafft er Porträts im Stil des Realismus, wie den **»KOPF EINES BAUERNMÄDCHENS«** (um 1880): genau beobachtet, präzise, ausdrucksstark und ohne jede Idealisierung

Um die Welt möglichst unmittelbar abbilden zu können, verlässt Johann Sperl das sonst übliche Atelier und malt, inspiriert von französischen Künstlern, unter freiem Himmel: meist figurenlose, atmosphärische Landmotive – wie diese **»BAUERNHÄUSER«** (um 1880). Einige seiner Werke versieht sein Künstlerfreund Wilhelm Leibl, mit dem Sperl eine Arbeitsgemeinschaft in der bayerischen Provinz gründet, mit Menschen

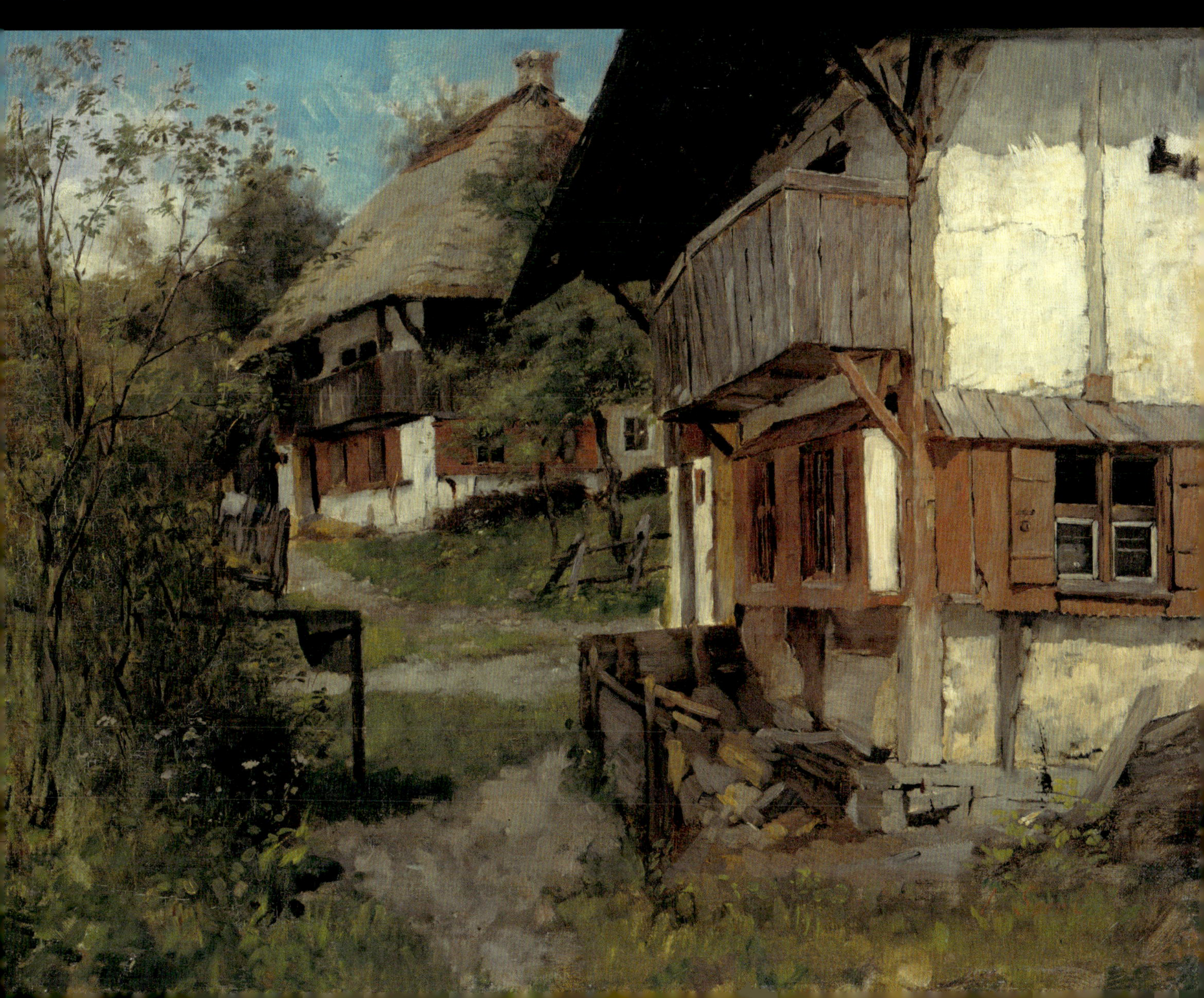

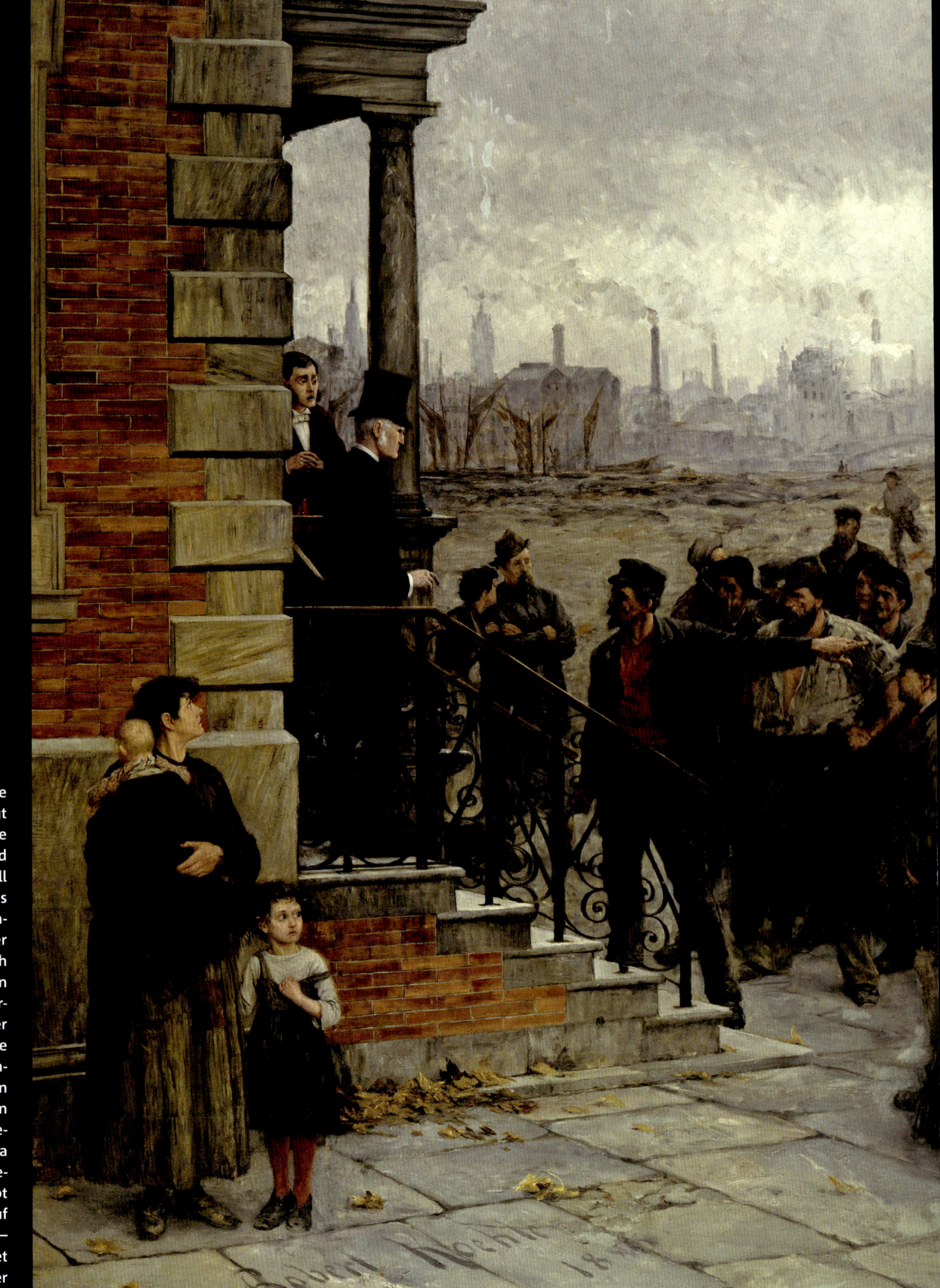

Die erstarkende Arbeiterbewegung prägt die innenpolitische Lage des jungen Kaiserreichs und findet auch Widerhall in der Kunst. Während das repressive »Sozialistengesetz« von Reichskanzler Otto von Bismarck praktisch alle linken Organisationen der Arbeiterbewegung verbietet, spitzt Robert Koehler 1886 in seinem Gemälde **»DER STREIK«** die Konfrontation der gegnerischen Lager zu: Vor rauchenden Schloten lässt er eine aufgebrachte Menge an der Villa des Fabrikanten ihre Forderungen stellen. Und gibt einen brisanten Ausblick auf das, was kommen mag – im Vordergrund bewaffnet sich einer der Arbeiter mit Steinen ●

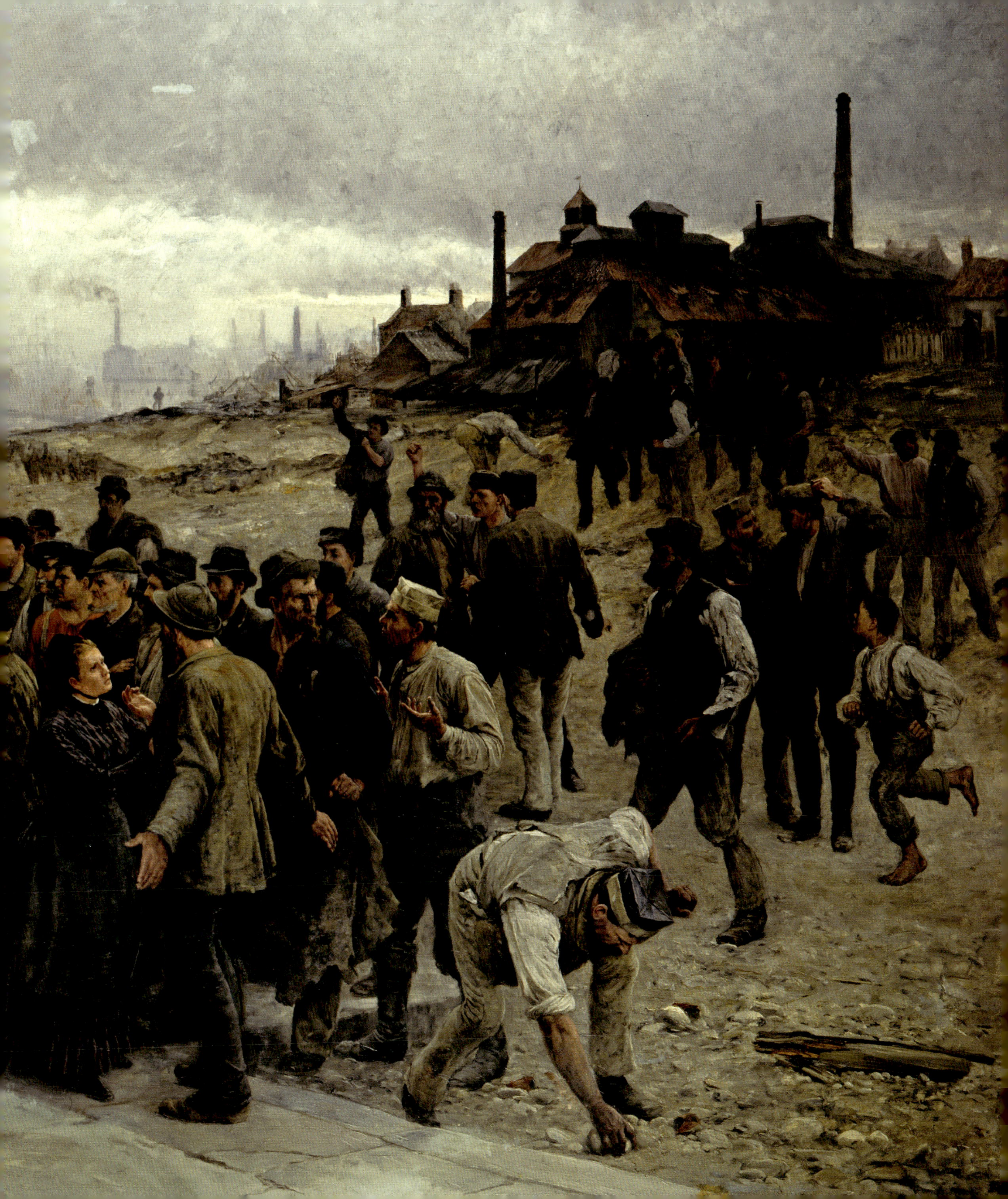

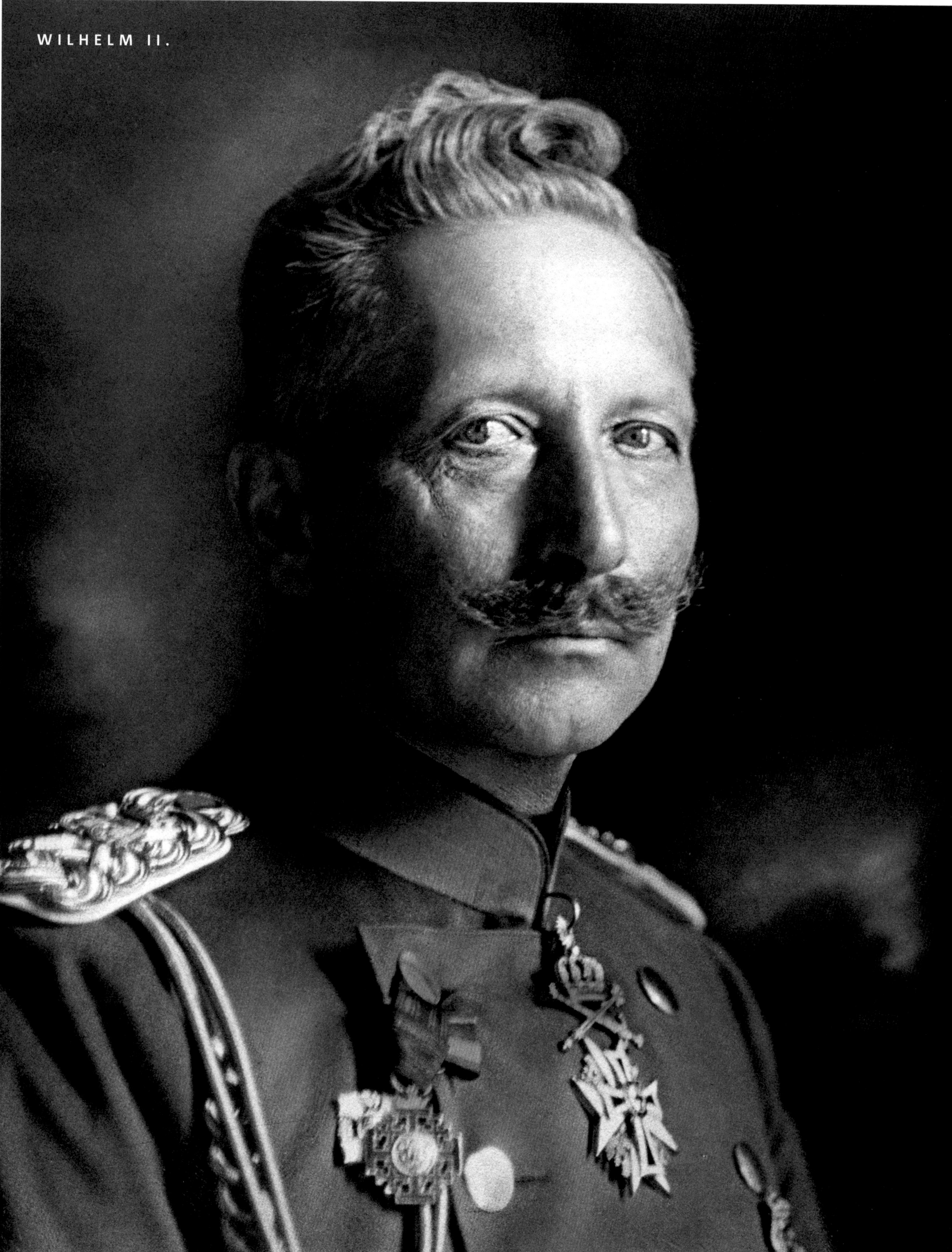
WILHELM II.

Wilhelm II., links 1914, präsentiert sich stets in Uniform: Soldatischer Drill gibt dem seelisch labilen, unter einer körperlichen Behinderung leidenden Monarchen Sicherheit

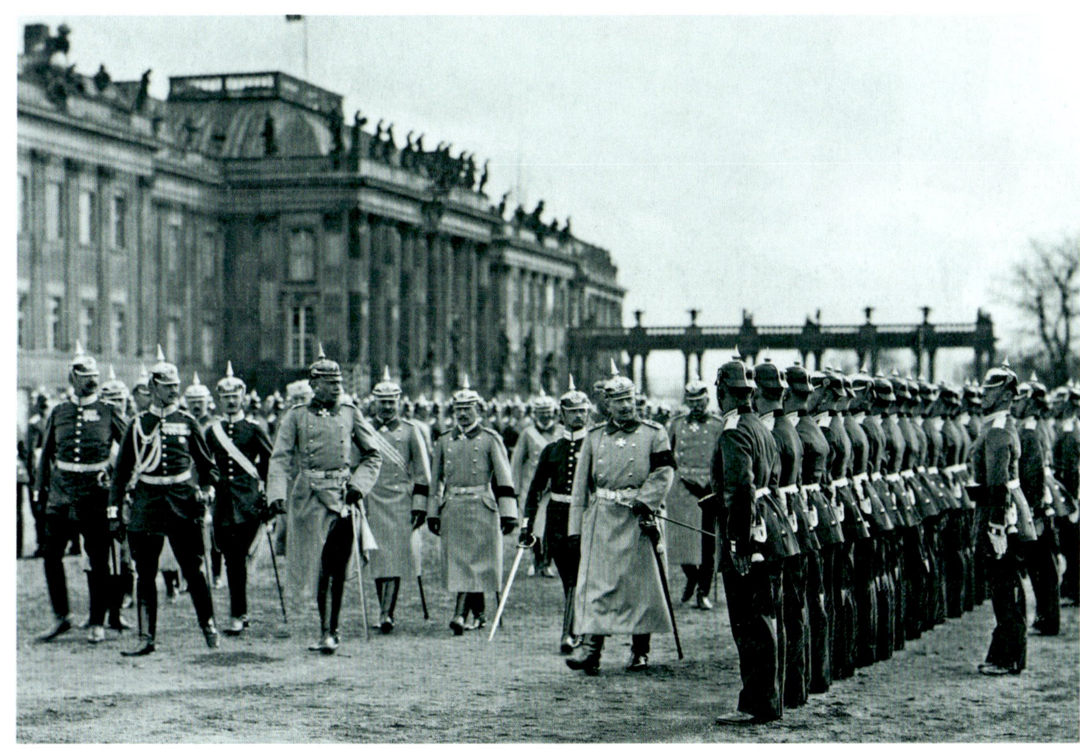

Besonders gern inspiziert der Kaiser die Truppen in Potsdam, denn als Prinz war er beim dortigen 1. Garderegiment stationiert und fand hier eine Heimat, die ihm das Elternhaus nie geboten hat

DER UNBERECHENBARE

Maßlos ist er, süchtig nach Anerkennung und so widersprüchlich wie sein Land: Kaiser Wilhelm II., Herrscher über die Deutschen. Der Monarch glaubt an den Fortschritt, fördert die Wissenschaft, die Künste und den Aufstieg der heimischen Industrie. Zugleich aber ist er zutiefst reaktionär. Von deutscher Weltmacht träumend, sucht er Halt im Militär – so wie viele seiner zwischen Vergangenheit und Zukunft taumelnden Untertanen

Text: MATHIAS MESENHÖLLER

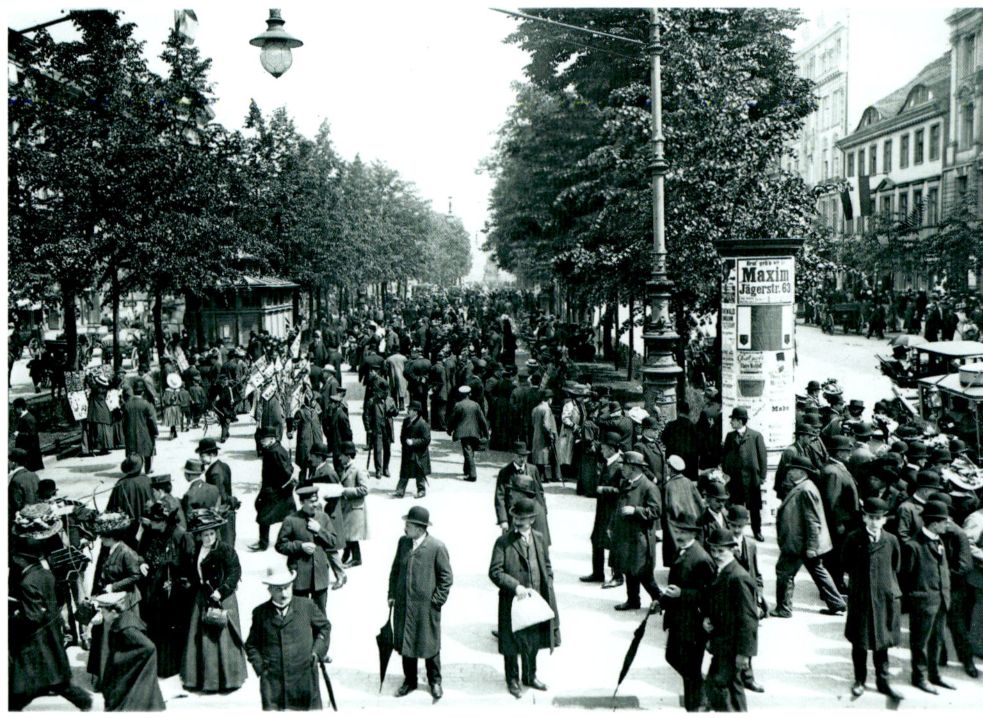

Die deutsche Wirtschaft floriert unter Wilhelm II. wie nie zuvor. Berlin wandelt sich endgültig zu einer Millionenmetropole mit prachtvollen Boulevards im Zentrum

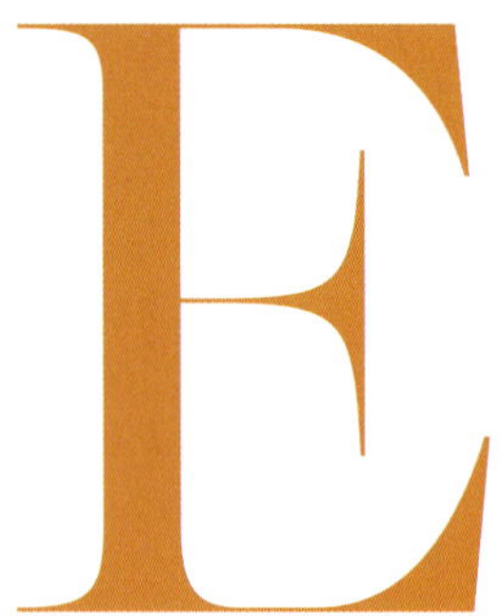

Es ist noch dunkel, als nach 7.00 Uhr Trompetenstöße aus der Kuppel des Berliner Stadtschlosses dringen und sich zu feierlichen Chorälen formen: Das erste Lob dieses 27. Januar 1914 gilt Gott. Für einen Moment wirkt Deutschlands Mitte andächtig und ernst, wie im Traum der Morgennebel verloren.

Doch während langsam die Wintersonne emporsteigt, marschieren Militärkapellen vor dem mächtigen Bau am Spreeufer auf. Trommler und Pfeifer spielen „Freut Euch des Lebens“, Tausende Schaulustige strömen zusammen.

Endlich öffnet sich eines der großen Fenster. „Hoch!“-Rufe erschallen, die Versammelten schwenken Hüte und Tücher, jubeln dem mittelgroßen, kräftigen Mann in prunkender Uniform zu, der sich nun zeigt: Kaiser Wilhelm II., seit mehr als einem Vierteljahrhundert Herrscher des Deutschen Reiches.

Es ist sein Geburtstag, der 55., und wie jedes Jahr ein nationaler Festtag.

Über die folgenden Stunden werden viele Männer von des Kaisers Gnaden zu Glück und Ehren kommen und andere erschöpft und abermals nicht beachtet in einen unruhigen Schlaf fallen.

Fürsten, Minister, Offiziere, Honoratioren werden bei schweren Menüs und sorgfältig ausgewählten Weinen markige Trinksprüche und Hurrarufe ausbringen, Schützen-, Krieger- und Gesangsvereine Umzüge abhalten, Soldaten Tausende von Paradekilometern marschieren. Theater werden Festvorstellungen geben, Schüler Gedichte aufsagen und zuhören, wie ihre Lehrer die Größe Deutschlands und der Hohenzollern-Dynastie beschwören.

Von den öffentlichen Gebäuden und vielen Privathäusern wehen an diesem Tag Flaggen, in den Schaufenstern stehen blumengeschmückte Kaiserbüsten. Jenseits der Landesgrenzen geben die deutschen Gemeinden in den europäischen Hauptstädten Empfänge und Bälle, feuern die „Schutztruppen“ der Kolonien in Afrika, China, auf Neuguinea Salut. Die Presse schwärmt anschließend von einem „Familienfest des monarchischen Staates“ zu Ehren „unseres Friedensfürsten“.

Allein: Ein großer Teil der „Familie“ hält sich abseits. Die meisten Arbeiter ignorieren die Feiern, ebenso ihre Zeitungen. Erst wenige Tage zuvor hat ein SPD-Abgeordneter im Reichstag die Monarchie für überholt erklärt. Die populäre „Berliner Illustrirte Zeitung“ berichtet lieber vom Eisfest in Davos. Und im elsässischen Straßburg bleibt der Bürgermeister dem Festmahl wegen „Unpässlichkeit“ fern – tatsächlich wohl aus Protest gegen Übergriffe deutscher Soldaten in der ehemals französischen Provinz.

Längst lehnen aufgeklärte Geister im Bürgertum und selbst am Hof den Pomp ab, empfinden ihn als peinlich.

Hinter den Paraden und Reden verbirgt sich ein zerrissenes, unruhiges Reich, so widersprüchlich wie der Kaiser selbst: auftrumpfend und angstgeplagt, ehrpusselig und schnoddrig, gefangen in den Ritualen einer Feudalgesellschaft und begeistert von moder-

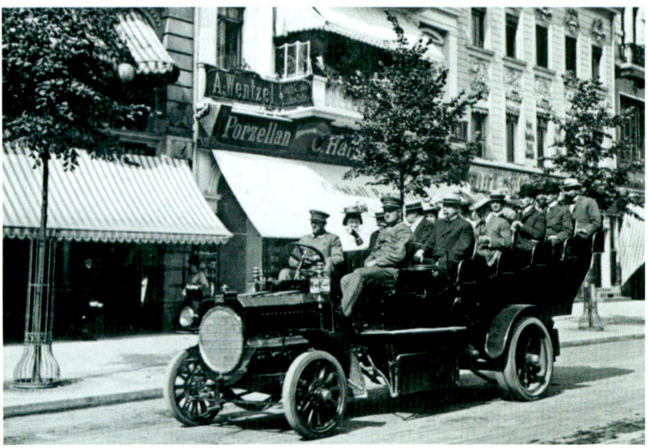

Die Moderne bringt Mobilität: Als diese Touristen 1912 eine Stadtrundfahrt in Berlin buchen, sind Autos und Trambahnwagen in der Kapitale längst allgegenwärtig

ner Technik, strotzend vor selbstbewusstem Optimismus und süchtig nach Anerkennung, sprunghaft, träumerisch, maßlos. Nervös. Aus der Sicht seiner Nachbarn: bedrohlich.

Und doch ahnt kaum einer der kaiserlichen Untertanen, die sich nun zum Fest rüsten, dass es der letzte Friedensgeburtstag sein wird. Dass Wilhelm Deutschland schon bald in einen katastrophalen Krieg führen wird – und damit den Untergang seiner Dynastie einleitet.

D

Deutschland ist eine erschöpfte Nation. 1910, bei der letzten Erhebung, waren gut 220 000 Menschen in Nervenheilanstalten, fast doppelt so viele wie zehn Jahre zuvor und das Fünffache der Zahl von 1871. Viele leiden an „Neurasthenie", an Erschöpfung der Nerven. Sie erschrecken beim Pfeifen einer Lokomotive, können nicht schlafen, brechen über Kleinigkeiten in Weinkrämpfe aus oder bekommen Wutanfälle, schwitzen in einem fort, sind matt, depressiv oder flüchten in sexuelle und Alkoholexzesse.

Besonders häufig trifft es Männer: Angestellte, Richter, Professoren, die sich ihrem Beruf nicht mehr gewachsen fühlen. Arbeiter, die den rasenden Lärm der Maschinenhallen nicht ertragen. Unternehmer oder Studenten, denen das schnelle, laute Großstadtleben und dessen immer neue Reize zusetzen: die Menschenmassen, die rücksichtslosen, dauerklingelnden Radfahrer, die über Telegrafen einlaufende Nachrichtenflut, die pornografischen Postkarten und allgegenwärtige Prostitution, die Kinos, Bars, Revuen, Großkaufhäuser, Leuchtreklamen. Die Neurasthenie: eine Volkskrankheit.

Es ist, als sei die Nation überfordert von ihrem spektakulären Aufstieg zur jüngsten und stärksten Großmacht auf dem europäischen Kontinent, zur führenden Industrienation – während alte Sicherheiten verloren gegangen sind.

Bereits kurz nachdem Wilhelm II. 1888 auf den Thron gelangt ist, hat er den alten Kanzler und

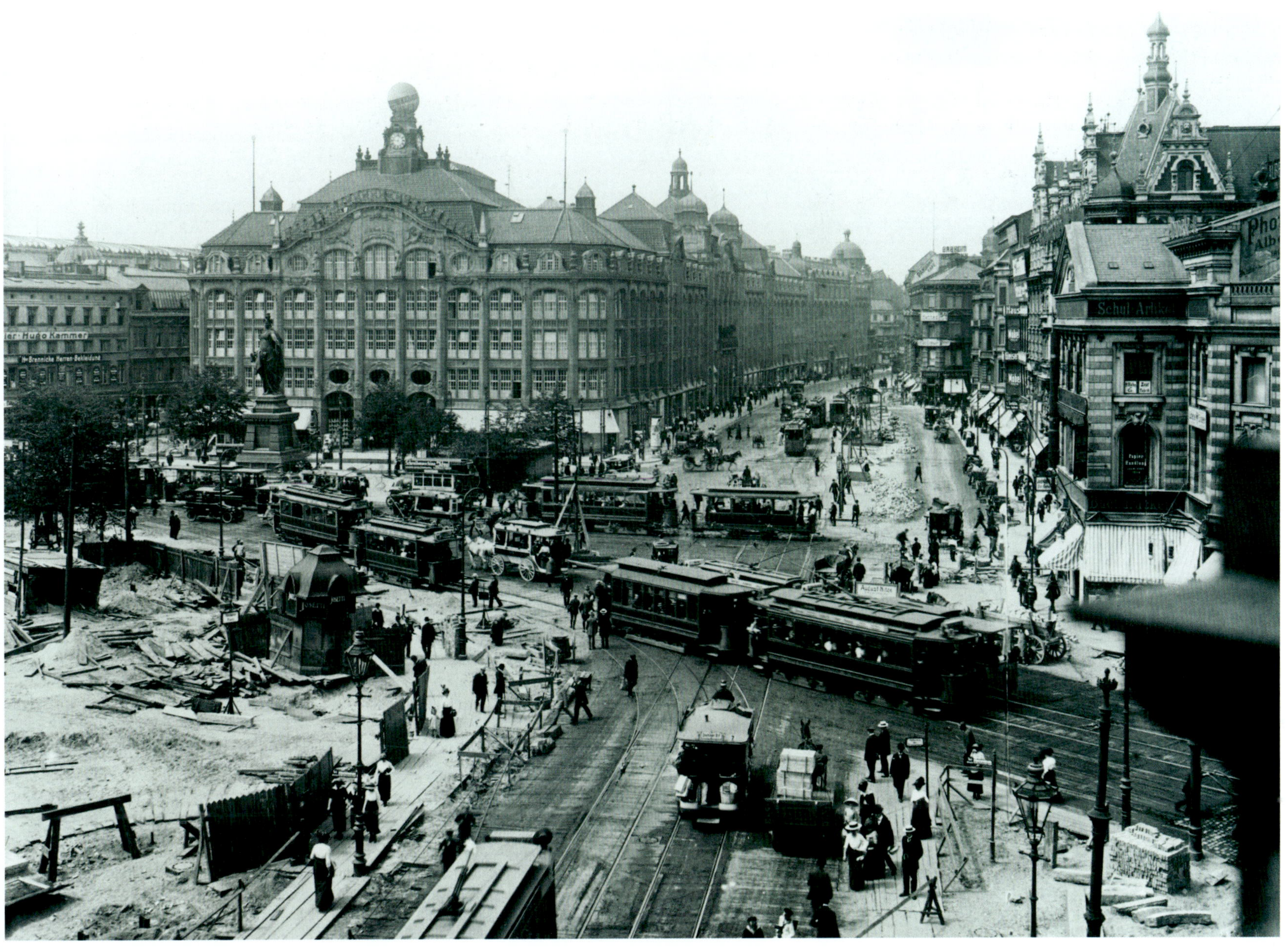

Der Alexanderplatz in Berlin, 1913. Immer hektischer wird das Leben in den Metropolen. Menschenmassen, Straßenbahnlärm, die Warenflut der Kaufhäuser setzen den Großstädtern zu – und lassen die »Neurasthenie«, eine Erschöpfung der Nerven, zur Volkskrankheit werden

Reichsgründer Otto von Bismarck entlassen. Dessen defensive Außenpolitik ersetzt der junge Kaiser durch einen Kurs der Stärke. Seither ist als Deutschlands einziger verlässlicher Alliierter die Habsburger-Monarchie geblieben, während Russland, Frankreich und England aneinandergerückt sind.

Mehrmals hat diese Konstellation die Welt bereits an den Rand eines Krieges gebracht, zuletzt auf dem Balkan, wo russische und österreichische Interessensphären aufeinanderstoßen.

Fast noch mehr fühlen die deutschen Eliten sich Anfang 1914 im Inneren bedrängt. Die Sozialdemokratie stellt seit Kurzem die stärkste Fraktion im Reichstag. Frauen fordern Rechte. Jugendliche rebellieren gegen die bürgerliche Moral.

Orientierungslosigkeit, Rastlosigkeit, ein Vorgefühl von drohendem Chaos – und ein Kaiser, der seinen nervösen Untertanen keinerlei Halt bietet.

Seit Jahren erschüttern Skandale den Hof, es geht um Sex-Affären und eine Kamarilla in Wilhelms Entourage, aber auch um unbedachte Reden des Monarchen mit verheerendem Echo im In- und Ausland, die manchen an seiner geistigen Gesundheit zweifeln lassen.

Wilhelm II. teilt die gespannte Unruhe, muss dauernd reden, alles kommentieren, kann ohne Ablenkung, ohne immer neue Eindrücke nicht leben, vermag kaum eine Minute stillzustehen, schwenkt politisch von einer Position zur nächsten, hält es selten länger als ein paar Wochen in Berlin aus. Hinter seinem Rücken wird er „Wilhelm der Plötzliche" genannt. Und ein Freund sagt: „Der arme Kaiser macht die ganze Welt nervös."

Gleichwohl ist Wilhelm bei zahlreichen Untertanen beliebt. Vielen gilt die Monarchie als natürliche Ordnung der Dinge und ihr Herrscher als strahlender Vertreter einer jungen, vorwärtsdrängenden Nation. Und so ist der Jubel im Morgengrauen des 27. Januar echt.

Nachdem Wilhelm II. die Ovationen am Fenster empfangen hat und während die Militärmusik bei trübem, windigem Wetter den Boulevard Unter den Linden hinab zum Brandenburger Tor und wieder hinauf marschiert, zieht er sich in den Kreis der Familie zurück: zu seinen sechs Söhnen (die einzige Tochter, Viktoria Luise, ist schwanger, die Ärzte haben ihr Ruhe verordnet), den Schwiegertöchtern – und zu seiner Gemahlin, Kaiserin Auguste Viktoria.

„Sie ist eine brave Frau", hat Wilhelm einmal einem Freund anvertraut, „aber schrecklich. Du machst dir keinen Begriff, was ich darunter zu leiden habe."

Auguste Viktoria ist beschränkt, schnell beleidigt, steif und bigott und ödet ihren Mann an. Ausgesucht hat sie Wilhelms Mutter – die eigentlich verhängnisvolle Frau in seinem Leben.

Während die Städte wuchern, folgt das Leben auf dem Land oft noch dem Rhythmus alter Zeiten: Arbeiten wie das Flachsbrechen erledigen viele Bauern nach wie vor von Hand

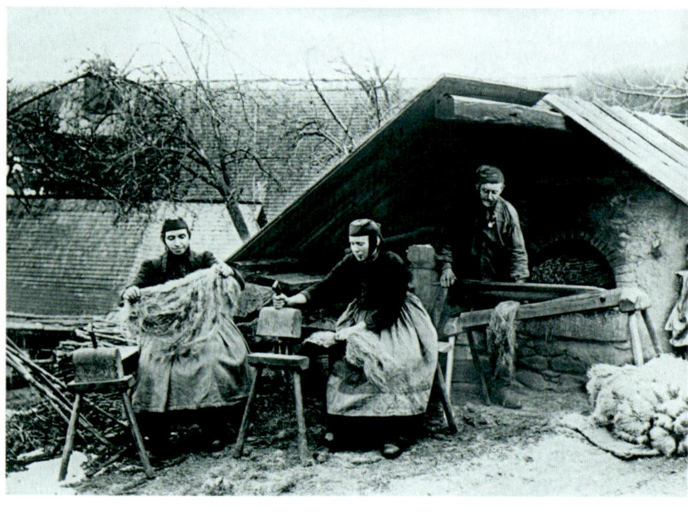

Anfangs sieht sich Wilhelm II. sogar als KAISER von Gottes Gnaden

Victoria, eine englische Prinzessin, 1858 nach Preußen verheiratet, ist intelligent, aufgeklärt, aber auch stolz und ehrgeizig. Als im Jahr nach der Hochzeit Wilhelm mit einem verkrüppelten linken Arm zur Welt kommt, will sie den Makel nicht akzeptieren. Das Kind wird mit Operationen, Elektrotherapien, Streck- und Fixiergestellen gequält – medizinischen Torturen, die so sinnlos wie traumatisierend sind. Als sie versagen, setzt die Mutter auf intellektuelle Kompensation. Wenn ihr Erstgeborener schon missgestaltet ist, soll er geistig überragen.

Ein Erziehungsehrgeiz, der zugleich politisch ist. Victoria verachtet den rigiden Militarismus des preußischen Hofes. Ihr Sohn soll liberaler denken, parlamentarisch, zivil – kurzum: englischer.

Sie stellt anspruchsvolle Lehrer ein, schickt den Prinzen gar auf ein öffentliches Gymnasium. Zwingt den unbefangen plappernden, empfindsamen Wilhelm in eine harte, fordernde, bald überfordernde Erziehung; ohne Nachsicht, ohne Verständnis, ohne Lob.

Statt die körperliche Verkrüppelung auszugleichen, fügt die Erziehung ihr noch eine seelische hinzu. Und schafft so ein gefühlskaltes, arrogantes, zugleich egomanes und zerbrochenes Wesen.

Als Wilhelm endlich der Schule entrinnt, genießt er die adelige Studentenverbindung in Bonn und das Potsdamer Offizierscasino als Horte einer männerbündischen, schneidig-schnoddrigen Freiheit.

Begeistert blickt er zu seinem soldatischen Großvater auf, Kaiser Wilhelm I. – und mit verächtlichem Hass auf die freiheitlichen Ideale der Eltern. Sucht Anschluss an reaktionärste Militärzirkel, lebt sich auch nach der arrangierten Ehe bei Mätressen und Prostituierten aus.

1888 stirbt der alte Kaiser. Ein Vierteljahr später ist auch sein Sohn tot, Wilhelms Vater Friedrich III. – Kehlkopfkrebs. Damit hat Deutschland eine Herrschergeneration übersprungen.

Wilhelm II. ist 29, als er das Zepter übernimmt. Unreif, labil, geltungssüchtig, für das Lob jedes Schmeichlers begierig offen. Und entschlossen, als Kaiser von Gottes Gnaden persönlich zu herrschen, so absolut wie einst seine Vorfahren.

Gut 25 Jahre später ist der überspannte Traum weitgehend geplatzt: Wilhelm hat erfahren müssen, dass selbst die monarchische Verfassung des Kaiser-

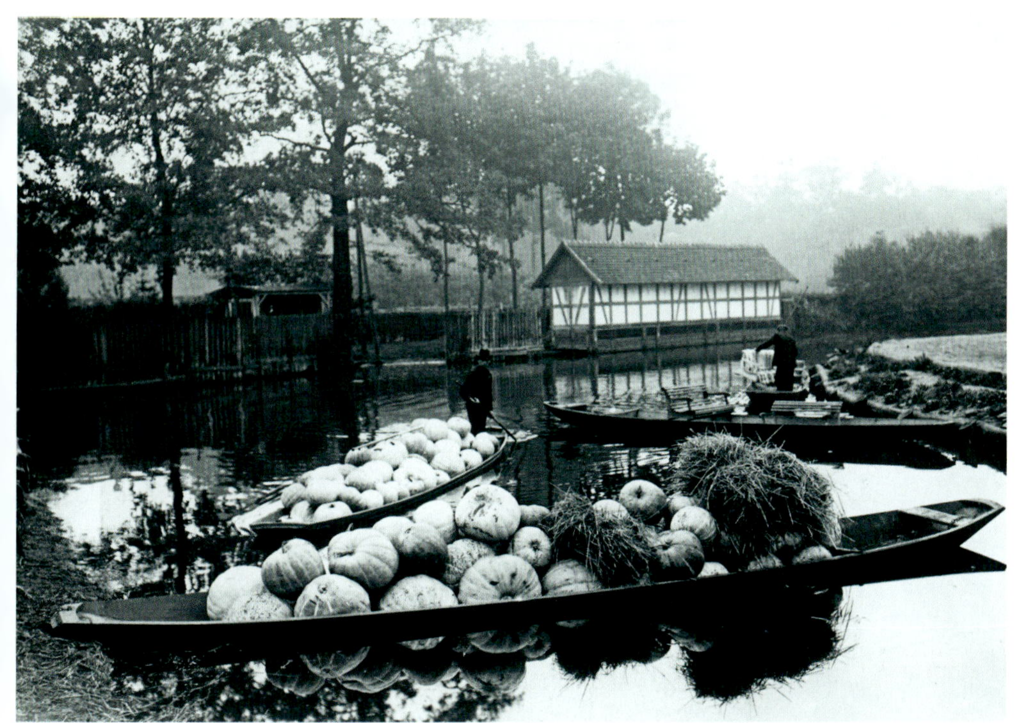

In Lübbenau treffen die Bauern des Spreewalds auf die Moderne: Im dortigen Hafen laden sie ihre auf Kähnen transportierte Gemüseernte in Eisenbahnwaggons um

reichs ihm nicht erlaubt, nach Gutdünken über Parlament, Parteien und Verbände, die Beamtenschaft und öffentliche Meinung hinweg zu regieren. Dass er epochale Entwicklungen kaum steuern kann. Dennoch trägt Deutschland 1914 seinen Stempel – und sei es, weil es ebenso überreizt ist wie sein Monarch.

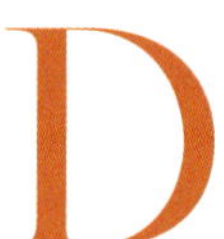

Derweil spitzt sich die vielleicht gewaltigste, Wilhelm II. am stärksten irritierende Entwicklung in der boomenden Metropole um das Schloss zu.

Gradezu explosionsartig sind Berlin und seine Vororte angewachsen; auf engem Raum leben rund 3,7 Millionen Menschen. Mehr als die Hälfte von ihnen sind Zugezogene, viele Arbeiter, Dienstboten.

Sie drängen sich in den Hinterhäusern rasch hochgezogener Mietskasernen. Oft kommen auf ein Zimmer vier, sechs und mehr Bewohner; ganze Familien hausen zusammengepfercht in einer Wohnküche. Durch die Fenster zu den engen Höfen fällt wenig oder kein Sonnenlicht, dringen Lärm und Ruß kleiner Werkstätten, der Geruch der Müllkästen, von Wäsche und Windeln, Kohlsuppendunst. Fleisch gibt es hier selten, dafür Kartoffeln; statt Butter kommt billiges Schmalz aufs Brot.

Über die Straßen ziehen „Wurstmaxen", „Gurkenheinrichs" und Lumpensammler mit Hundewagen. Fliegende Händler halten Obst nach Jahreszeit feil, Trödler Gipsnippes. In den Eckhäusern und Kellern finden sich Kneipen oder ein Stehausschank, an dessen Tresen die Männer nach zehn, elf Stunden Arbeit ihr Bier oder einen Korn trinken.

Tag für Tag kommen Zuwanderer aus östlichen Provinzen. Billige „Bouillonkeller" bieten eine erste Mahlzeit, Absteigehäuser eine kümmerliche Bleibe. Mancher gerät an betrügerische Stellenvermittler; andere bleiben zwischen den Hehlern und Gangstern des Quartiers hängen. Nicht wenige hoffnungsvolle junge Frauen enden statt als Dienstmädchen in einem der zahlreichen Bordelle.

Doch so bitter die Armut auch ist: Die elende Hoffnungslosigkeit der frühen Industrialisierung hat ein großer Teil der Arbeiterschaft hinter sich gelassen.

Zwar drohen weiterhin Kündigung und Not, an Urlaub ist kaum ein Gedanke. Aber ein Wochenendausflug ist möglich, ein Nachmittag bei Kaffee und Militärmusik, ein Sonntag im Tanzlokal. Hin und wieder gibt es eine Apfelsine, wenn auch von den angefaulten. Wo neu gebaut wird, sind die Wohnungen großzügiger ausgelegt, lichter. Seit der Reichsgründung haben sich die Reallöhne fast verdoppelt, die Lebenserwartung steigt, die Kindersterblichkeit sinkt.

All das ist freilich nur ein Brosamen im Vergleich mit dem Glanz, den die Metropole in ihrem Westen entfaltet, der Gegend um den Kurfürstendamm.

Dort lässt sich vor allem das liberale Großbürgertum nieder. Die Wohnungen bieten großzügige Salons, Zentralheizung und Warmwasser, Telefon, elektrisches Licht.

Luxuriöse Geschäfte und Restaurants halten die Kleinbürger auf Distanz. Eine urbane Alternative zur Vorstadtvilla. Derweil bevorzugen konservativer Adel und Beamtenschaft die Nähe zum Berliner Schloss und zu den Ministerien – wenn nicht gleich ihre Landgüter.

Gleichwohl gibt es etwas, das Obrigkeit, Adel, große Teile des Bürgertums sowie Kleingewerbler und viele Angestellte verbindet: die Angst vor den Arbeitervierteln. Vor der Sozialdemokratie.

Dabei beschränken sich deren Führer – obwohl sie noch immer unbeirrt die Revolution in Aussicht stellen – in der Praxis auf friedliche Proteste und begrenzte Ziele: den Achtstundentag, Sozialreformen und ein neues Wahlrecht zum Landtag Preußens, des größten deutschen Teilstaates, wo noch immer nach Steuerklassen abgestimmt wird und daher das Votum eines einzelnen Fabrikanten so viel wiegen kann wie das von Dutzenden seiner Arbeiter zusammen.

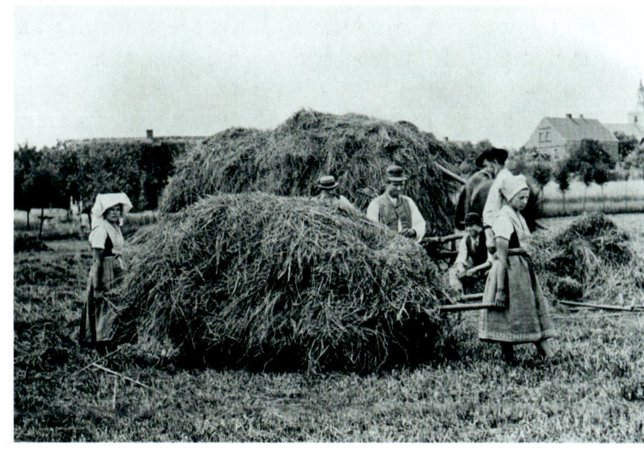

Bis 1914 steigt Deutschland zur zweitgrößten Handelsmacht der Welt auf. Weil importierte Futtermittel auf den Markt strömen, lohnt sich das Heumachen für viele Bauern nicht mehr

Bei den nach gleichem Wahlrecht abgehaltenen Wahlen zum Reichstag indes erringt die straff organisierte SPD 1912 ein Drittel der Stimmen, an der Spree gar drei Viertel. Selbstbewusst verkünden die Sieger: „Berlin gehört uns!“

Wilhelm II. wütet gegen die „vaterlandslosen Gesellen“. Nichts sei zu hoffen, „ehe nicht die sozialdemokratischen Führer aus dem Reichstag herausgeholt und füsiliert worden sind“, erklärt er und bramarbasiert von „abschießen, köpfen und unschädlich machen“. Verkündet anlässlich eines Streiks: „Ich erwarte, dass mindestens 500 Leute zur Strecke gebracht werden.“

Hilflose Worte, denn das Reich ist trotz allem ein Rechtsstaat.

So reden die Arbeiterfunktionäre weiter von der Revolution, während Kaiser und Konservative eine Zerstörung des Reichs von innen fürchten und manche gar einen Krieg als Weg aus der innenpolitischen Krise beschwören – als Flucht nach vorn, um das zerrissene Volk gegen einen äußeren Feind zu einen und ihre Macht zu stabilisieren.

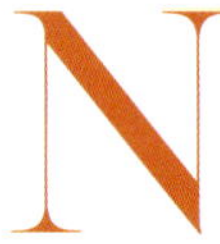

Noch aber kann der Kaiserstaat seine Pracht und Macht zu Ehren des Monarchen entfalten. Nach der Familie gratulieren an diesem 27. Januar die angereisten Regenten der deutschen Länder. Anschließend begeben sich Wilhelm und sein Gefolge zum Festgottesdienst in die Kapelle des Stadtschlosses.

In dem hohen Kuppelsaal warten bereits in genau festgelegter Sitzordnung Reichskanzler Theobald von Bethmann Hollweg, die Regierungsmitglieder, die auswärtigen Botschafter, aber auch ausgewählte niedere Beamte. Lieder und Predigttext hat der Kaiser ausgesucht.

Viele Anwesende tragen prächtige Ausgehuniformen mit goldenen Tressen und Quasten, Orden und Ehrenzeichen. Nicht einmal der Kanzler ist in Zivil erschienen, sondern als Dragoneroffizier.

So viel Uniformbegeisterung befremdet das übrige Europa. Doch das Kaiserreich ist aus einem Krieg entstanden, alles Soldatische steht in hohem Ansehen, unter dem Zivilistenverächter Wilhelm II. erst recht. So wie der Monarch zu praktisch jedem Anlass eine passende Heeres-, Marine- oder Fantasieuniform anzieht, treten Lehrer an seinem Geburtstag im Reserveoffiziersrock vor die Schüler, tragen Polizisten die soldatische Pickelhaube und Bahnhofsvorsteher einen Schleppsäbel.

Für die bei Hof zugelassenen Militärs hat der Kaiser die martialische Bezeichnung „Hauptquartier Seiner Majestät“ eingeführt; nach wie vor fühlt er sich unter Soldaten am wohlsten – auch, weil hier sein Traum von der absoluten Herrschaft Realität geworden zu sein scheint: Die Armee ist allein seiner Kommandogewalt unterworfen.

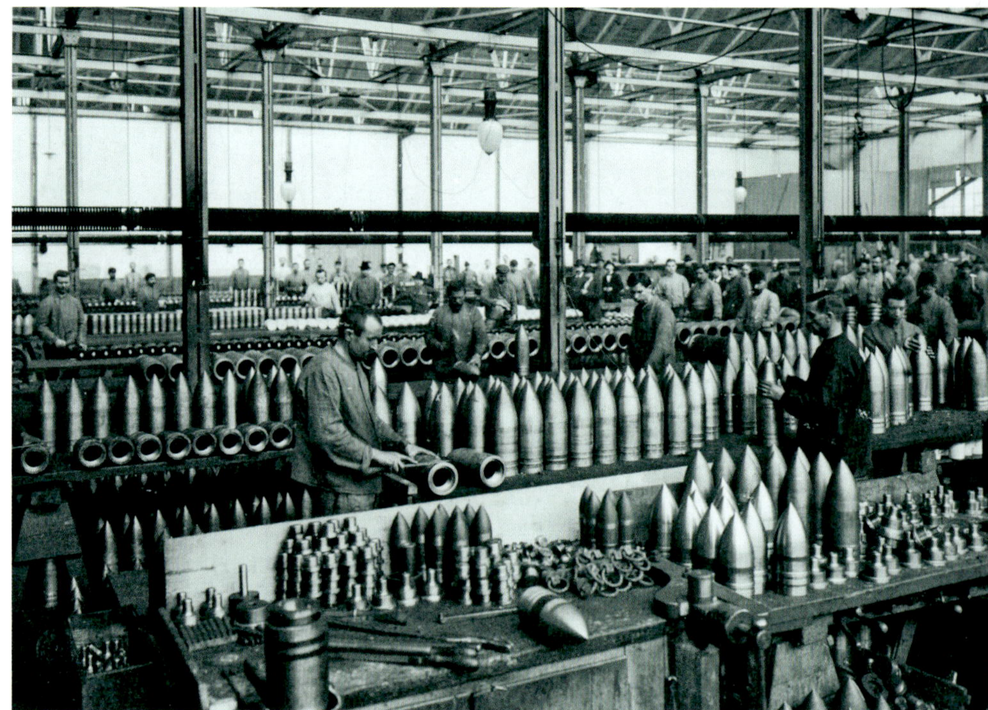

Unter Wilhelm II. strebt das Deutsche Reich nach Weltgeltung und rüstet massiv auf: Geschossproduktion bei Krupp, der größten Waffenschmiede der Welt

Und Wilhelm füllt diese Rolle mit Pathos aus. Selbst wenn eines Tages der Befehl komme, „dass ihr eure eigenen Verwandten und Brüder niederschießen müsst“, hat er angesichts der unruhigen Arbeiterschaft zu Soldaten gesagt, erwarte er Gehorsam „ohne Murren“.

War das für viele schon anstößig genug, so ist die Stellung der Armee Anfang 1914 heftiger umstritten denn je. Eben erst hat sie einen Skandal hervorgebracht, der die Öffentlichkeit empört.

Im Oktober 1913 ist der 19-jährige Leutnant Günter Freiherr von Forstner im elsässischen Garnisonsstädtchen Zabern vor Rekruten getreten und hat die Männer nassforsch aufgefordert, bei Auseinandersetzungen mit Zivilisten das Bajonett zu benutzen: „Wenn ihr dabei einen solchen Wackes über den Haufen stecht, schadet das auch nichts.“

„Wackes“ ist ein den Soldaten streng verbotenes Schimpfwort für die deutschsprachigen Elsässer. Forstner setzt noch eins drauf und verspricht jedem zehn Goldmark, der einen Einheimischen derart niedermacht. Ein Unteroffizier erhöht die Prämie sogar um drei Mark.

Das Verhältnis zwischen Militär und Einheimischen ist in der 1871 von Deutschland annektierten Region ohnehin gespannt; als Forstners Worte nun an die Presse gelangen, entlädt sich der Unmut in wütenden Protestkundgebungen.

Schlimmer noch: Wann immer der knabengesichtige Leutnant durch Zabern spaziert, wird er nun von Gassenjungen gehänselt, von Zivilisten verhöhnt. Auch andere Offiziere müssen Schimpftiraden und Spott ertragen.

Schließlich verliert der Regimentskommandeur die Geduld, lässt scharfe Munition ausgeben, seine Männer unter Trommelwirbeln anmarschieren, knapp 30 Personen willkürlich verhaften und über Nacht in den Kohlenkeller der Kaserne sperren, darunter Passanten, Handwerker auf dem Heimweg, einen Richter.

Vier Tage später meint Forstner bei der Festnahme eines gehbehinderten Schustergesellen durch fünf Soldaten, der Schuster wehre sich, nimmt den Säbel, schlägt zu und verletzt den Mann schwer.

I

Im ganzen Reich reagiert die Öffentlichkeit entrüstet auf die Selbstjustiz der Armee, ihre Missachtung des Rechtsstaats. Generalität und Kaiser aber stellen sich hinter die Truppe.

Kanzler Bethmann Hollweg verteidigt Forstner vor dem Reichstag: „Der Rock des Königs muss unter allen Umständen respektiert werden!“ Unter den Abgeordneten bricht daraufhin Tumult aus. Der Begriff „Militärdiktatur“ fällt – und was wohl einem Bürger widerfahren würde, der einen Offizier einsperre?

Am Tag darauf spricht das Parlament dem Kanzler sein Misstrauen aus. Dieses Votum führt dazu, dass Wilhelm nur noch fester an Bethmann Hollweg festhält. Denn der Kaiser allein ernennt und entlässt den Reichskanzler – einer der Gründe dafür, dass Volksversammlung und Regierung sich zäh blockieren, die Politik auf Reichsebene zunehmend aus perspektivlosem Aufschieben besteht.

Den frustrierten Wilhelm bestärkt das Aufbegehren der Abgeordneten nur in seiner Verachtung für die „Quasselbude“, das „Reichsaffenhaus“, dessen Mit-

Geschütze aus deutscher Herstellung sind in vielen Ländern begehrt – und gefürchtet. Das berühmteste, die »Dicke Berta«, schießt tonnenschwere Granaten bis zu 14 Kilometer weit

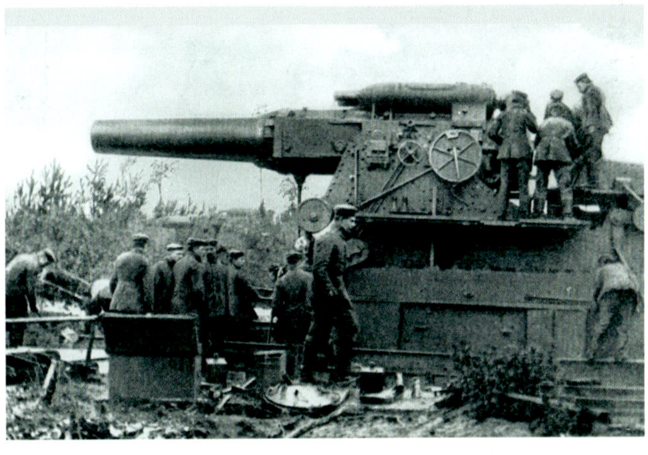

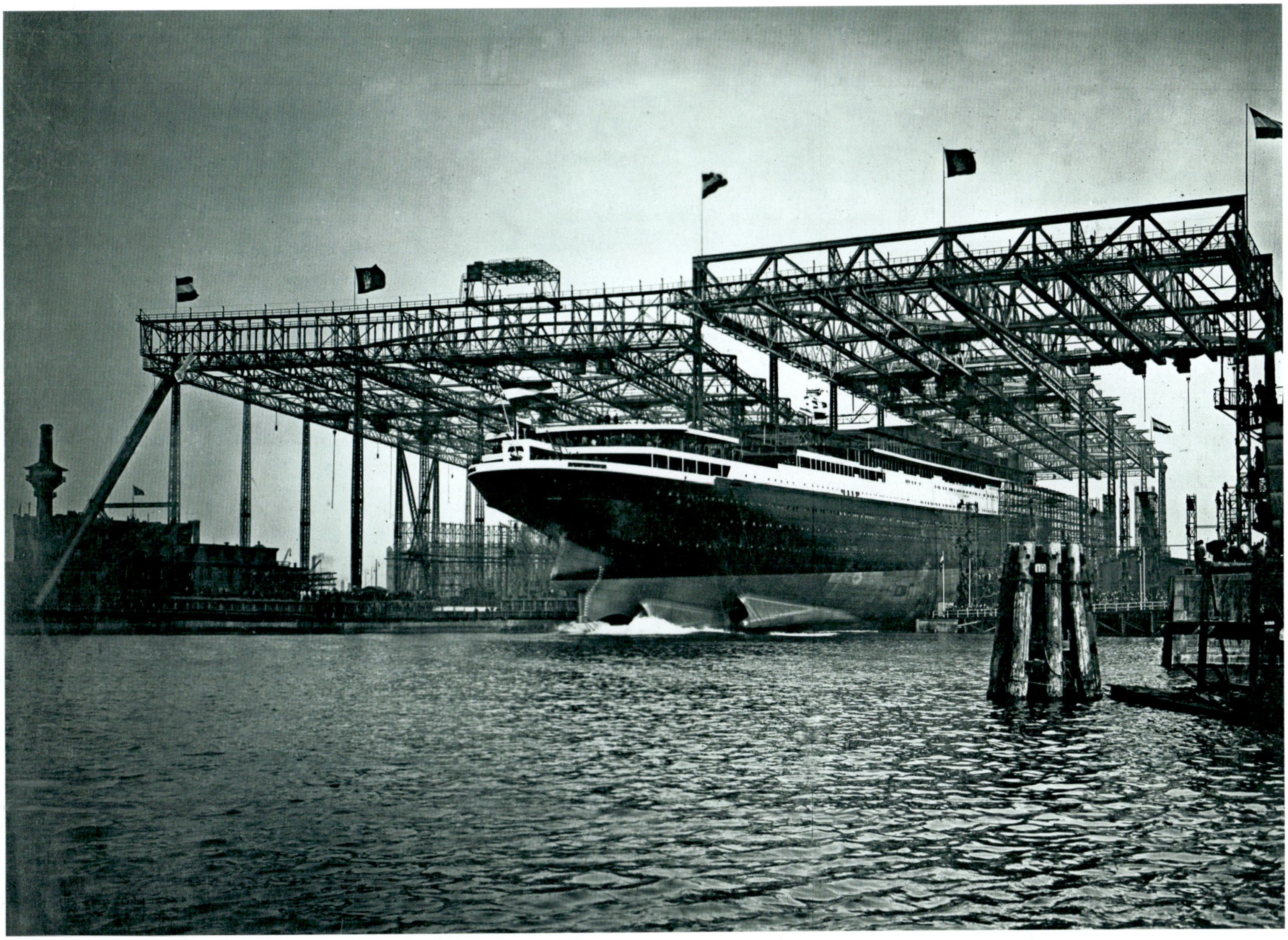

1913 läuft die »Vaterland« vom Stapel. Der weltgrößte Oceanliner gehört zu einer Flotte von Dampfern, mit denen die Reederei Hapag die britische Konkurrenz aussticht

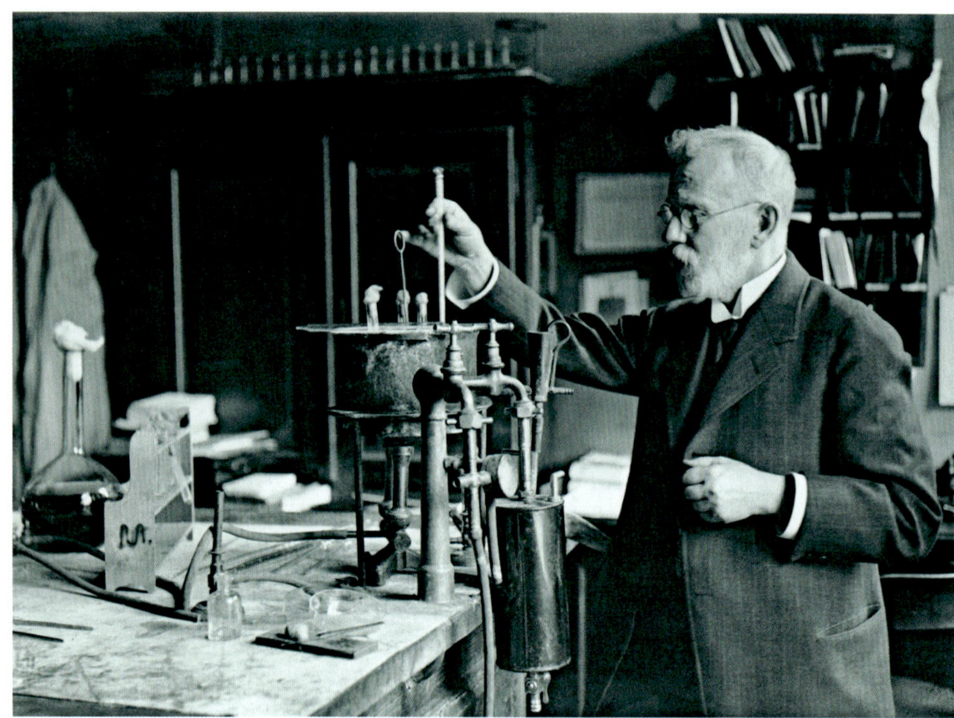

Großzügig vom Staat gefördert, betreiben deutsche Wissenschaftler wie der Immunologe Paul Ehrlich (oben) Spitzenforschung – und erhalten mehr Nobelpreise als jede andere Nation

glieder „man mit der Peitsche traktieren“ müsse oder von einer Handvoll Unteroffiziere „durchhauen“ lassen: „elendes Pack“, „Lumpenkerle“, „Sauhunde“.

Starke Worte – eines schwachen Mannes? Die nervöse Aggressivität Wilhelms II. wurzelt gewiss in dem früh gebrochenen Selbstwertgefühl, der doppelten Verkrüppelung seiner Jugend.

Doch ganz ähnlich reden viele seiner Zeit- und Standesgenossen: gewollt forsch, kriegerisch, vulgär – „schneidig“.

Ihr Auftreten folgt einem forcierten Ideal von Männlichkeit, das sich ebenso im Uniformfetischismus ausdrückt; in der steigenden Zahl von Ehrenduellen; in der mal lang wuchernden, mal kurz gestutzten, mal gezwirbelten Barttracht. In Schriften „Über den physiologischen Schwachsinn des Weibes“ wie in der Bewunderung für „tolle Kerle“ am Steuer von Flugzeugen und Rennwagen. Dahinter stehen Angst und Verunsicherung. Nicht nur Wilhelms persönliche. Sondern als Signatur der Zeit.

Maschinen und Büroarbeit haben Muskelkraft und Wagemut entwertet. Immer mehr Frauen verdienen eigenes Geld, einige wenige studieren gar, schneiden sich die Haare ab. Stadtmädchen in luftigen „Reformkleidern“ und Jungen, die lieber Gitarre spielen als Soldat, radeln in die Freiheit des Umlands.

Um 1914 scheint die traditionelle Hierarchie der Geschlechter zu wanken. Während Tausende Männer Nervenzusammenbrüche erleiden, kämpfen andere gegen die Bedrohung ihres Selbstverständnisses an, indem sie das Schneidigsein bis zum Eklat treiben – darunter Männer wie Wilhelm II., aber auch viele Politiker und Diplomaten, die Krieg und Frieden nicht mehr in der selbstgewiss biegsamen, taktisch-listigen Manier Bismarcks und seiner Kontrahenten verhandeln. Sondern „mannhaft“, „kühl“ und zum Äußersten „entschlossen“.

Unter den zahlreichen Huldigungstelegrammen, die der Kaiser an seinem Geburtstag erhält, ist auch eines der „Bürger und Beamten der reichstreuen Stadt Zabern“. Gut zwei Wochen zuvor hat ein Militärgericht befunden, Leutnant Forstner habe den lahmen Schuster in Notwehr niedergehauen. Freispruch.

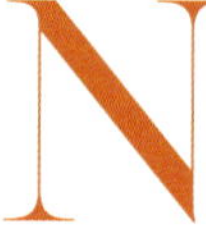

Nach dem Gottesdienst in der Kapelle des Berliner Stadtschlosses nimmt das Herrscherpaar im prachtvollen Weißen Saal des Palastes die offiziellen Gratulationen entgegen.

Wilhelm und Auguste Viktoria stehen vor erhöhten goldenen Thronsesseln, rechts von ihnen reihen sich die deutschen Fürsten, links deren Frauen. Musik setzt ein, vom Lustgarten her dröhnen 101 Schuss Salut der Gardeartillerie.

Nacheinander treten die Gesandten, die Regierungsspitze, Feldmarschälle, hoch dekorierte Offiziere vor, die Vertreter der Parlamente von Reich und Ländern. Jede Geste hat symbolisches Gewicht – aufmerksam wird vermerkt, dass Wilhelm für den bürgerlichen Reichstagspräsidenten nur ein Kopfnicken hat, den altadeligen Vorsitzenden des preußischen Abgeordnetenhauses dafür umso herzlicher empfängt. Mit freundlichen Worten begrüßt er den französischen, russischen und englischen Botschafter.

Einige der Gratulanten aber kann der Monarch umgekehrt auch selbst beglückwünschen: Traditionell verleiht er zu seinem Geburtstag Orden, Rangerhöhungen sowie Adels- und Ehrentitel.

Deutschland ist immer noch eine halb ständische Welt – erst der Titel macht den Niemand zum Jemand. Geschäftsleute hoffen auf den eines Kommerzienrats, Ärzte auf den Medizinalrat, Anwälte auf den Justizrat. Auch Ehefrauen führen den Titel ihres Mannes und avancieren an seiner Seite etwa zur Frau Wirklicher Geheimer Rat.

Da ein „Geheimrat“ das „von“ sticht, können es sich bürgerstolze Räte wie der Stahlmagnat Alfred Krupp oder der Pathologe Rudolf Virchow sogar leisten, eine Erhebung in den Adel abzulehnen. Ansonsten steht jede noch so reiche Frau Fabrikbesitzerin Schultz hinter einer Frau Sekondelieutenant von Bing zurück.

Auch das erhöht den Druck auf die Nerven: Am Ende entscheidet die Obrigkeit über den Wert einer Leistung. Und findet sich in den Polizeibüchern eine politische Jugendsünde, ist alle Mühe vergebens.

Zu solch feudalen Gepflogenheiten passt, wie der Staat baut. Berlin ist geprägt vom Prunk vergangener Stile. Der Dom gegenüber dem Stadtschloss bemüht Formen der italienischen Hochrenaissance und des Barock, das eben entstehende Pergamonmuseum gibt sich monumental klassizistisch, zahlreiche Kirchen imitieren Gotik oder Romanik.

Im Tiergarten säumen 32 Standbilder der Markgrafen und Kurfürsten von Brandenburg sowie der preußischen Könige die „Siegesallee“ – von den Berlinern als „Puppenallee“ verspottet, von der Kritik verrissen. Doch der Kaiser mag es eben historisch, pompös, heroisch.

Und die Bürger folgen. Auf den Fassaden der Vorstadtvillen würfeln Maurer und Stuckateure Ornamente jeglicher Epoche zusammen. Drinnen dunkle Täfelungen, schwere Plüschvorhänge, wuchtige, gedrechselte Möbel. Dazwischen drängen sich Komponisten- und Dichterbüsten, Hohenzollern-Porträtteller, Straußenfedern, es hängt voller Troddeln und Fransen, eng stehen die Zimmerpflanzen und nehmen das Licht.

Allerdings: Viele neuere Mietshäuser verzichten auf zu viel Dekor. Der Jugendstil dringt vor. In Moabit errichtet die AEG eine „funktionalistische“ Montagehalle für Turbinen. Stahlstützen, zuvor ein möglichst verborgen gehaltenes Konstruktionselement, gliedern hier eine offene Glasfront und stehen zur Schau; im Inneren sind die Arbeitsplätze hell und übersichtlich. Unübersehbar bricht sich eine neue Zeit den Weg. Und ihr Bereiter ist die Wirtschaft.

Erst eine Woche zuvor hat Vizekanzler Clemens Delbrück im Reichstag eine Bilanz der ökonomischen Entwicklung unter Wilhelm II. vorgelegt. Die landwirtschaftliche Produktion hat sich in etwa verdoppelt, ebenso die Förderung von Steinkohle, die Roheisenerzeugung wurde nahezu vervierfacht, die Leistung der Eisenbahnen gut verdreifacht, ähnlich die Größe der Handelsflotte.

Die Zahl der Beschäftigten ist von 22,4 auf 31 Millionen gestiegen. Der Stromverbrauch übertrifft den in Großbritannien, Frankreich und Italien zusammen. Als Handelsmacht hat Deutschland Frankreich und die USA hinter sich gelassen und den Abstand zum Empire verkürzt. In fast allen zukunftsträchtigen Branchen gehören schnell wachsende deutsche Firmen zu den Marktführern: Chemie, Pharmazie, Elektrotechnik, Optik, Feinmechanik, Maschinenbau.

Die Facharbeiter bilden die Firmen selbst aus, gezielt und sorgfältig. Ingenieure und Manager rekrutieren sie an Technischen Hochschulen und Universitäten, die zu den besten der Welt zählen.

Von den 14 Trägern des seit 1901 verliehenen Nobelpreises für Chemie sind fünf Deutsche, in der Medizin sind es seit 1901 vier von 15, in Physik vier von 17.

Die Unternehmen können sich auf eine effiziente, weitgehend korruptionsfreie Verwaltung verlassen – und auf den Kaiser: So rückwärtsgewandt Wilhelm II. sonst auch ist, moderne Technik und Wissenschaft begeistern ihn, alles Neue auf diesen Gebieten lässt er fördern.

Auch dafür achten ihn die Deutschen. Denn kein europäisches Volk ist derart fasziniert von Fortschritt und Geschwindigkeit. Die Passagierdampfer der Hapag und des Norddeutschen Lloyd wetteifern um die schnellste Atlantiküberfahrt. Experimentelle Elektrolokomotiven erreichen auf Teststrecken über 200 km/h Geschwindigkeit.

Stenografinnen nehmen 100 Wörter in der Minute auf, anschließend jagen die Botschaften unter Luftdruck durch die betriebsinterne Rohrpost. Telefonzentralen verbinden Geschäftspartner an weit entfernten Standorten. Für Millionen geben Fabriksirenen, Stechuhren und allgegenwärtige, präzise vorwärtsrückende Zeiger den Tagestakt an.

Das Bürgertum teilt seinen fatalen HANG zum Pompösen

Um Großunternehmer an sich zu binden, unterdrückt der Kaiser sogar seinen Antisemitismus und empfängt oft Männer wie Walther Rathenau von der AEG oder den Großreeder Albert Ballin. Umso boshafter ätzen eifersüchtige Höflinge gegen diese „Kaiserjuden“.

Doch nicht nur am Hof beziehen die Deutschen aus ihren Leistungen keine robuste Gelassenheit, auch andernorts wütet man gegen die Juden, die in der rasant voranschreitenden Welt oft besonders erfolgreich sind, dank ihrer Bildungstradition, der Flexibilität diskriminierter Außenseiter. So werden auch sie zu Sündenböcken der Verunsicherten.

Antisemitismus, Frauenverächterei, Sozialistenfurcht, militärischer Nationalismus: Das sind die dunklen Seiten des deutschen Wirtschaftswunders.

Eine Gegenwelt zu all diesem findet sich im Charlottenburger „Café des Westens“.

Hier streitet die literarische Boheme über die mitreißenden Inszenierungen des Theaterregisseurs Max Reinhardt, das jüngste Feuilleton, den Sinn der Malerei. Zahlreiche Künstler ringen mit dem Materialismus der modernen Welt, experimentieren angesichts des „mechanisch“ gewordenen Lebens mit neuen Formen.

Die Königliche Hofoper zählt zu den besten Gesangsbühnen Europas, überhaupt gibt es nirgendwo sonst so viele Opernhäuser, Theater, Bibliotheken, Museen, ein vergleichbares Verlags- und Zeitungswesen wie in Deutschland.

Nicht nur Künstler suchen nach Auswegen aus der rasenden Starre. Durch das nervöse Reich ziehen Propheten eines neuen Lebens jeglicher Couleur: Spiritisten, Nudisten, Vegetarier, Theosophen, Anthroposophen. Bildungsreformer experimentieren mit größerer Freiheit. Eine Minderheit natürlich, doch beseelt vom festen Glauben, dass eine auf Maschinen und Militär gegründete Zivilisation zum Untergang verdammt sei – und im Vertrauen auf eine bessere Zukunft.

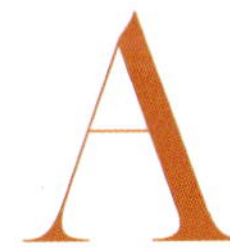

Am Nachmittag seines Geburtstages tritt auch das vom Monarchen so geschmähte Parlament zusammen, um Wilhelm II. die Ehre zu erweisen.

Die Feier in der Wandelhalle des Reichstags beginnt um 16 Uhr. Parlamentspräsident Johannes Kaempf, morgens noch mit einem knappen Kopfnicken abgefertigt, wahrt die Form. In seiner Rede spricht er die Sorgen an, die mancher bei der Thronbesteigung des „jungen, temperamentvollen Herrschers“ gehegt habe – doch die seien nun zerronnen; Besonnenheit habe die Oberhand behalten, „und heute danken Millionen dem Kaiser die Erhaltung des Friedens“.

Es ist ein wiederkehrendes Motiv an diesem Tag: Wilhelm II. als Wahrer des Friedens. Und es ist keine Phrase. Vielen Deutschen scheint ihr Monarch in den Krisen der vergangenen Jahre die Nerven behalten, deutsche Interessen vertreten, aber einen Krieg verhindert zu haben.

Tatsächlich aber sind diese Interessen äußerst ehrgeizig. Das Reich strebt nach europäischer Hegemonie, nach militärischer und politischer Weltgeltung, die seiner kulturellen und Wirtschaftsmacht entspricht. Nicht nur eine elitäre Minderheit, sondern ein beträchtlicher Teil der Nation sieht darin das natürliche Recht des so tüchtigen Aufsteigers: Denn ungeachtet ihrer sonstigen ideologischen Differenzen – Nationalisten sind die Deutschen fast alle, Imperialisten viele.

Das teilen sie mit den meisten Europäern. Der Unterschied aber besteht im rhetorischen Getöse, mit dem der Neuankömmling auf der Weltbühne seine Ansprüche erhebt – und darin, dass Deutschland nicht eine existierende Machtstellung verteidigt, sondern die Balance der Imperien zu seinen Gunsten verschieben will. Für beides ist nicht zuletzt Wilhelm II. verantwortlich.

Wenig hat so sehr zur Isolierung des Reiches und den außenpolitischen Dauerkrisen beigetragen wie der Aufbau einer gewaltigen deutschen Kriegsflotte: des Kaisers erregendster Traum.

Zeit seines Lebens hegt Wilhelm II. eine eigentümliche Hassliebe zum großmütterlichen England, strebt er nach Gleichrangigkeit mit der führenden Weltmacht, auch persönlich – und immer wird er enttäuscht.

Denn die britische Aristokratie empfindet den zu noblem Understatement unfähigen Kaiser oft als zu laut, zu auftrumpfend, stillos. Ähnlich sieht Londons Führung in Berlin einen gefährlichen Parvenü, dessen

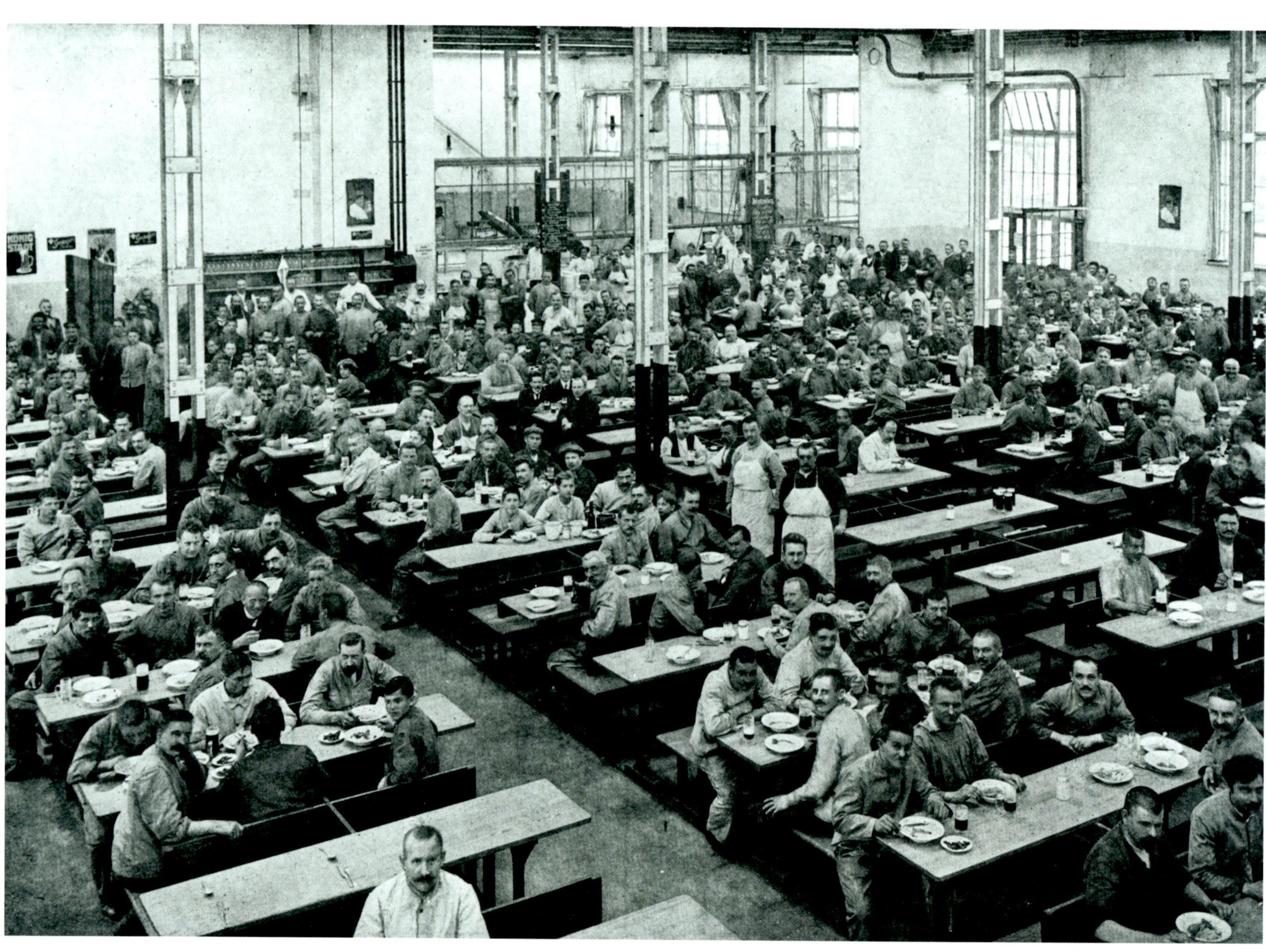

Speisesaal der Siemens AG in Berlin, 1914. Kaiser und Konservative fürchten die in der SPD organisierte Arbeiterschaft, die im Reichstag immer größeren Einfluss gewinnt

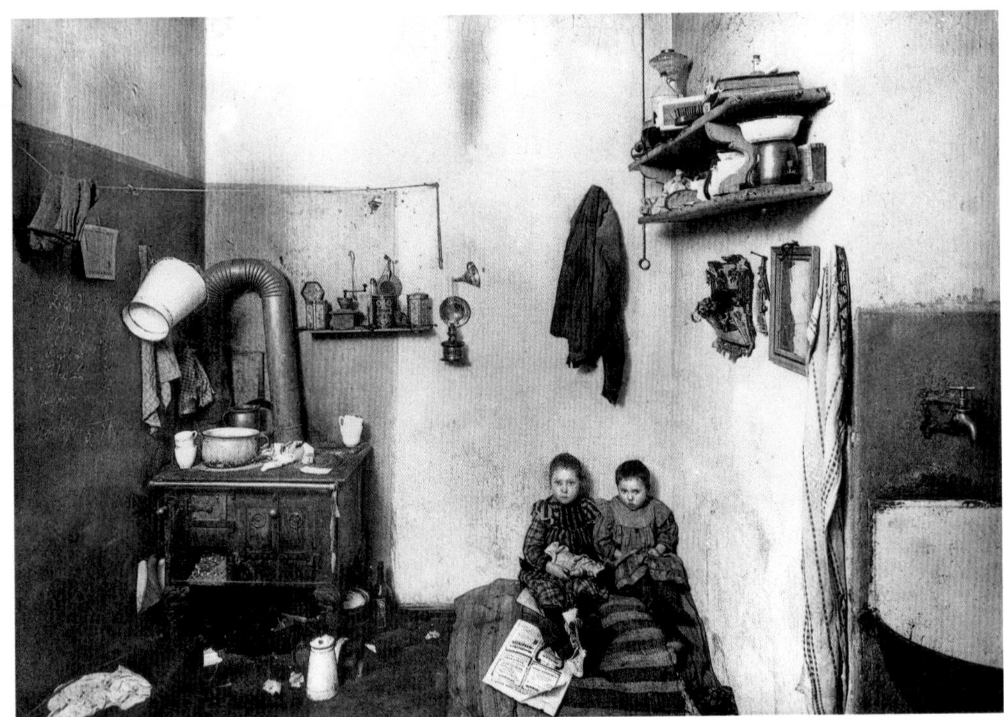

Schattenseite des Fortschritts: In Berlin leben Hunderttausende Arbeiter, Zugezogene und Dienstboten in düsteren Mietskasernen – und oft teilen sich ganze Familien ein einziges Zimmer

imperialer Traum vom „Platz an der Sonne" nicht hinzunehmen ist.

Im deutschen Bürgertum hingegen ist der „Flottenkaiser" populär. Der Frieden ist ein hoher Wert, so die verbreitete Auffassung, aber nicht der höchste, wo die Interessen und die Ehre des Vaterlandes auf dem Spiel stehen. Anderen gilt ein Krieg ohnehin als unausweichlich: mit dem revanchistischen, „weibischen" Frankreich; zwischen Deutschen und „der slawischen Rasse" in Russland; gegen England um den Rang als Weltmacht.

Und viele Deutsche halten ihn für gewinnbar, für den allfälligen Schritt zur Hegemonie über Europa. Mehr noch: Manchem erscheint der Krieg nicht als Tragödie, sondern als eine Reinigung, eine Entladung der bis zur Unerträglichkeit aufgebauten inneren und äußeren Spannungen, ja als natürliches Vehikel allen menschlichen Fortschritts.

Auch damit stehen die Deutschen nicht allein; der russische Außenminister etwa nennt Abrüstung einen „Fimmel von Juden, Sozialisten und hysterischen Weibern". Kaum ein Politiker sieht das Ausmaß der Katastrophe voraus, die ein industrieller Weltkrieg mit sich bringen würde.

Politiker und Militärs, die dringend einen Präventivschlag fordern, verzweifeln aus einem anderen Grund: Seinem vollmundigen Gerede zum Trotz ist Wilhelm noch bei jeder Gelegenheit, den Konflikt auszulösen, zurückgezuckt. Zudem gibt es eine Opposition. Hunderttausende strömen bei außenpolitischen Spannungen zu Friedenskundgebungen. Fachleute warnen, der nächste Krieg werde zum maschinellen Massenmord.

Alles in allem aber akzeptieren die meisten Deutschen den Krieg als Möglichkeit. Und vertrauen trotz allem dem Urteil ihres Monarchen.

Der hat 1907 in einer Akte über den Abschlussbericht zu einer vom russischen Herrscher initiierten Friedenskonferenz notiert: „Ich habe diesem Blödsinn allein zugestimmt, damit der Zar in Europa nicht an Gesicht verliert. In der Praxis werde ich jedoch auf Gott und die Schärfe meines Schwertes vertrauen und mich einen Scheißdreck um ihre Beschlüsse scheren."

Am Abend des 27. Januar 1914 erstrahlt Berlins Mitte im Glanz einer grandiosen Illumination. Um 20 Uhr beginnt in der Hofoper die Festvorstellung für Wilhelm II. Anschließend wechselt Seine Majestät im Salon der großen Loge reihum einige höfliche Worte mit den Anwesenden.

Mit dem griechischen Ministerpräsidenten aber lässt er sich auf eine lange Unterhaltung ein, und das Gespräch wird aufmerksam registriert. Immer noch gilt der Balkan als die Region, in der sich ein Krieg der Mächte entzünden wird. Die Haltung Deutschlands könnte dabei entscheidend sein.

Reden die zwei über die Gefahr eines kommenden Waffengangs?

Weiß es schon keiner im Festsaal, so erst recht nicht draußen auf den Straßen. Die Berliner versammeln sich in den Luxusetablissements der Lebewelt, in gutbürgerlichen Bierpalästen, in kleinen Arbeiterkneipen. Touristen stehen um Litfaßsäulen und studieren die Ankündigungen eines unüberschaubaren Vergnügungsprogramms.

Mancher wird sich für eine neue Sensation entscheiden: einen Tango-Abend. Die katholische Presse verdammt den „argentinischen Strizzitanz", dessen Anhänger ihre „Weibsen" am liebsten gleich nackt aufs Parkett führen würden. Und Wilhelm hat seinen Offizieren untersagt, in einem Haus zu verkehren, in dem Tango gespielt wird. Das erscheint verheißungsvoll und gefährlich zugleich. So wie das verbleibende Jahr 1914, dem die Deutschen entgegensehen, optimistisch und zukunftsfroh – aber auch erschöpft, getrieben, verängstigt.

„Man hat den Eindruck", hat ein paar Jahre zuvor ein Zeitgenosse dieses Deutschland Wilhelms II. beschrieben, „als säße man in einem Eisenbahnzuge von großer Fahrgeschwindigkeit, wäre aber im Zweifel, ob auch die nächste Weiche richtig gestellt werden würde."

Wie so viele seiner Landsleute ist auch er, der große Soziologe Max Weber, vor allem eines: nervös.

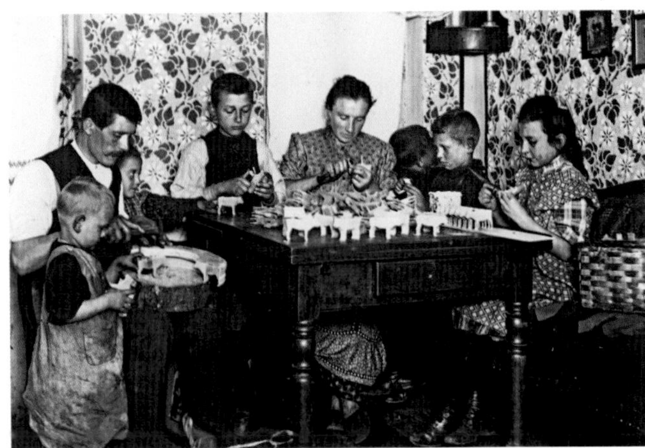

Handwerker wie diese Familie im sächsischen Erzgebirge indes profitieren vom Aufschwung: Ihre mit Spitzengardinen und Tapeten ausgestattete Wohnstube bietet schon kleinen Komfort

PROPAGANDA für den Herrscher

Kaiser Wilhelm II. steht technischen und wissenschaftlichen Neuerungen offen gegenüber. In Kunstfragen allerdings denkt er strikt konservativ. Und so verordnet er seinem aufstrebenden Reich eine monumentale, konventionelle, dem Realismus verpflichtete Ästhetik, die den Staat der Deutschen und die Herrscherdynastie der Hohenzollern mit allen Mitteln preist. Doch abseits der Akademien und Hofateliers regt sich bald der Widerstand gegen diese Bevormundung

BILDTEXTE: JENS-RAINER BERG

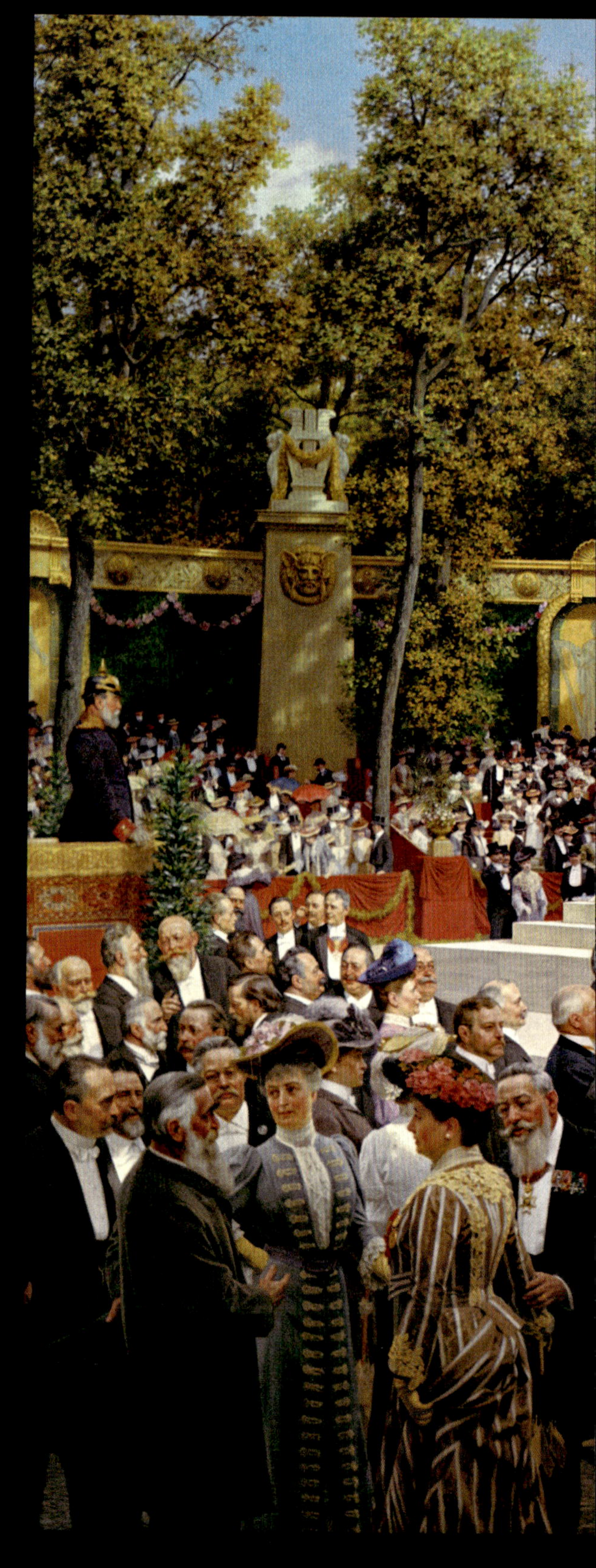

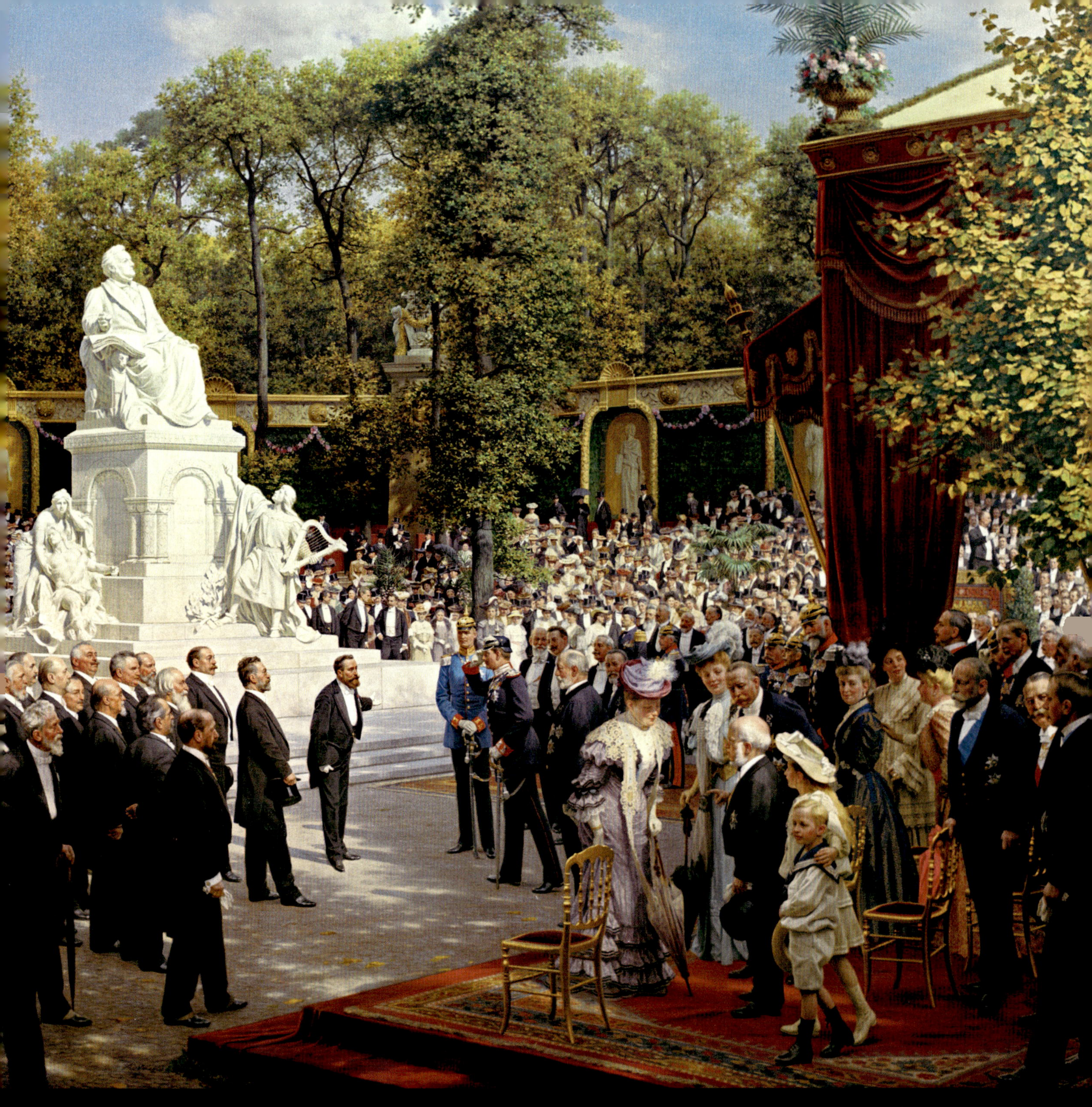

Als ein Panorama des kaiserzeitlichen Establishments inszeniert Anton von Werner die **»ENTHÜLLUNG DES RICHARD-WAGNER-DENKMALS«** von 1903 in diesem fünf Jahre später vollendeten Gemälde. An der Statue des damals für seine deutschtümelnde Theatralik verehrten Komponisten versammeln sich im Berliner Tiergarten Einflussreiche aus Politik, Wirtschaft und Kultur. Zu denen auch der Maler selbst zählt: Als oberster Kunstberater des Kaisers prägt er die traditionalistische Linie im Deutschen Reich.

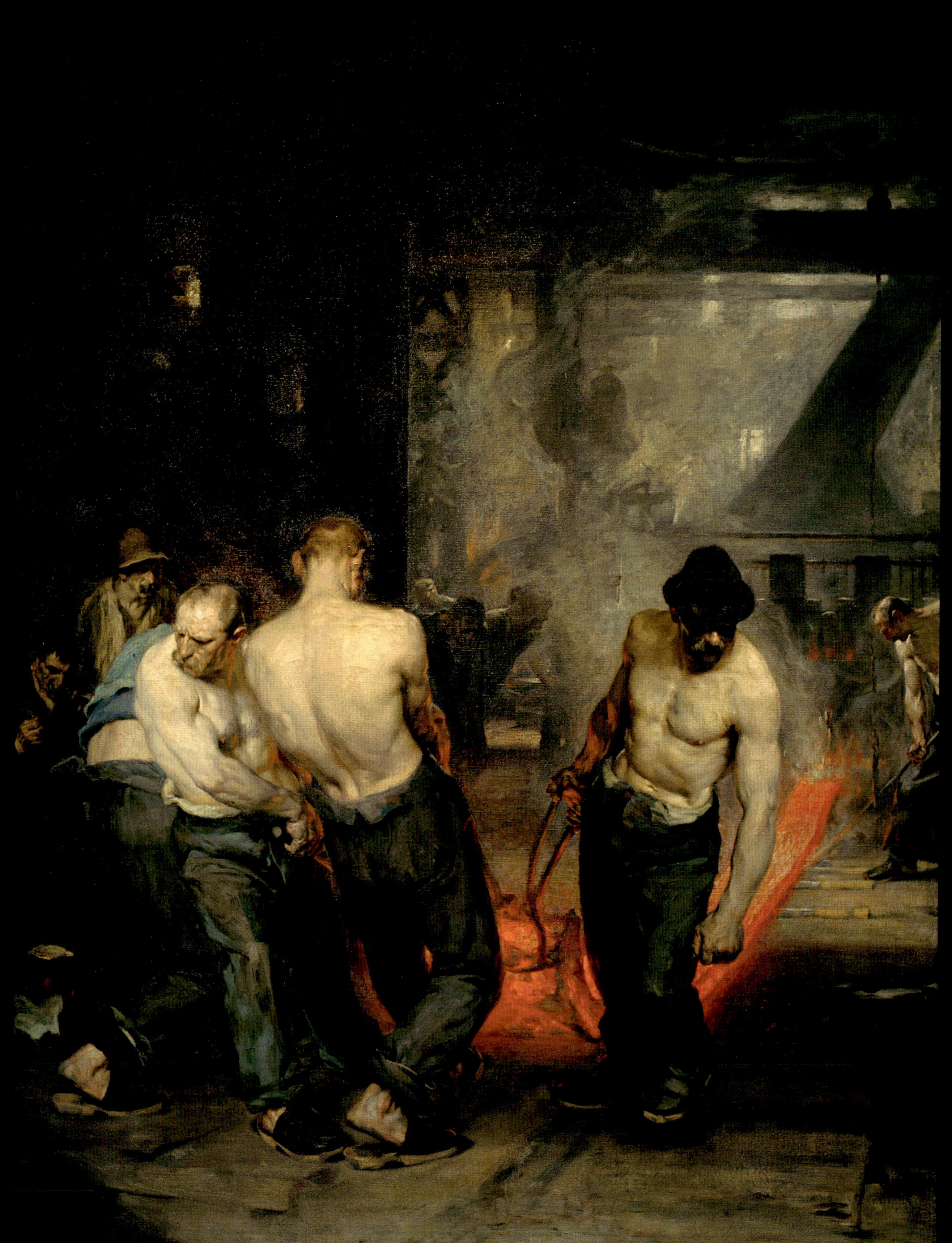

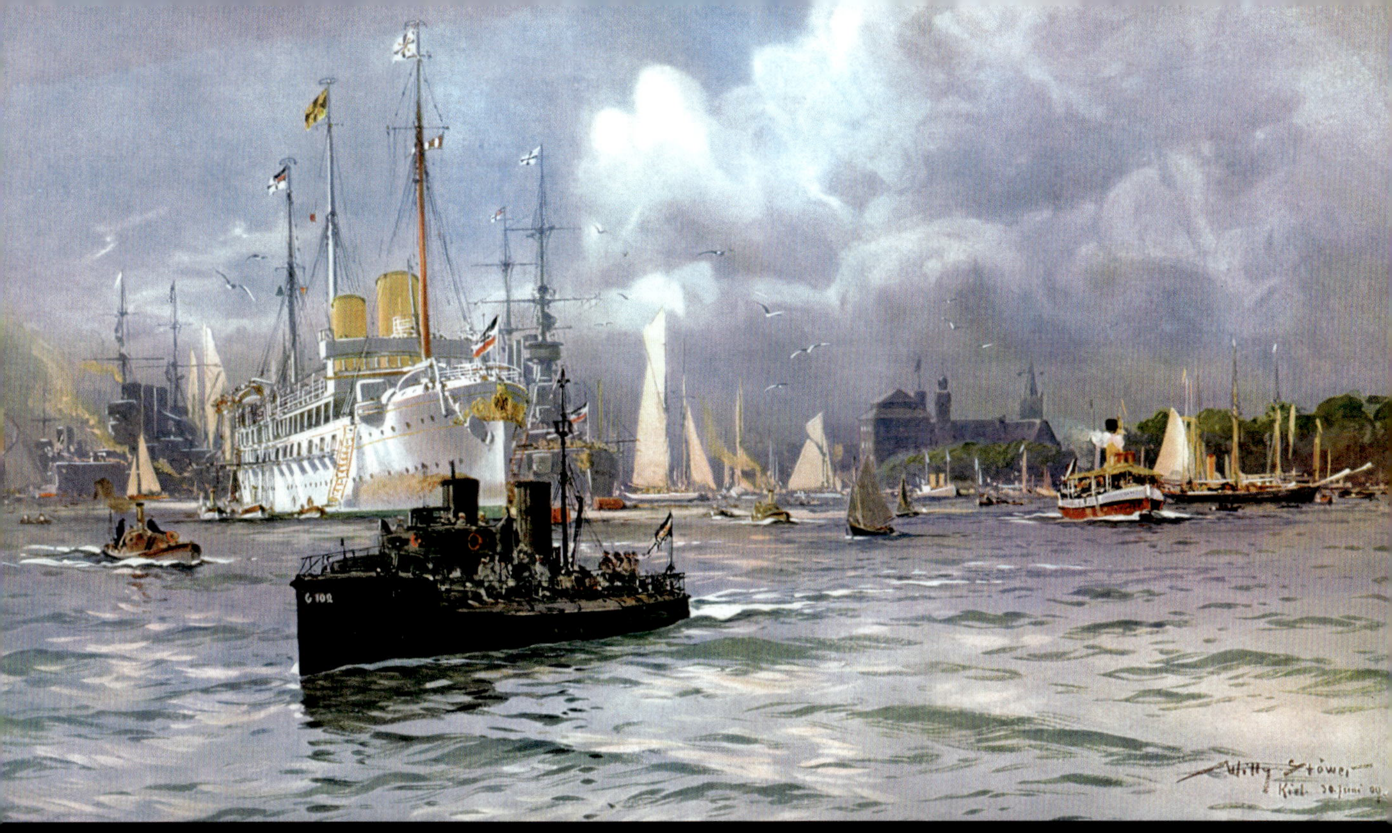

Seine Fertigkeiten bringt sich Willy Stöwer großteils selbst bei – und begeistert mit postkartenähnlichen Motiven wie dieser Hafenansicht von **KIEL** (1909) den Kaiser. Der Herrscher, der Deutschland mit einer großen, neu errichteten Flotte Weltgeltung verschaffen möchte, nimmt den Marinemaler sogar mit auf mehrere Seereisen. Einer breiten Masse wird Stöwer vor allem bekannt durch Darstellungen von Kriegsschiffen – auf kleinen Sammelbildern

Rasant industrialisiert sich das Kaiserreich im späten 19. Jahrhundert, zwischen 1871 und 1914 steigt die Produktion in den Fabriken auf das Sechsfache. Der Maler Arthur Kampf scheint mit seinem Bild **»IM WALZWERK«** um 1900 das immense Wachstum vor allem als Ergebnis geradezu archaischer Muskelkraft zu interpretieren. Die oft überhöhte Darstellung männlicher Körperlichkeit macht die Schöpfungen Kampfs später auch im Nationalsozialismus beliebt

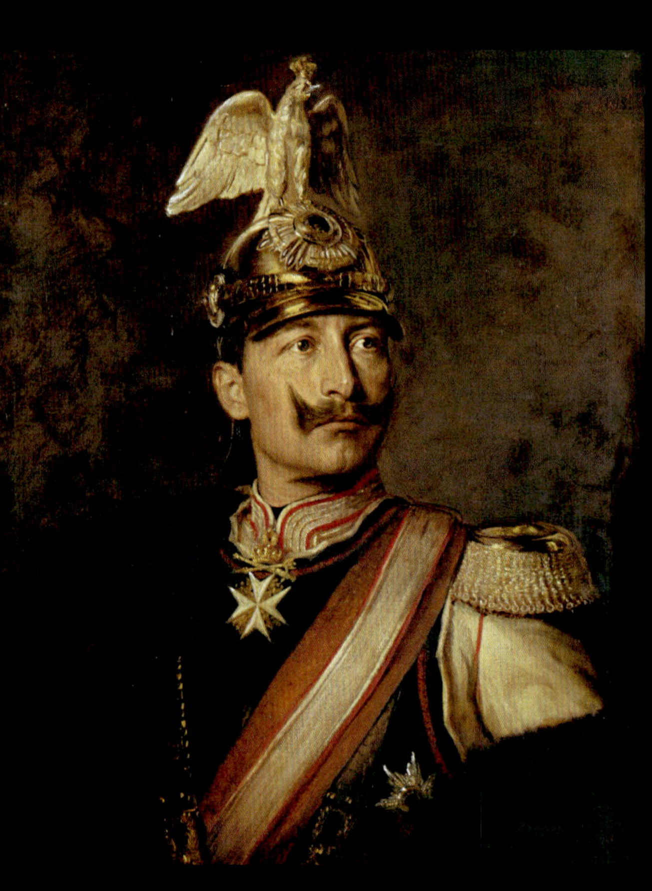

Bereitwillig stellen sich zahlreiche Künstler in den Dienst der Monarchie. Als Hofporträtmaler fertigt Ludwig Noster diverse offizielle Bildnisse des Herrschers an, wie dieses, das **»WILHELM II.«** 1898 in einer Paradeuniform zeigt: als stolzes Oberhaupt des Landes und zugleich als dessen höchsten Militär

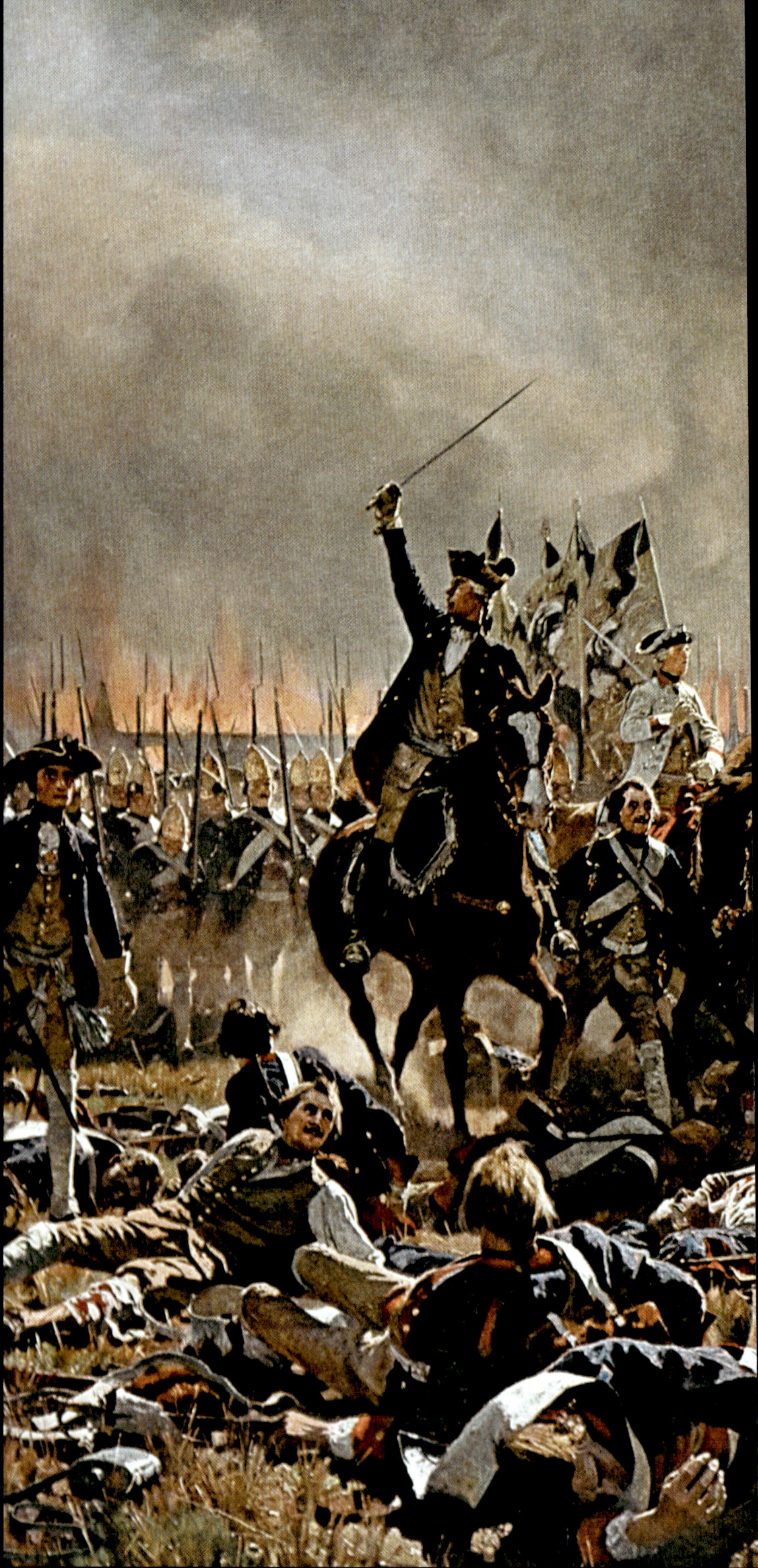

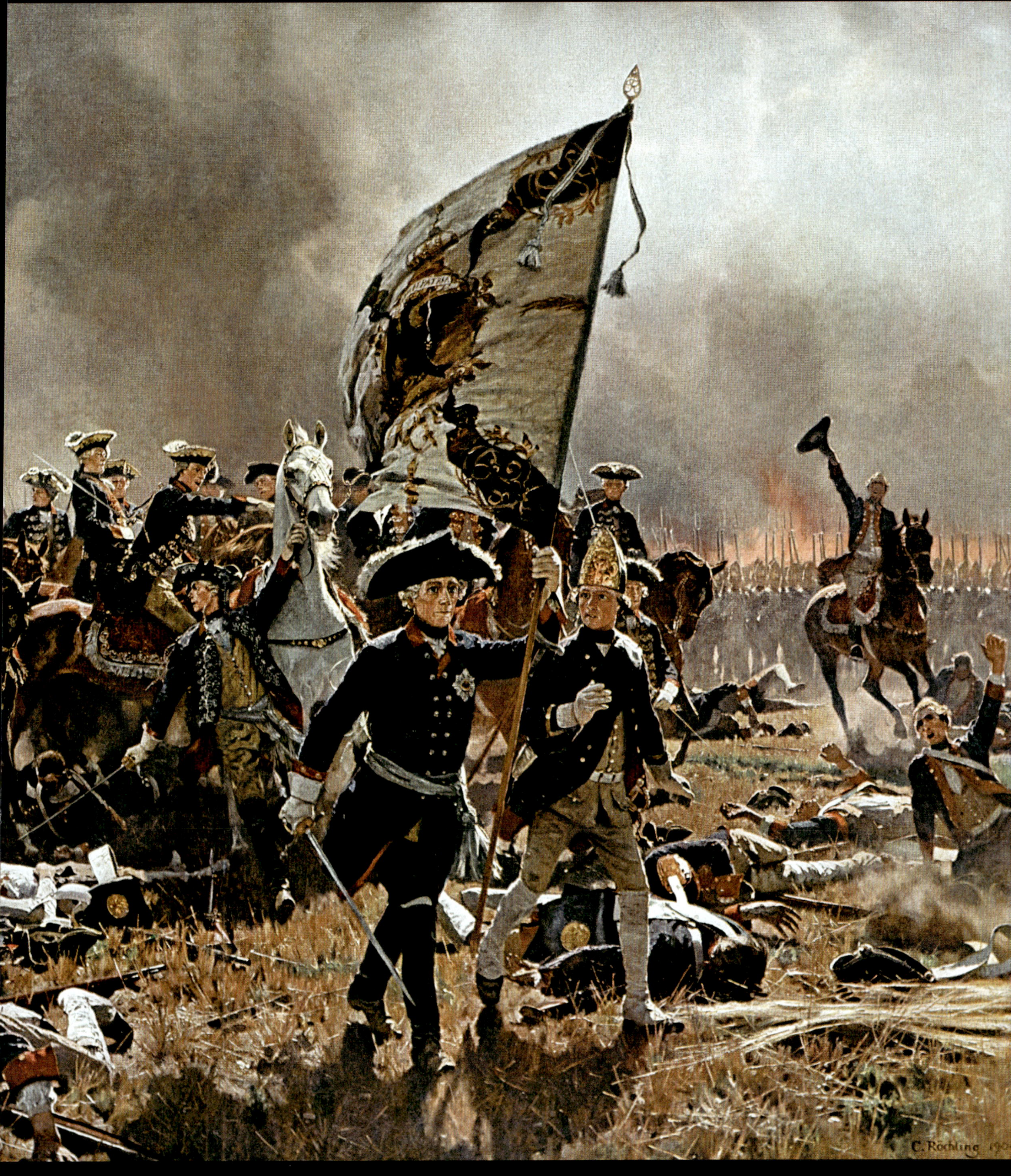

Kunst, so das Ziel der kaiserlichen Kulturpolitik, soll jene nationale Tradition beschwören, die das erst vor Kurzem gegründete Reich in Wirklichkeit noch kaum besitzt. Dafür besonders geeignet: historische Schlachtenmalerei. Carl Röchling etwa lässt **FRIEDRICH DEN GROSSEN**, wie Kaiser Wilhelm II. Angehöriger der Hohenzollern, bei seiner Darstellung von Preußens Sieg gegen Russland im Jahr 1758 unerschrocken mit Fahne vorangehen (Kopie des verschollenen Originals von 1904)

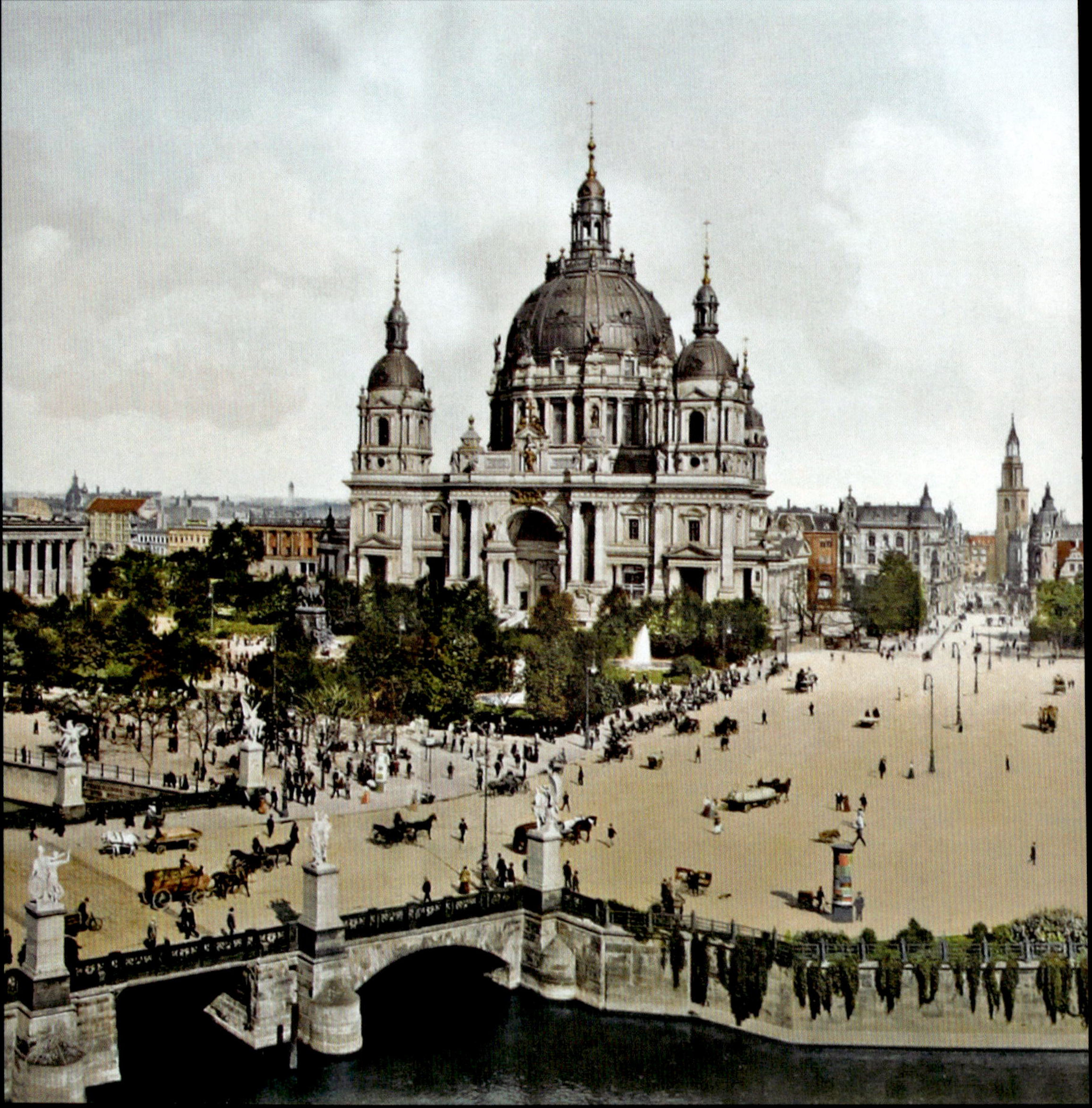

Als seinen Hauptwohnsitz wählt Wilhelm II. das barocke Schloss im Zentrum Berlins (im Bild rechts). Und beaufsichtigt von dort aus den gewaltigen Neubau des benachbarten **DOMS**, der 1905 vollendet wird. Architekt Julius Carl Raschdorff folgt mit Anleihen an Barock und Renaissance dem damals gängigen Historismus: Das Zitieren früherer Stile soll die Herrschaftsarchitektur sowohl altehrwürdig als auch besonders repräsentativ wirken lassen

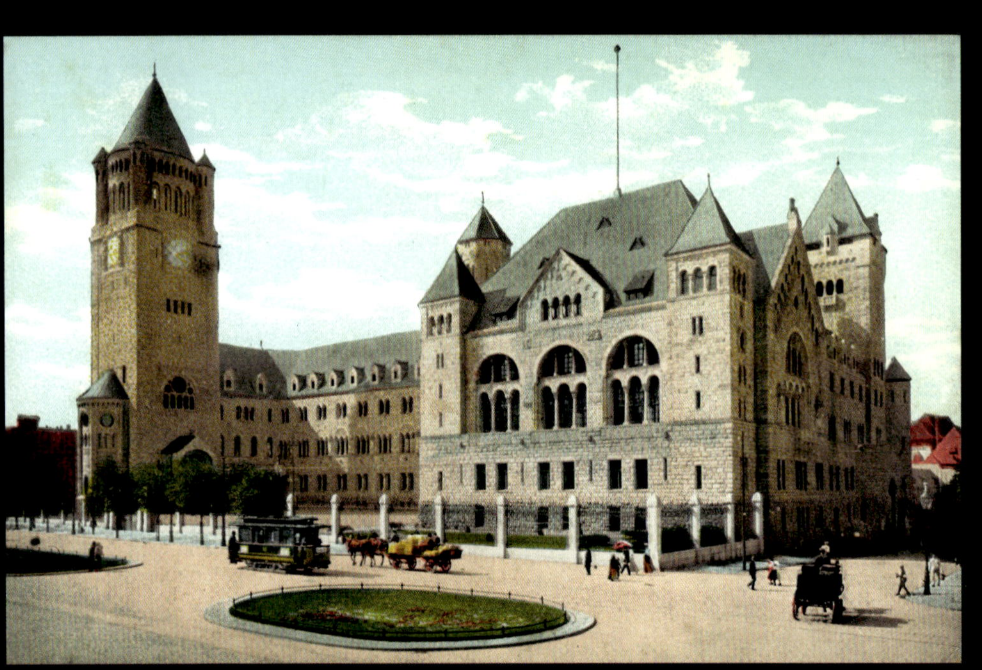

Wuchtige Mauern und Bögen dominieren das neoromanische **RESIDENZSCHLOSS VON POSEN**. Als bewusstes Zeichen deutscher Herrschaft weit im ehemals polnischen Osten des Reichs hat der Kaiser 1903 die Errichtung des trutzigen, fast burgähnlichen Gebäudes in Auftrag gegeben. Zur Einweihungszeremonie reist er im Sommer 1910 persönlich an

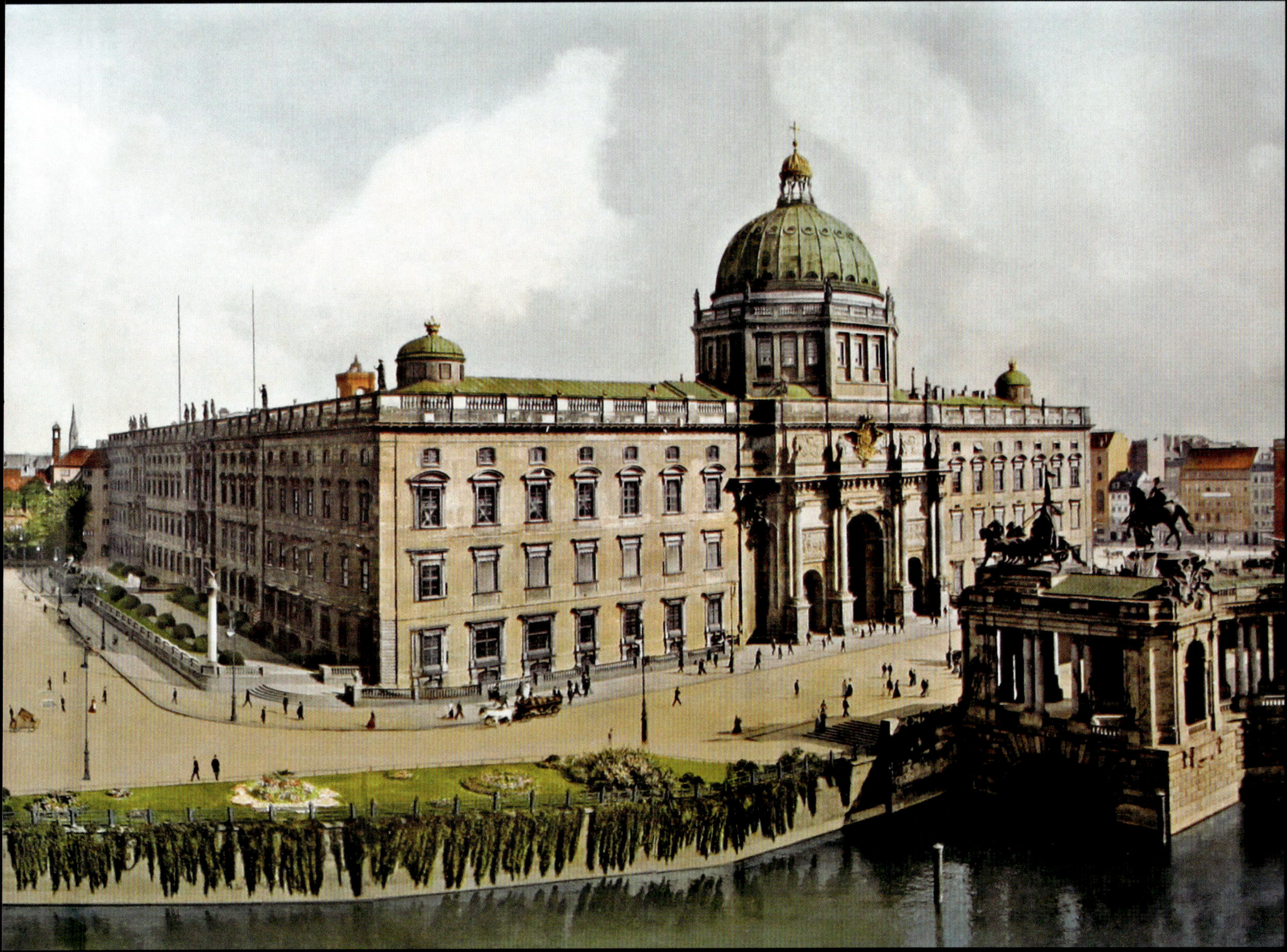

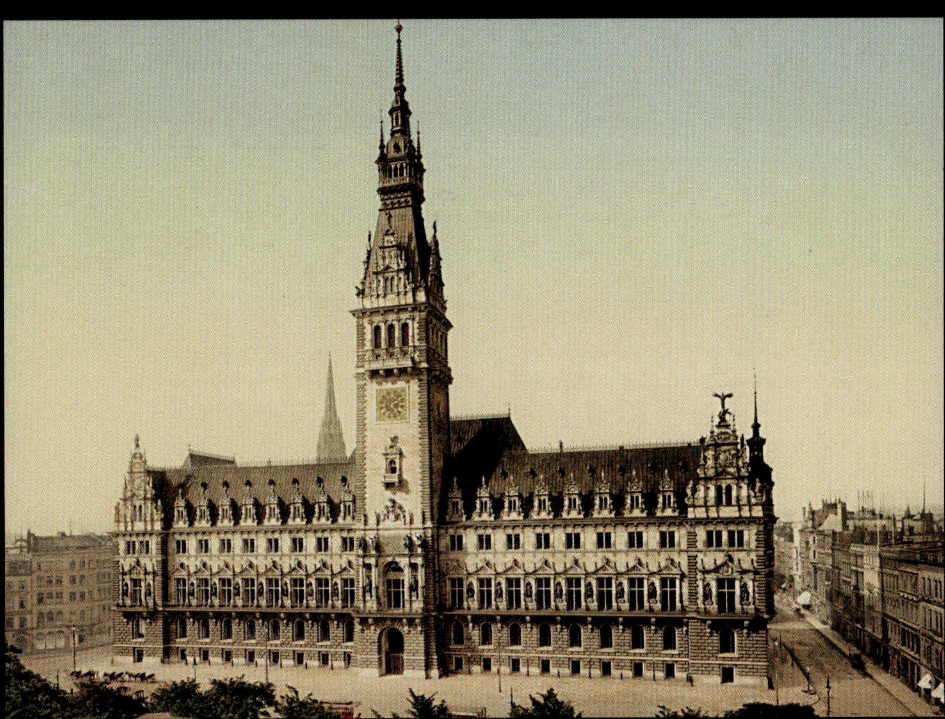

Nicht von Kaisermacht, sondern von Bürgerstolz kündet das **HAMBURGER RATHAUS** von 1897. Fast 200 Entwürfe hatten die Hanseaten für den Bau, der das zuvor bei einem Brand zerstörte alte Ratsgebäude ersetzt, verworfen. Die schließlich errichtete Form folgt dennoch ganz dem gängigen historistischen Zeitgeschmack – und orientiert sich stilistisch vor allem an der Renaissance

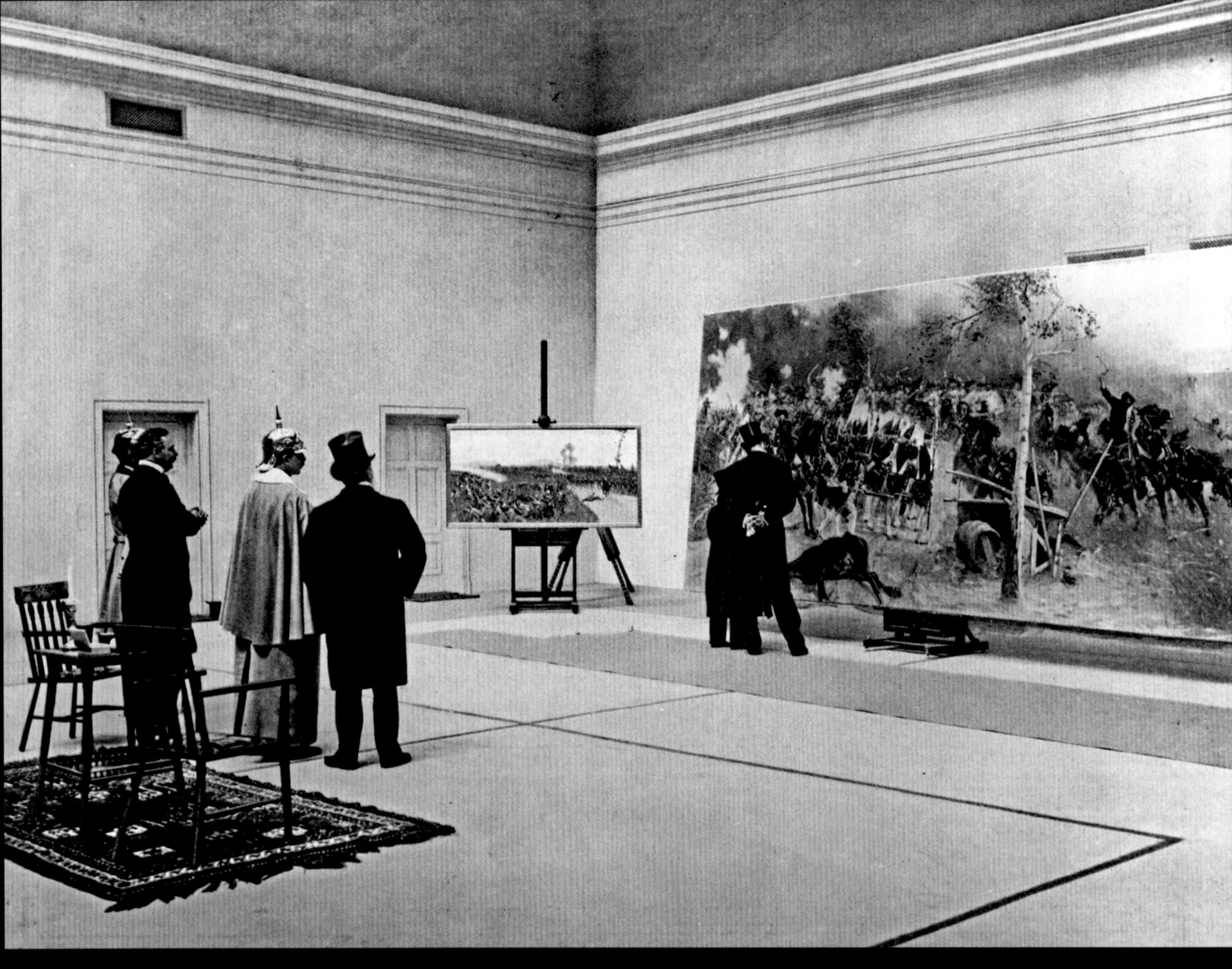

Eng versucht der Kaiser den Kunstbetrieb zu lenken. Dem von ihm protegierten **WOJCIECH KOSSAK** (der sich in Deutschland Adalbert von Kossak nennt), einem aus Polen stammenden, für mächtige Panoramawerke bekannten Maler, stattet er 1899 sogar einen Besuch im Atelier ab (oben). Der Herrscher hat es dem Künstler in einem seiner Schlösser einrichten lassen

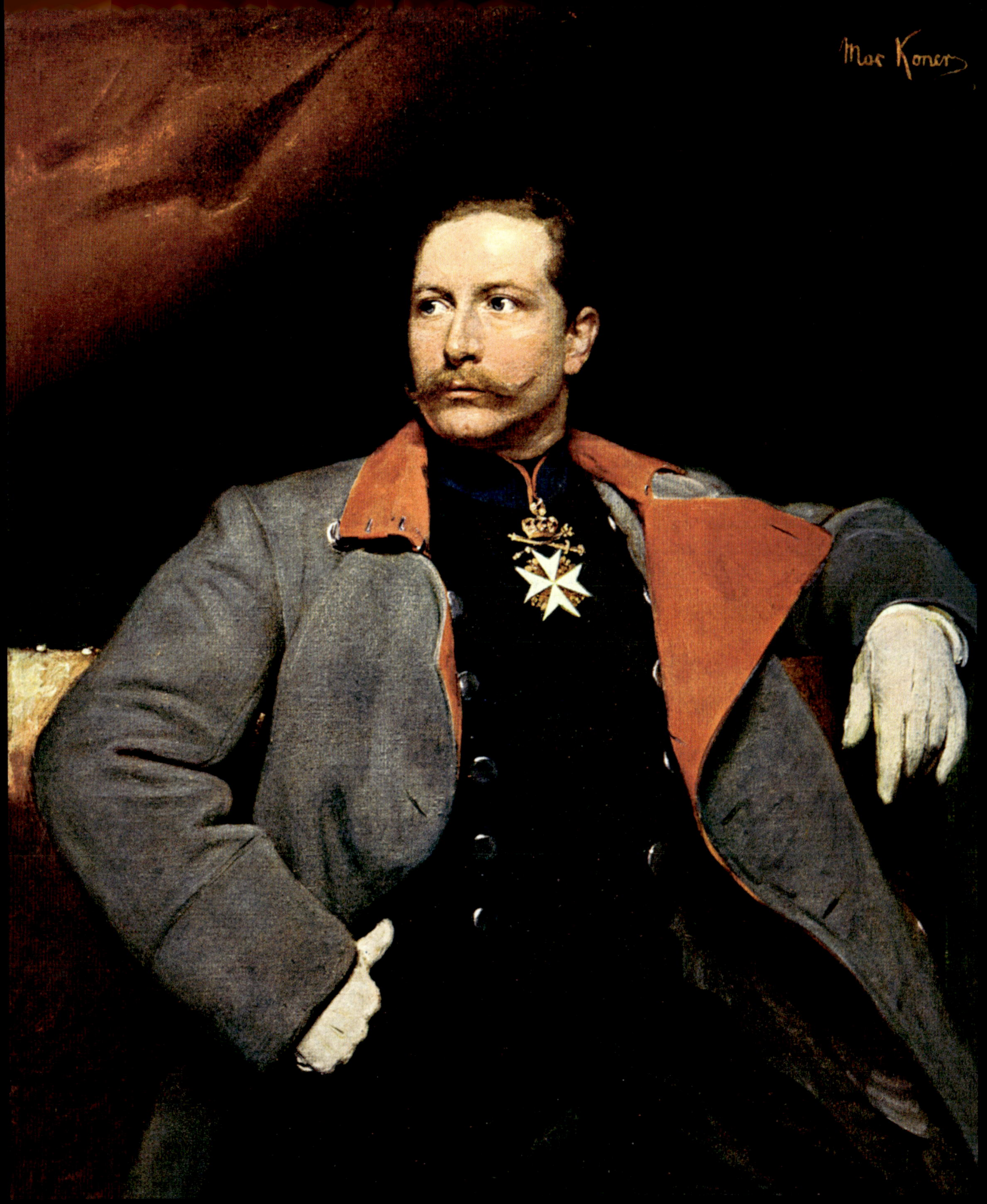

Neben individueller Förderung und öffentlichen Aufträgen sorgen unter dem Hohenzollern vor allem die staatlichen Ausbildungsstätten für das Hüten der Konvention, etwa die Preußische Akademie der Künste, deren Mitglied auch der Maler Max Koner ist. Eines seiner 30 Kaiserporträts zeigt den damals gut dreißigjährigen Monarchen ebenso leger wie tatkräftig im grauen Militärmantel (**»WILHELM II.«**, 1890)

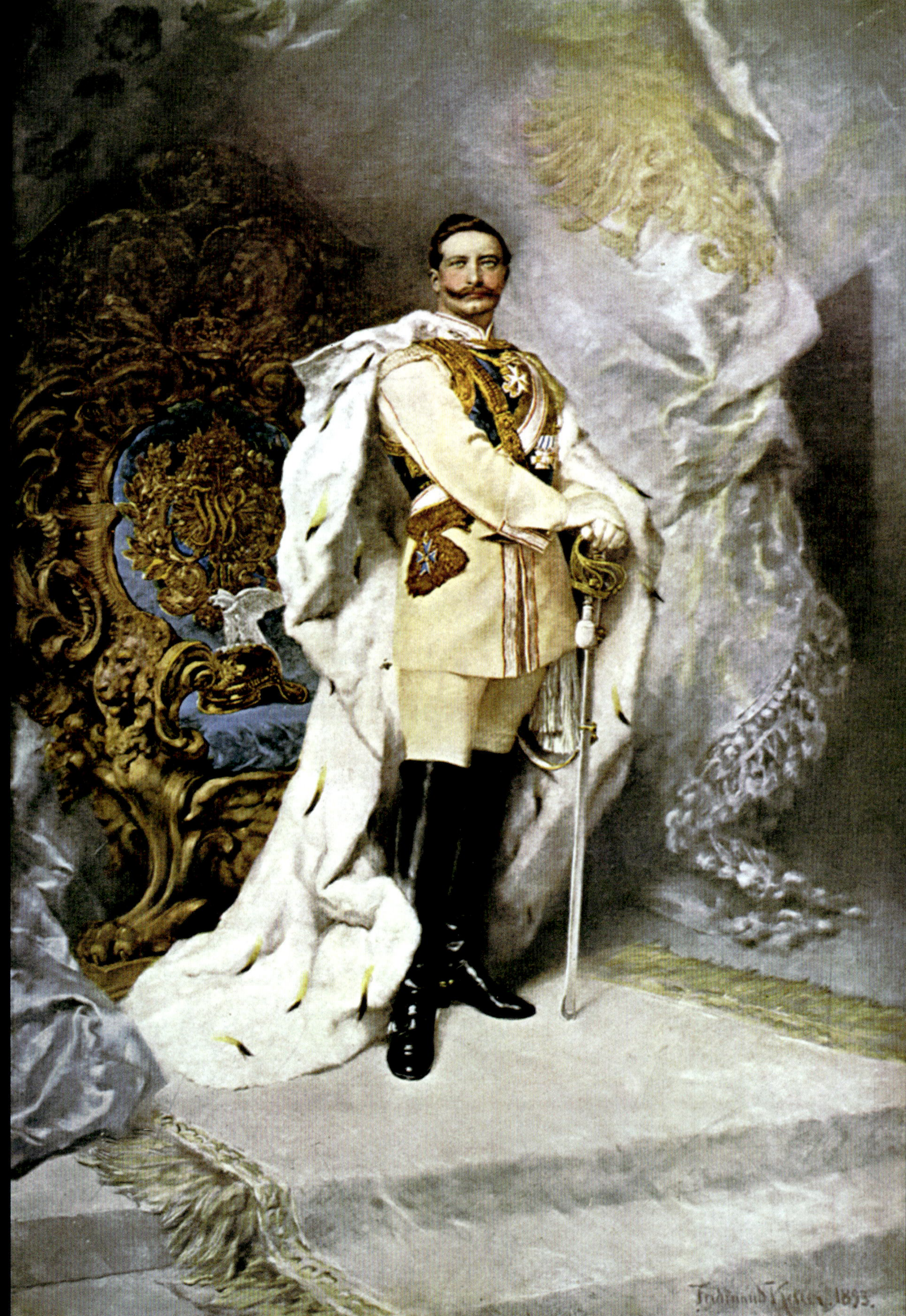

Beispielhaft für die Überhöhung von Reich und Herrscher in der Kunst der deutschen Kaiserzeit ist dieses **WILHELM-II.-PORTRÄT** aus dem Jahr 1893 von Ferdinand Keller,der in Karlsruhe Malerei lehrt. Fast als vergöttlichte Figur erglänzt der Monarch inmitten üppiger, mit größter Detailversessenheit ausgeführter Staffage. Eine Pose auch für das Ausland: Das Gemälde ist Teil des offiziellen deutschen Beitrags bei der Weltausstellung 1904 in St. Louis, USA

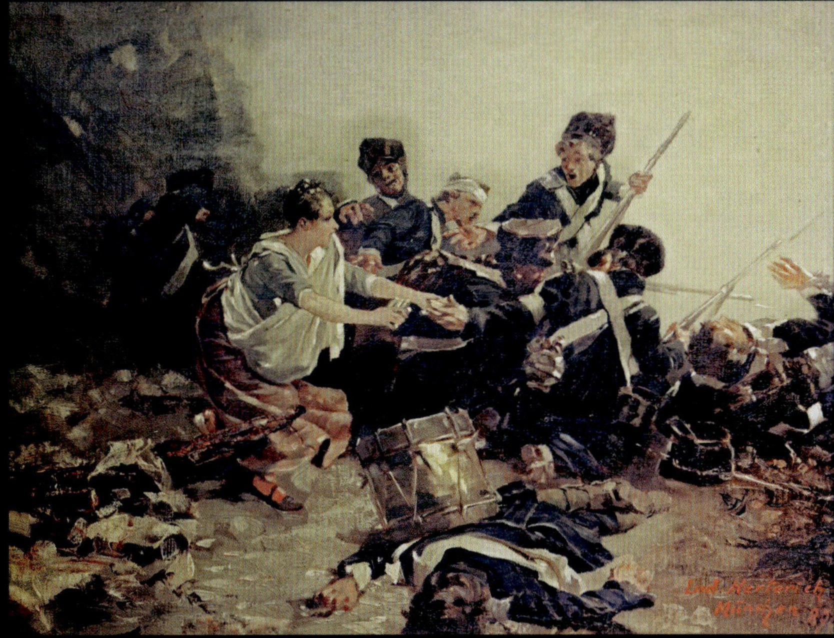

Der Legende nach verhalf eine Lüneburger Salzsiedertochter preußischen Truppen 1813 im Kampf gegen die napoleonischen Besatzer zu einem Sieg, indem sie die Soldaten in fast aussichtsloser Lage mit Munition und Pulver versorgte. 1887 stellt Ludwig Herterich die Geschichte in seinem Gemälde **»JOHANNA STEGEN, DIE HELDIN VON LÜNEBURG«** dar – einem Werk, das ebenfalls 1904 in St. Louis dem Publikum präsentiert wird

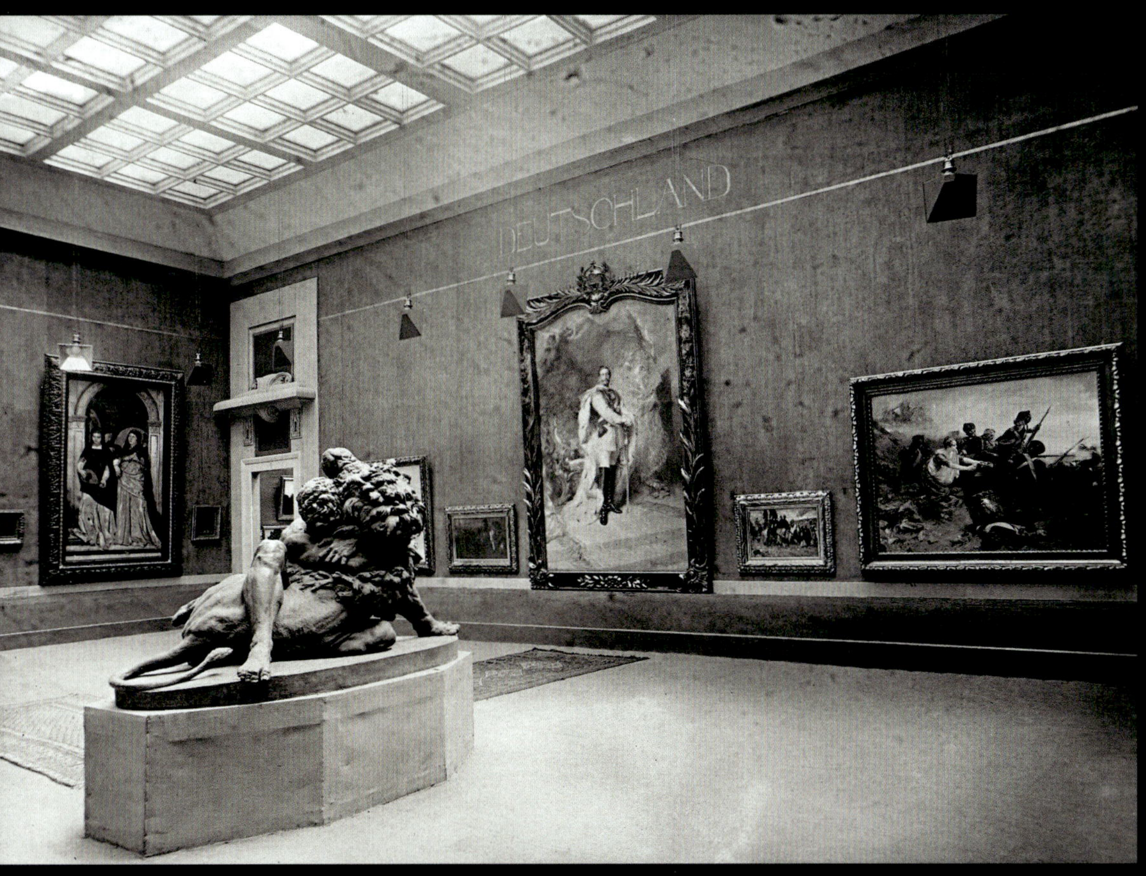

Der **DEUTSCHE SCHAURAUM** bei der Weltausstellung von 1904, unter anderem mit den Werken von Keller und Herterich. Wohl im Auftrag des Kaisers hat Anton von Werner das Votum einer unabhängigen Kommission verhindert und eine besonders konventionelle Bildauswahl durchgesetzt. Doch erstmals protestieren Politiker im Reichstag gegen diese offene Gängelung des Kunstbetriebs

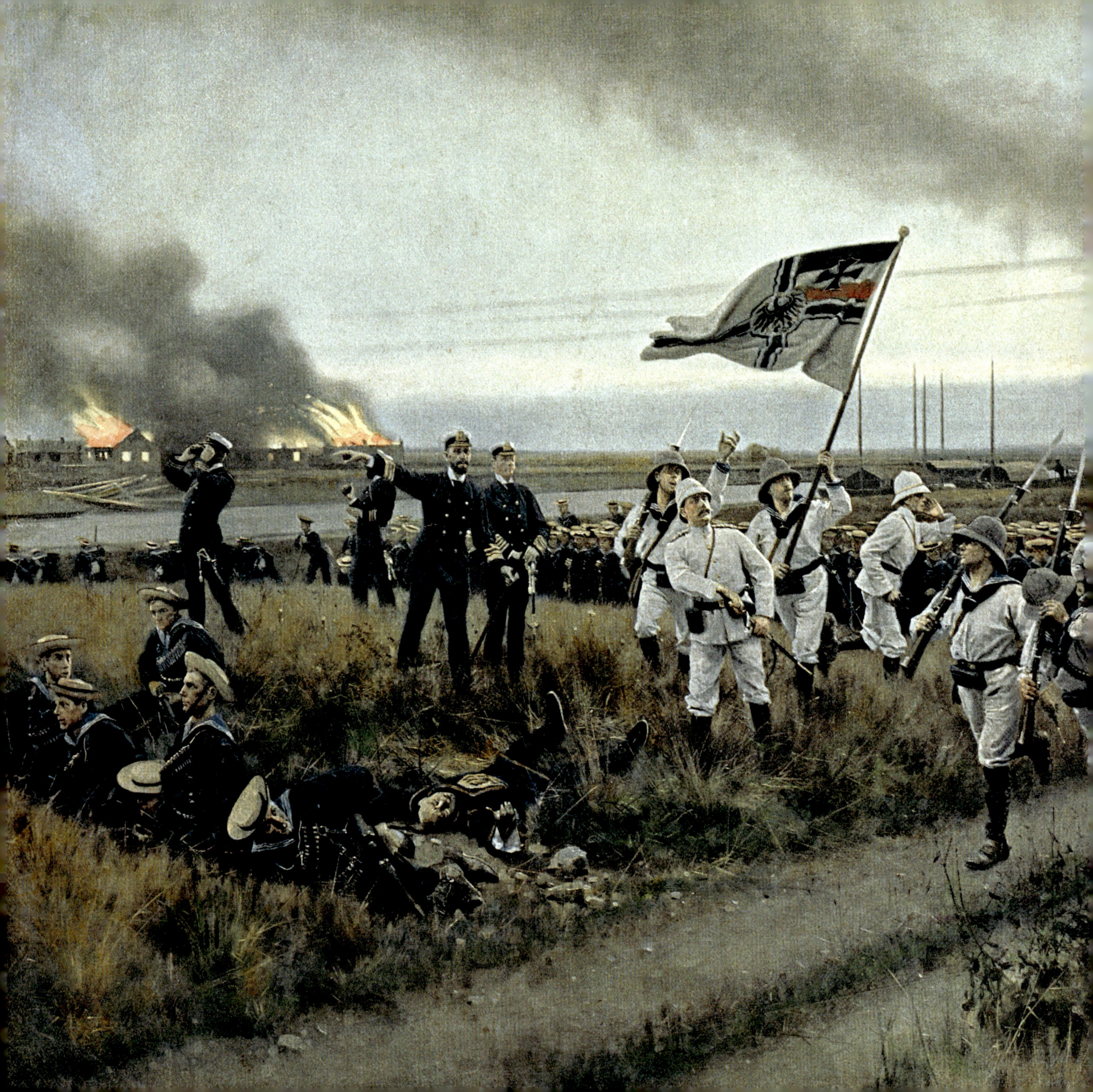

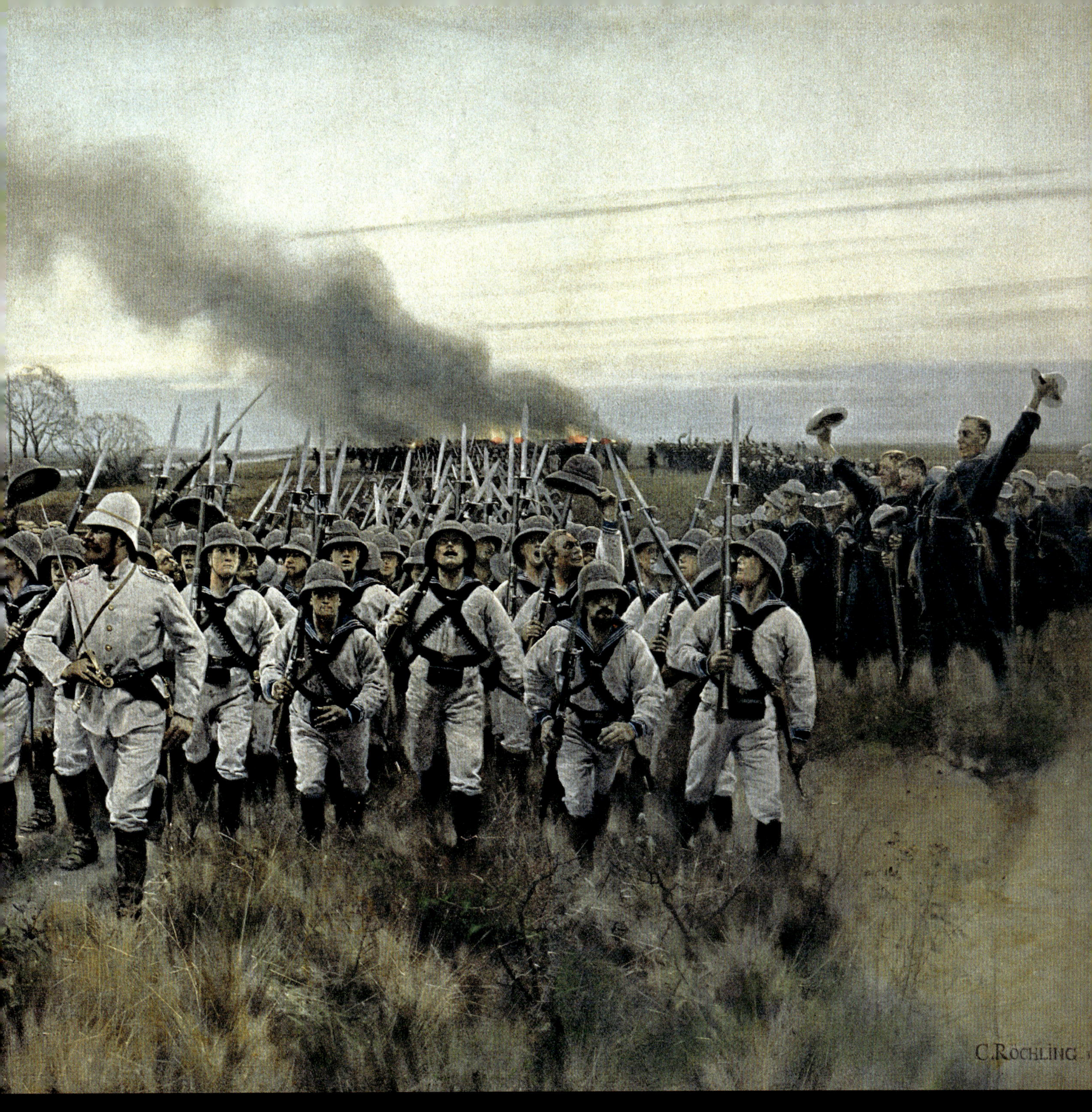

Mit einer aggressiven Kolonialpolitik versucht das Deutsche Reich international an Einfluss zu gewinnen, verlangt ebenfalls nach einem »Platz an der Sonne«. Zur Ikone des Weltmachtstrebens wird dieses Gemälde von Carl Röchling, das den Einsatz deutscher Soldaten im Jahr 1900 bei Kämpfen in China glorifiziert. Entschlossen schreiten die Männer in Weiß voran, aufgefordert von einem Admiral der verbündeten Briten mit den Worten: **»THE GERMANS TO THE FRONT«** (1902).

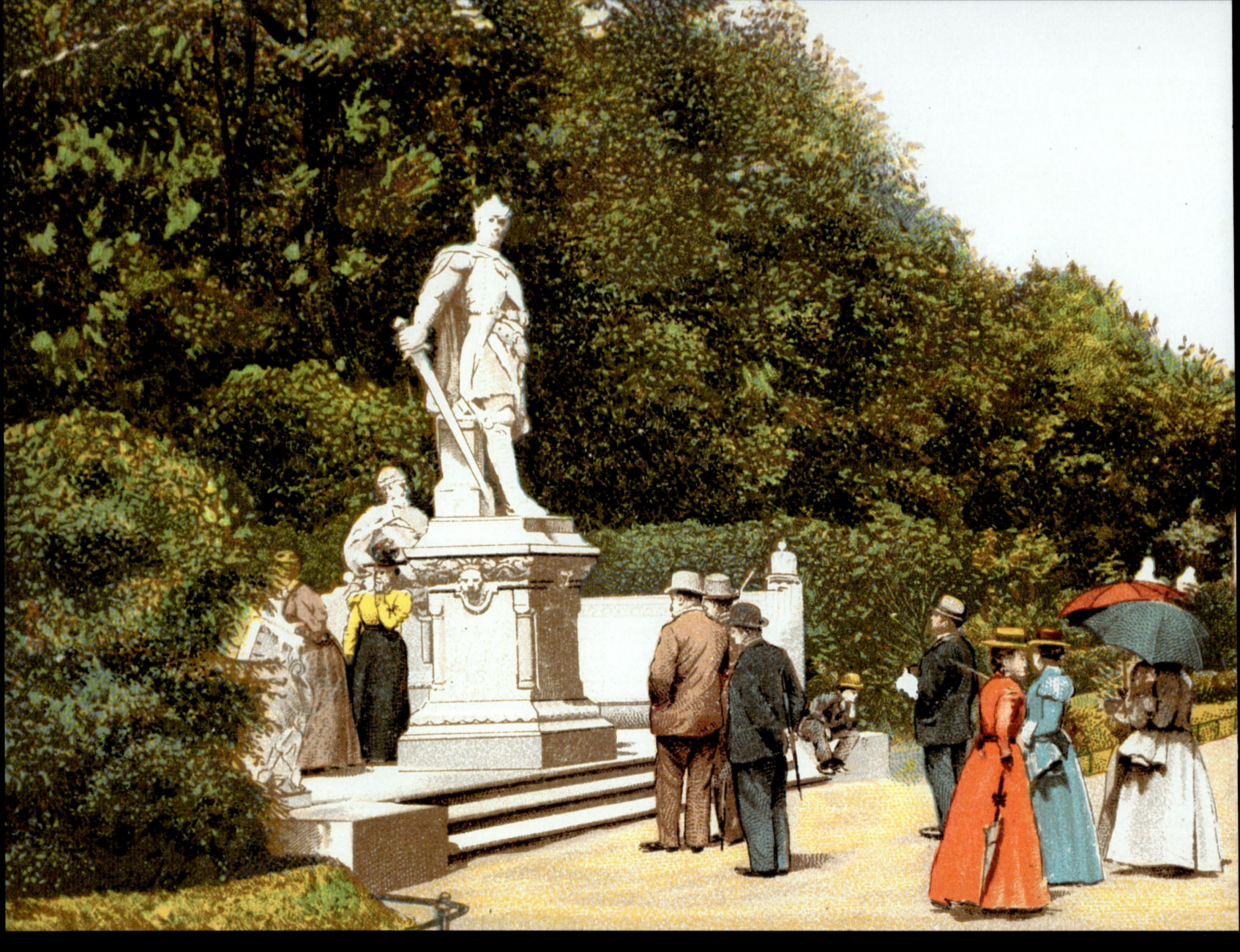

32 lebensechte Figurengruppen säumen die **SIEGESALLEE** in Berlin. Der Kaiser hat die Flaniermeile mitsamt der Galerie brandenburgisch-preußischer Herrscher eigens in Auftrag gegeben. Und stellt in seiner Einweihungsrede 1901 zudem klar:

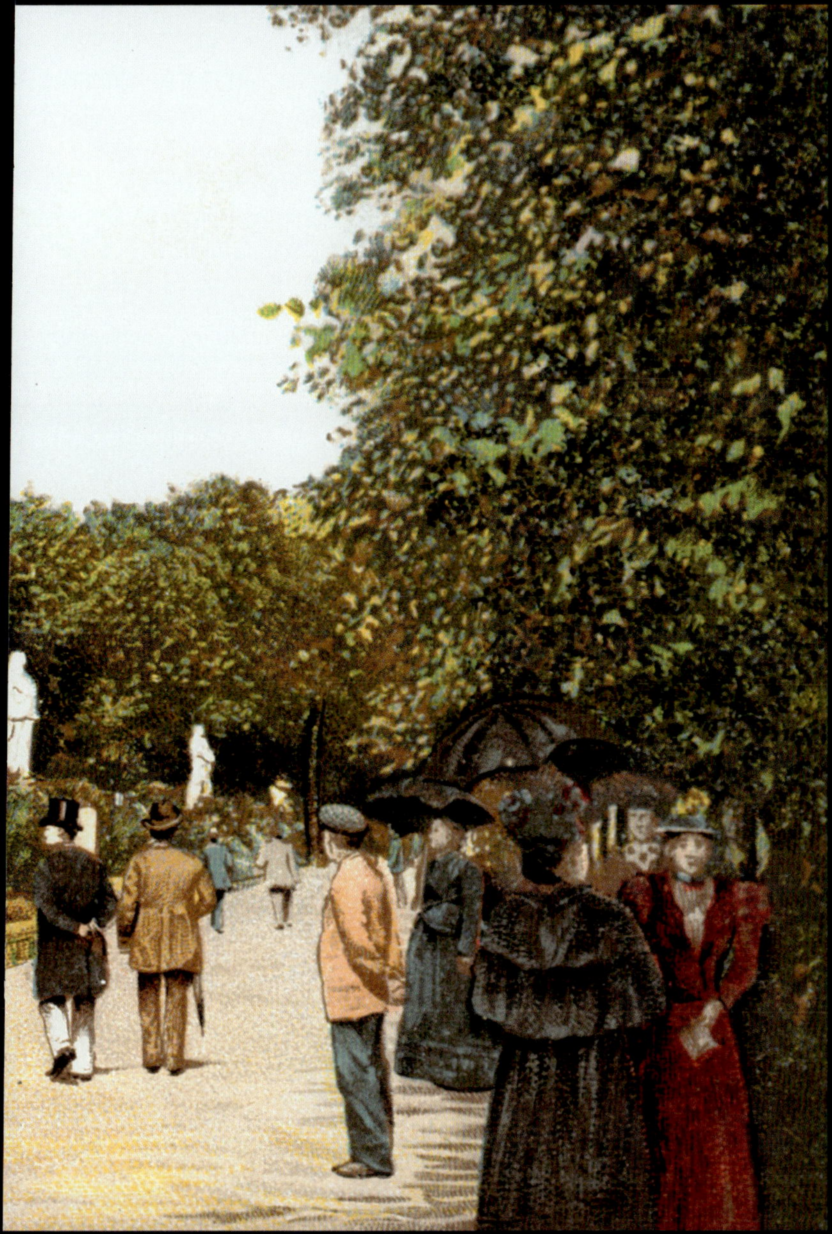

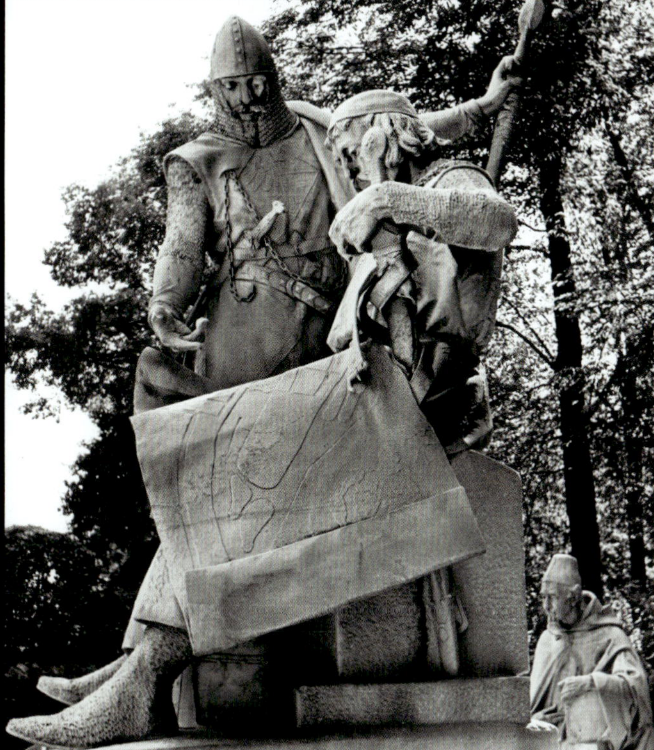

Namhafte Bildhauer haben die Ahnenreihe aus Marmor geschlagen: **»ZWEI MARKGRAFEN«**, erschaffen von Max Baumbach, beugen sich über die Gründungsurkunde Berlins

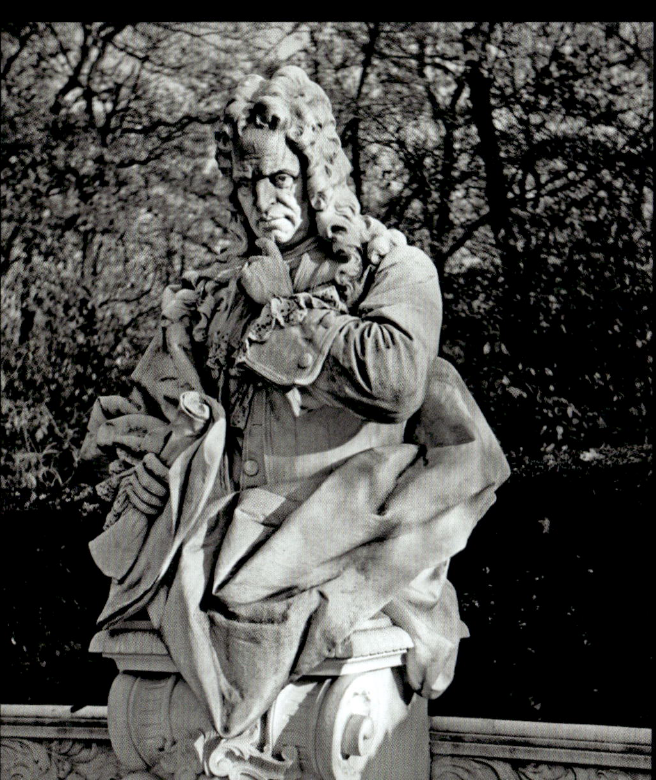

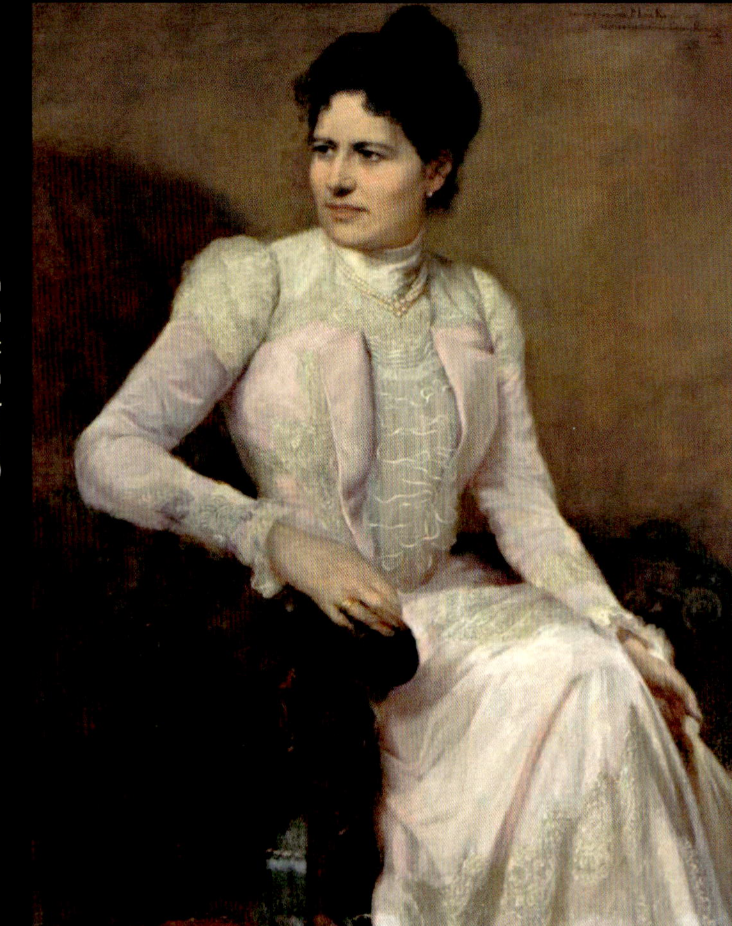

Weite Kreise von Adel und Bürgertum teilen den Kunstgeschmack des Kaisers, ebenso den Hang zu repräsentativen Porträts. Doch statt der Selbstherrlichkeit Wilhelms II. dominieren hier bescheidenere Posen – wie bei der **»REICHSGRÄFIN GABRIELE VON MOLTKE«** von Max und Sophie Koner (um 1900)

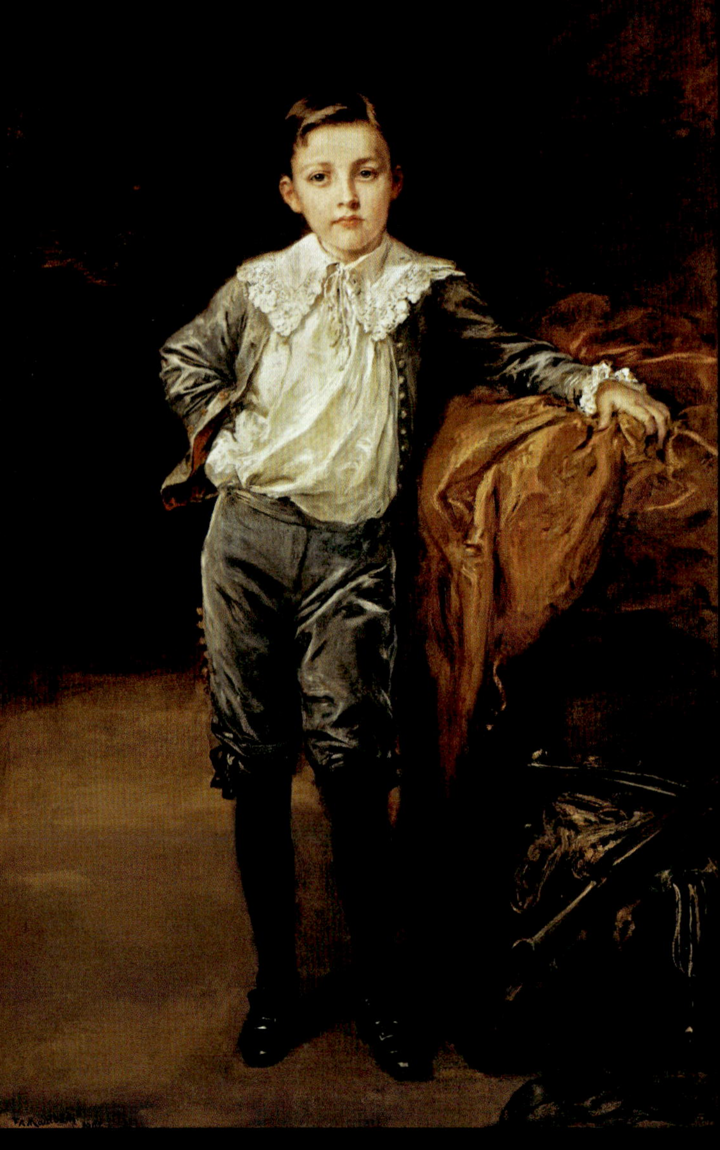

Schon für den Nachwuchs werden in wohlhabenden Familien standesgemäße Abbilder bei renommierten Künstlern in Auftrag gegeben. Der Münchner Maler Friedrich August von Kaulbach bannt den kindlichen **»MEISTER ECKSTEIN«** 1902 in Pose und Kleidung wie einen Erwachsenen auf die Leinwand. Und vermittelt so: Hier steht der zukünftige Stammhalter von Status und Vermögen

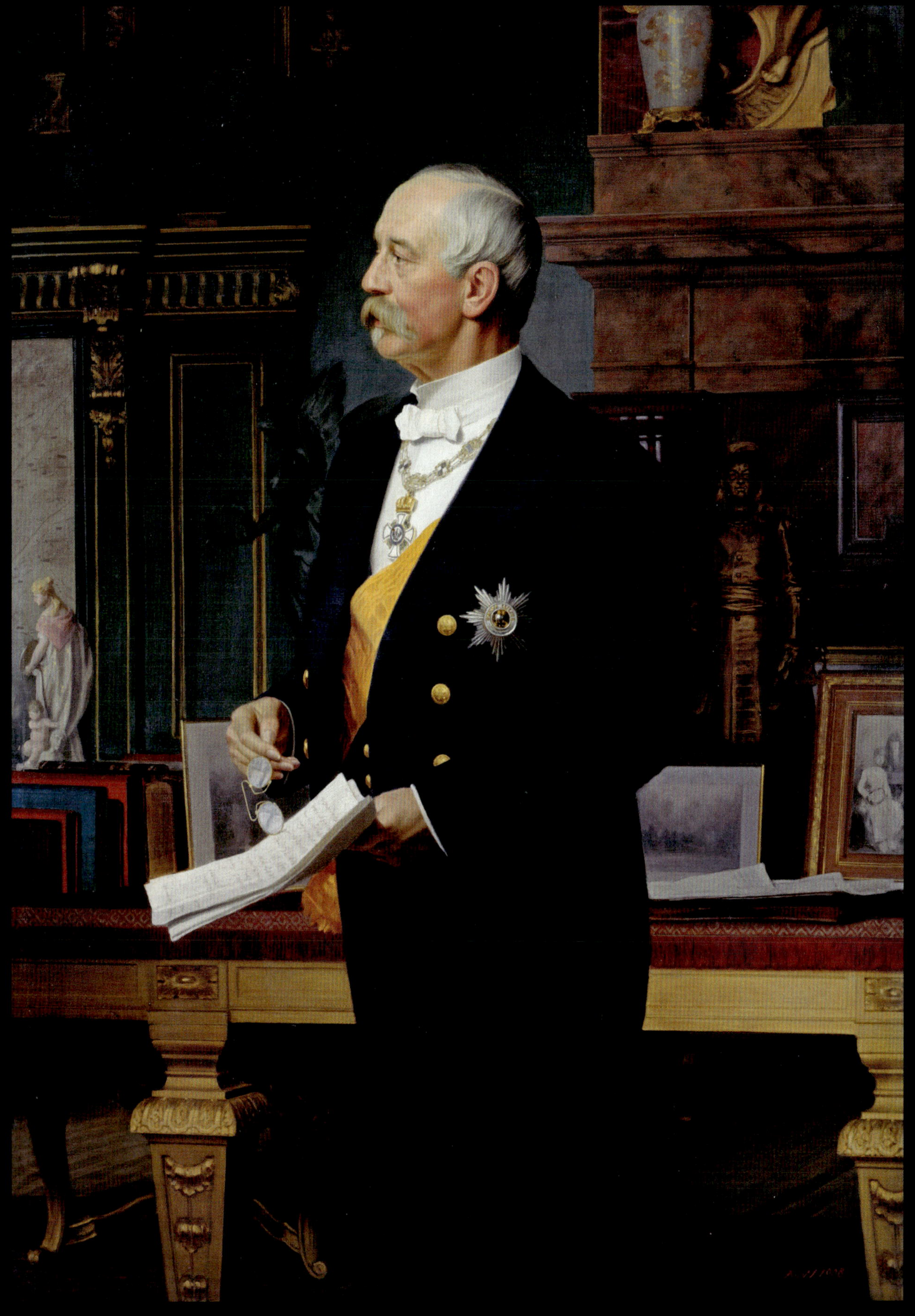

Mit dem Kneifer und einem Dokument in der Hand wartet **»HERMANN VON LUCANUS«**, Geheimrat des kaiserlichen Kabinetts, im Vortragszimmer Wilhelms II. im Berliner Schloss – womöglich, um dem Monarchen gleich Bericht zu erstatten. Mit fast fotografischer Realitätstreue erfüllt Anton von Werner 1908 alle Vorgaben der vorherrschenden Ästhetik. Doch längst regt sich im Kaiserreich eine Sehnsucht nach offeneren Stilen, moderneren Formen

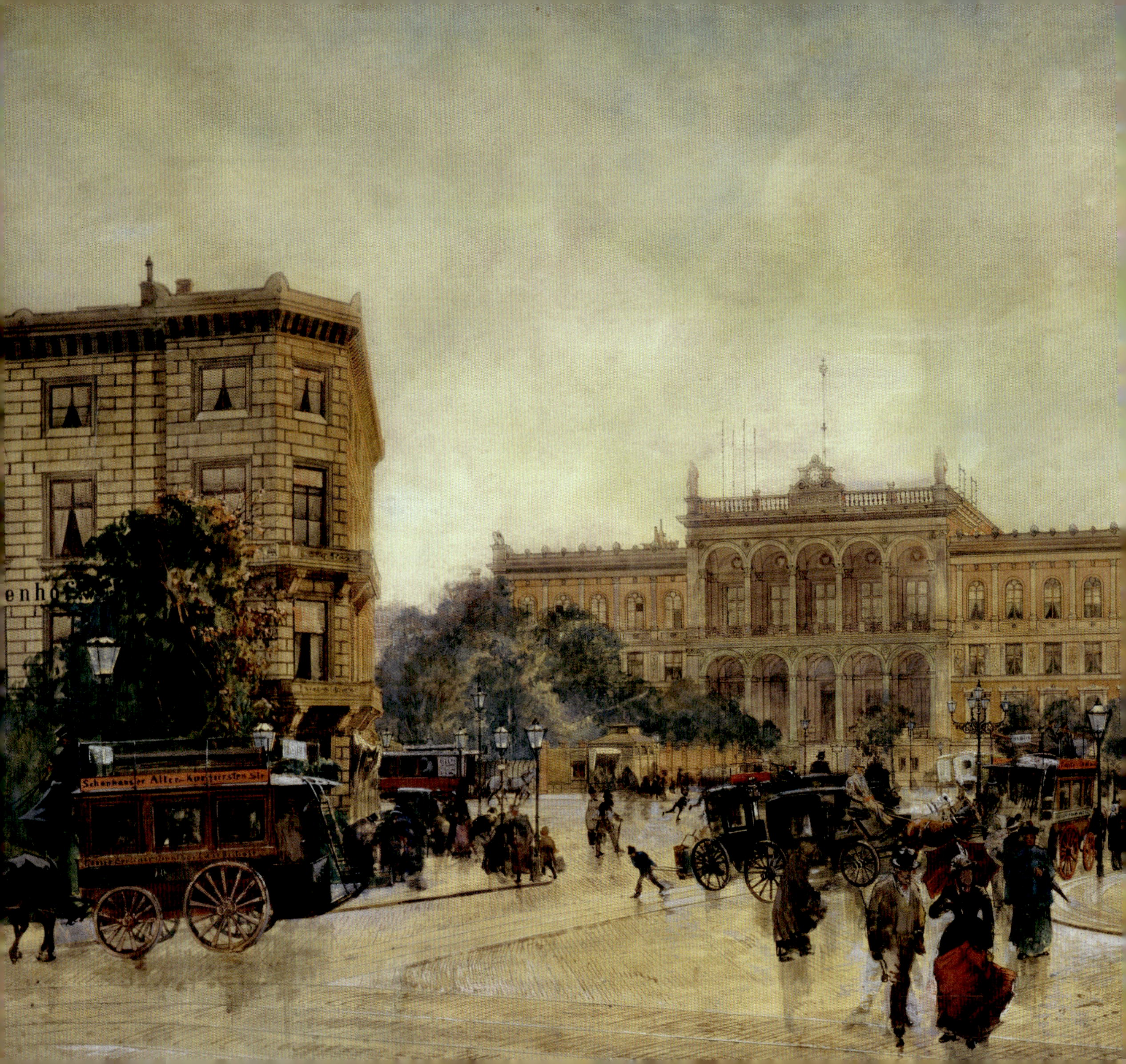
Schonhauser Allee–Kurfürsten Str

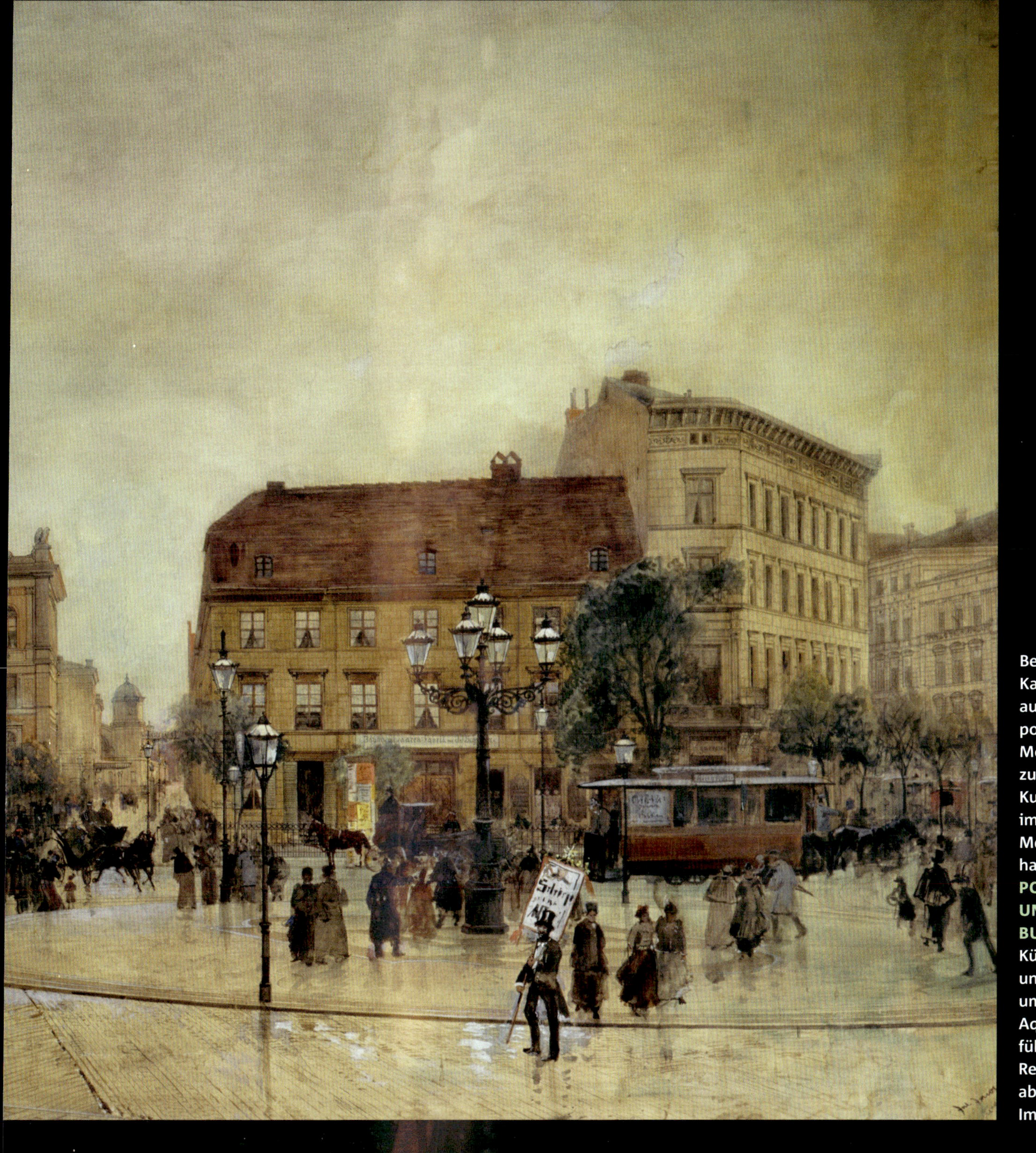

Berlin wird im Kaiserreich zur rasant aufstrebenden Metropole. Zum Zentrum einer Modernität, die sich zunehmend auch in der Kunst niederschlägt. Die im Original mehr als zwei Meter breite, panoramahafte **»ANSICHT DES POTSDAMER BAHNHOFS UND SEINER UMGEBUNG«**, die die Berliner Künstler Julius Jacob und Wilhelm Herwarth um 1890 mit Feder und Aquarellfarben ausführen, ist vom arrivierten Realismus inspiriert – aber auch vom jungen Impressionismus

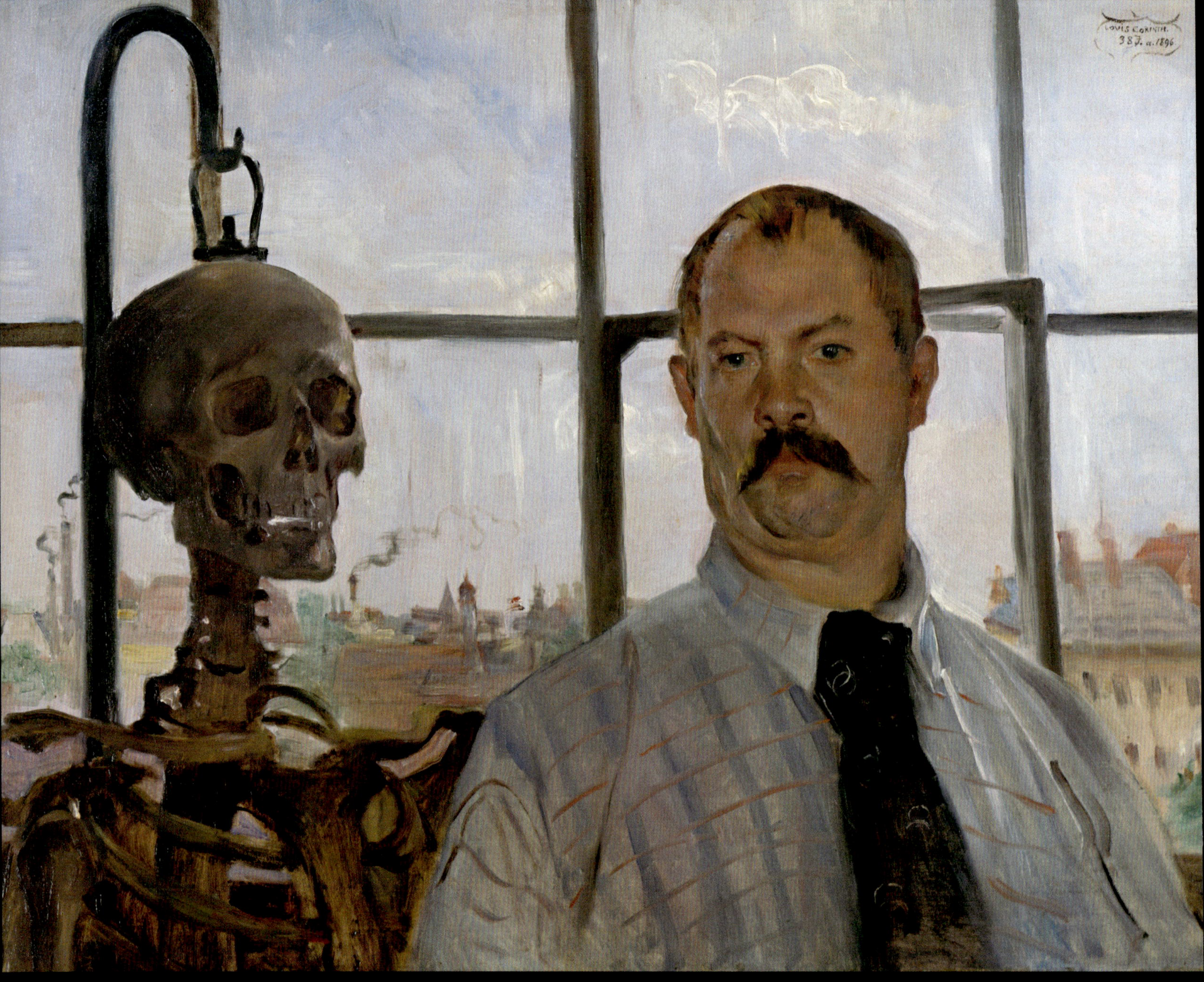

In den 1890er Jahren wenden sich – frustiert vom polierten Realismus, vom Pathos der Repräsentationskunst – einige jüngere Künstler vom herrschenden Kulturbetrieb ab, gründen eigene Zusammenschlüsse, sogenannte Sezessionen. Und öffnen sich neuen Malweisen: Der aus Ostpreußen stammende Lovis Corinth etwa, der nach München zieht, spielt 1896 bei seinem **»SELBSTBILDNIS MIT SKELETT«** zwar mit traditionellen Insignien des Todes, verzichtet durch eine bewusst unspektakuläre Komposition jedoch auf jegliche Überhöhung

Die Neuerer im Kaiserreich lassen sich vor allem von der modernen französischen Kunst inspirieren, insbesondere vom Impressionismus, zu dessen bedeutendstem deutschen Vertreter der Maler Max Liebermann wird. Mit freierem Pinselstrich und Landschaftsbildern, die wie zufällige Momentaufnahmen erscheinen, bricht er anfangs noch vorsichtig mit den Sehgewohnheiten – die Konservativen geißeln die Einflüsse aus Frankreich dennoch als dem »deutschen Wesen« fremd (**»FRAU MIT GEISSEN IN DEN DÜNEN«**, 1890)

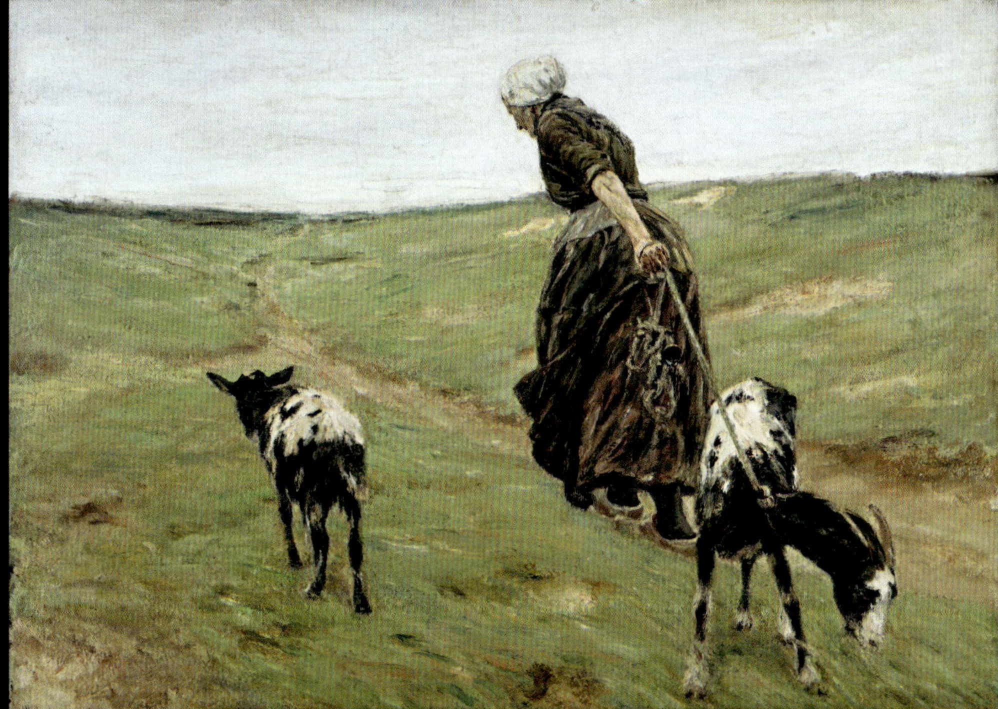

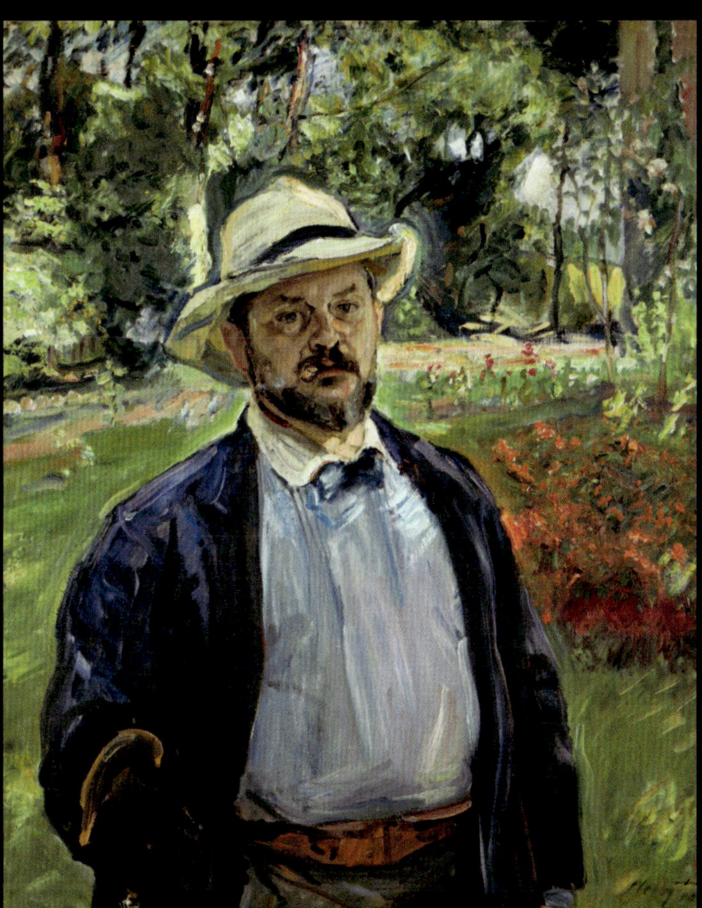

Die Natur und das farbenprächtige Spiel des Sonnenlichts sind wichtige Elemente in den Werken der impressionistischen Künstler. Und so umrahmt sich Max Slevogt 1910 bei seinem **»SELBSTBILDNIS IM GARTEN«** gleich vollständig mit sommerlicher Flora. Trotz Anfeindungen aus dem Lager der Traditionalisten macht der Maler bald Karriere, wird sogar Professor – Zeichen für die allmählich bröckelnde Dominanz der wilhelminischen Staatskunst

Nicht mehr die minutiöse Abbildung der Wirklichkeit steht für die modern Gesinnten im Vordergrund, sondern das Einfangen von Stimmungen. Walter Leistikow, der mit flirrendem Strich die **»MÄRKISCHE SEENLANDSCHAFT«** bei Berlin verewigt, trägt mit Max Liebermann maßgeblich dazu bei, dass die künstlerische Avantgarde in der Reichshauptstadt erstarkt. Als Organisator von Ausstellungen bringt er um 1900 auch dem Publikum erstmals die Werke der französischen Moderne nahe

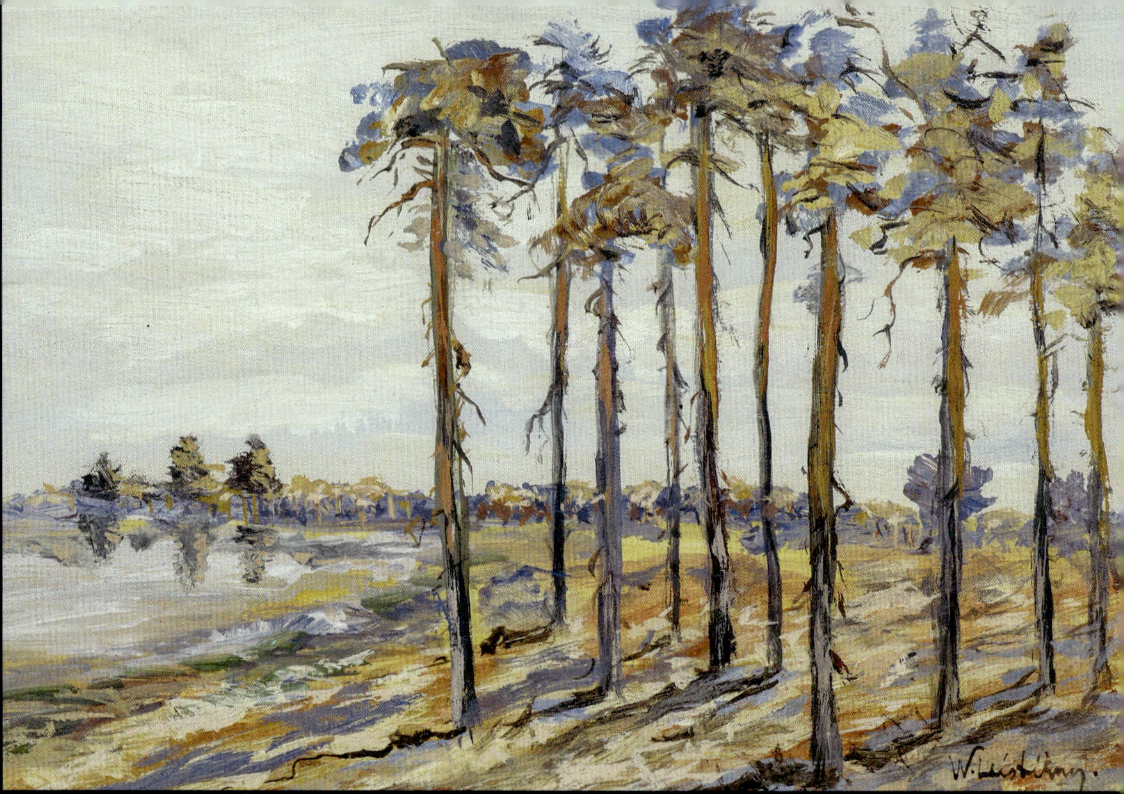

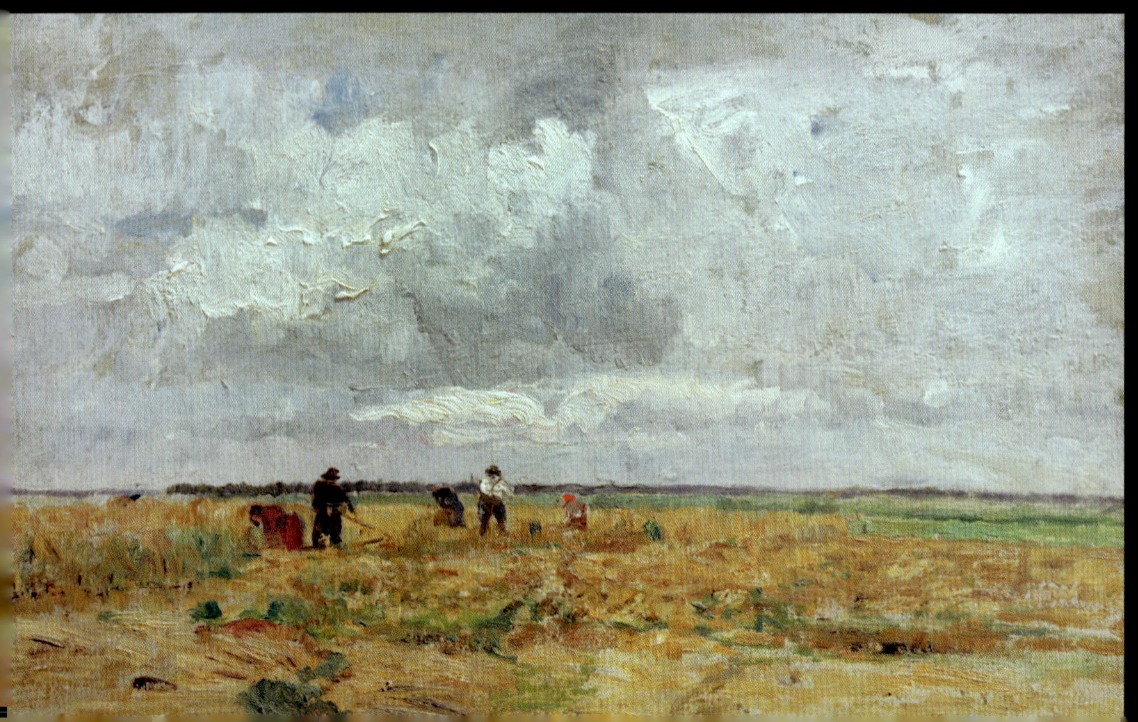

Für viele Lehrmeister an den Akademien ist es ein Graus, wenn auf Gemälden die Spur des Pinsels erkennbar ist, die Farbe sich, grob und pastenartig aufgetragen, buchstäblich auf der Leinwand erhebt. Doch genau das ist ein Stilmittel der Impressionisten. Bei der **»DACHAUER LANDSCHAFT MIT ERNTEARBEITERN«** belebt der in Meißen geborene Paul Baum um 1890 auf diese Weise den weiten Himmel, der einen Großteil des Gemäldes einnimmt

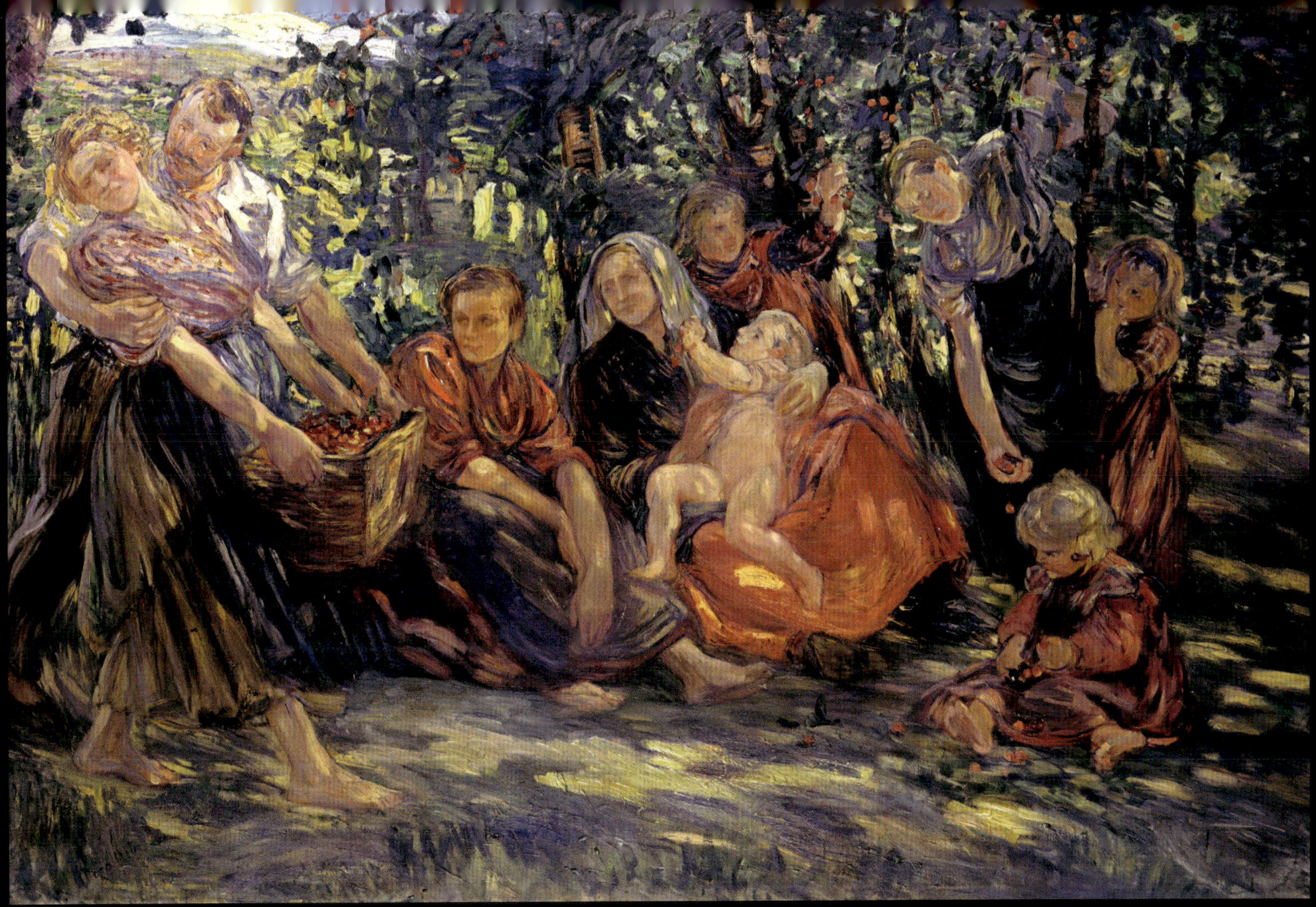

Nur vermeintlich stellt die Malerin Dora Hitz um 1905 in impressionistischer Manier eine idyllische Szene bei der **»KIRSCHERNTE«** dar – das Bild ist auch als Anklage zu interpretieren: Am linken Rand wird eine Pflückerin wider Willen von einem Mann bedrängt, während die anderen Frauen tatenlos oder betreten zuschauen. Hitz, eine wichtige Gestalt der Berliner Avantgarde, setzt sich auch jenseits der Leinwand für das Schicksal ihrer Geschlechtsgenossinnen ein. Sie gründet eine Malschule für Damen, denn Frauen ist eine Ausbildung an den staatlichen Lehranstalten des Kaiserreichs untersagt

Während moderne Strömungen an Popularität gewinnen, hält Wilhelm II. weiter an seiner Propagandakunst fest, insbesondere als Deutschland in den Ersten Weltkrieg zieht. Eine treue, auf ihn zugerichtete Masse aus Offizieren und Matrosen lauscht dem Kaiser hier bei seiner **»REDE AN DIE MANNSCHAFT«** 1916 nach einer Seeschlacht gegen Großbritannien. Geschaffen hat das Bild Marinemaler Claus Bergen, der in herrscherlichem Auftrag mit oftmals martialischem Realismus den Kampf der deutschen Flotte begleitet – und später auch in Adolf Hitler einen Verehrer findet

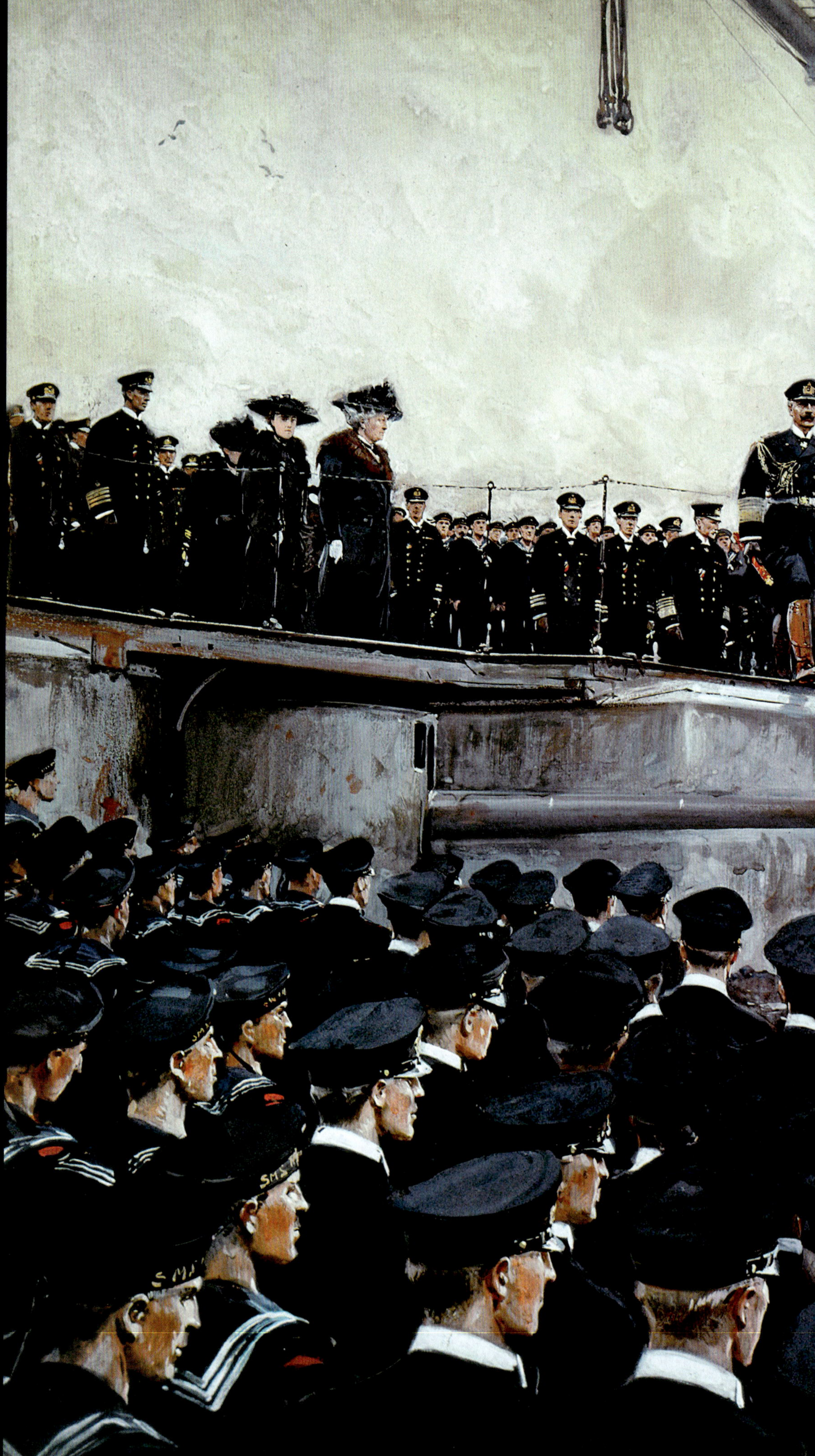

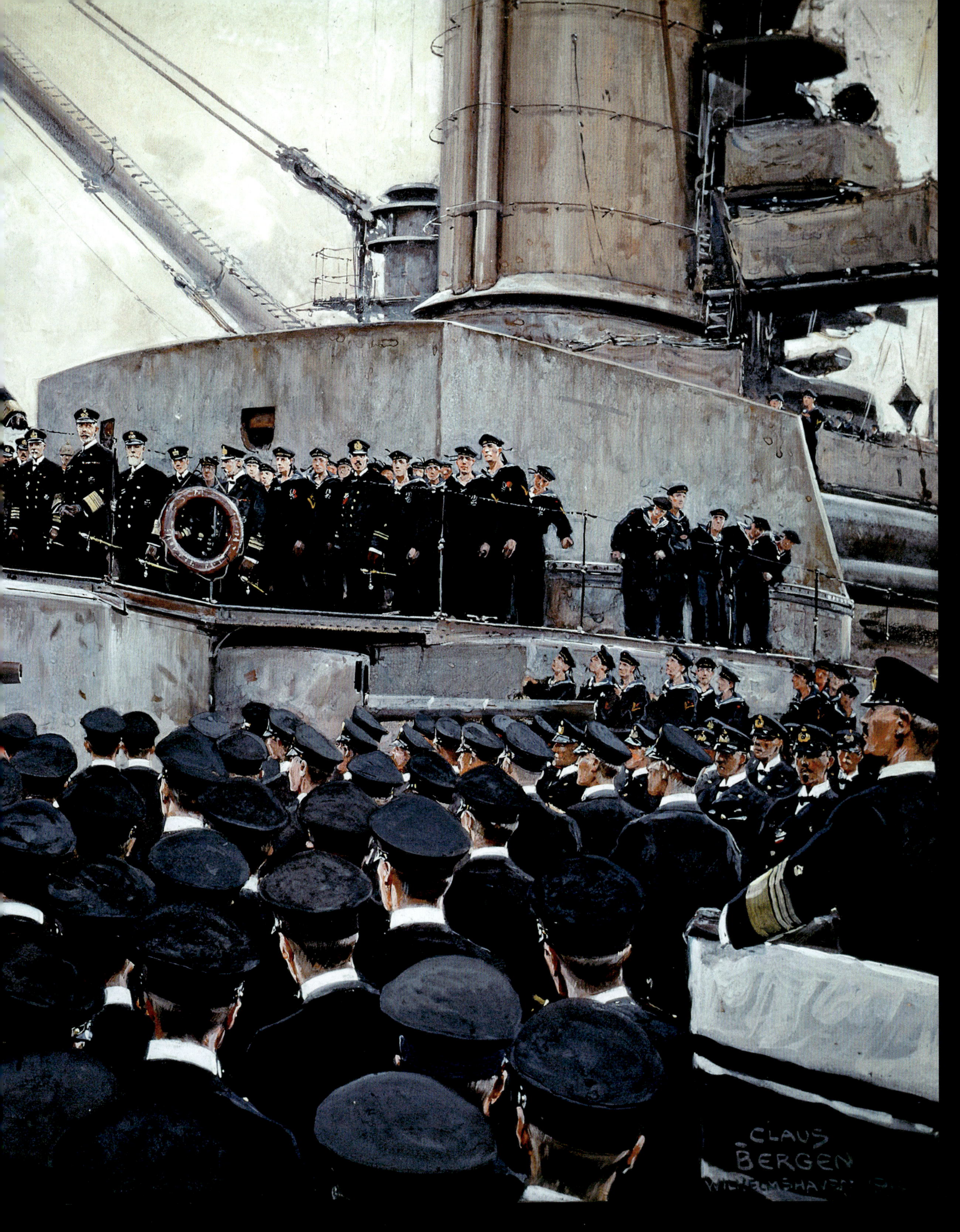
CLAUS
BERGEN

WER IMMER STREBEND SICH BEMÜHT

Prunkvolle Inneneinrichtung, tadellose Körperhaltung, repräsentative Familie: Das Bürgertum achtet im wilhelminischen Deutschland stets auf Status und Ansehen. So auch die Kaufmannsdynastie Mann aus Lübeck. Aber 1901 veröffentlicht ein Sohn der Familie einen Roman: In »Buddenbrooks« zeigt Thomas Mann die Abgründe hinter den herrschaftlichen Fassaden

Text: GABRIELE RIEDLE

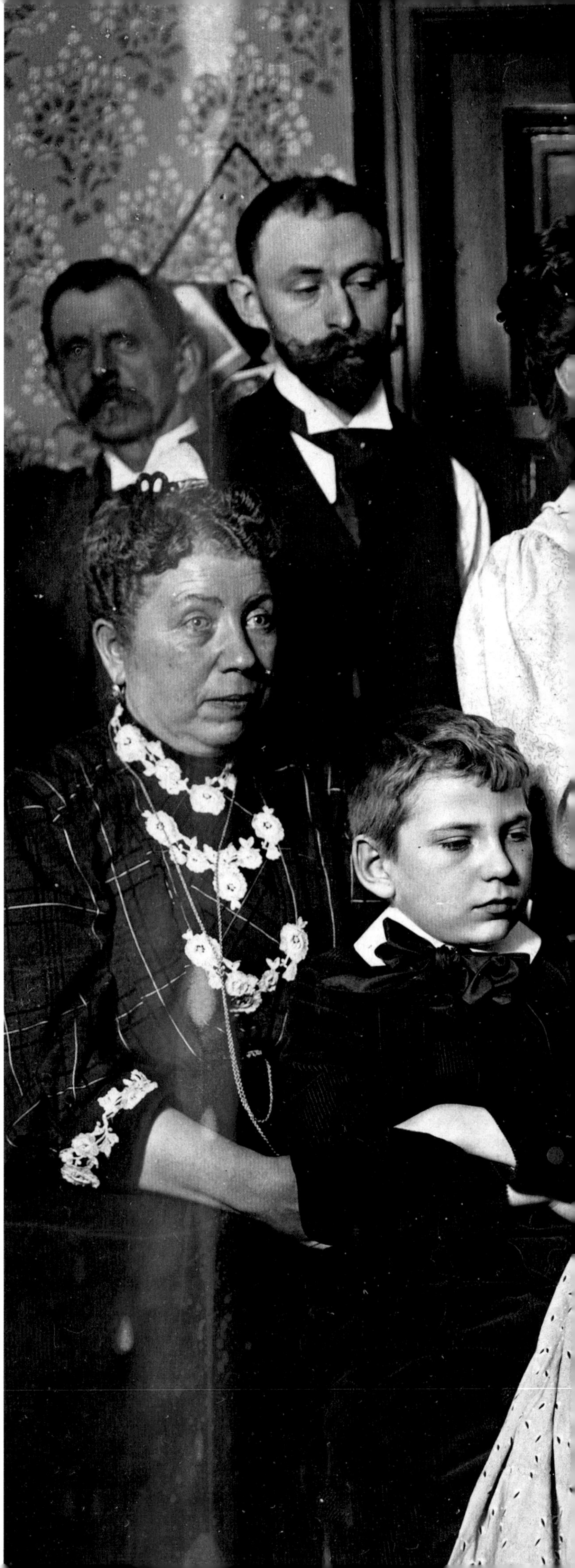

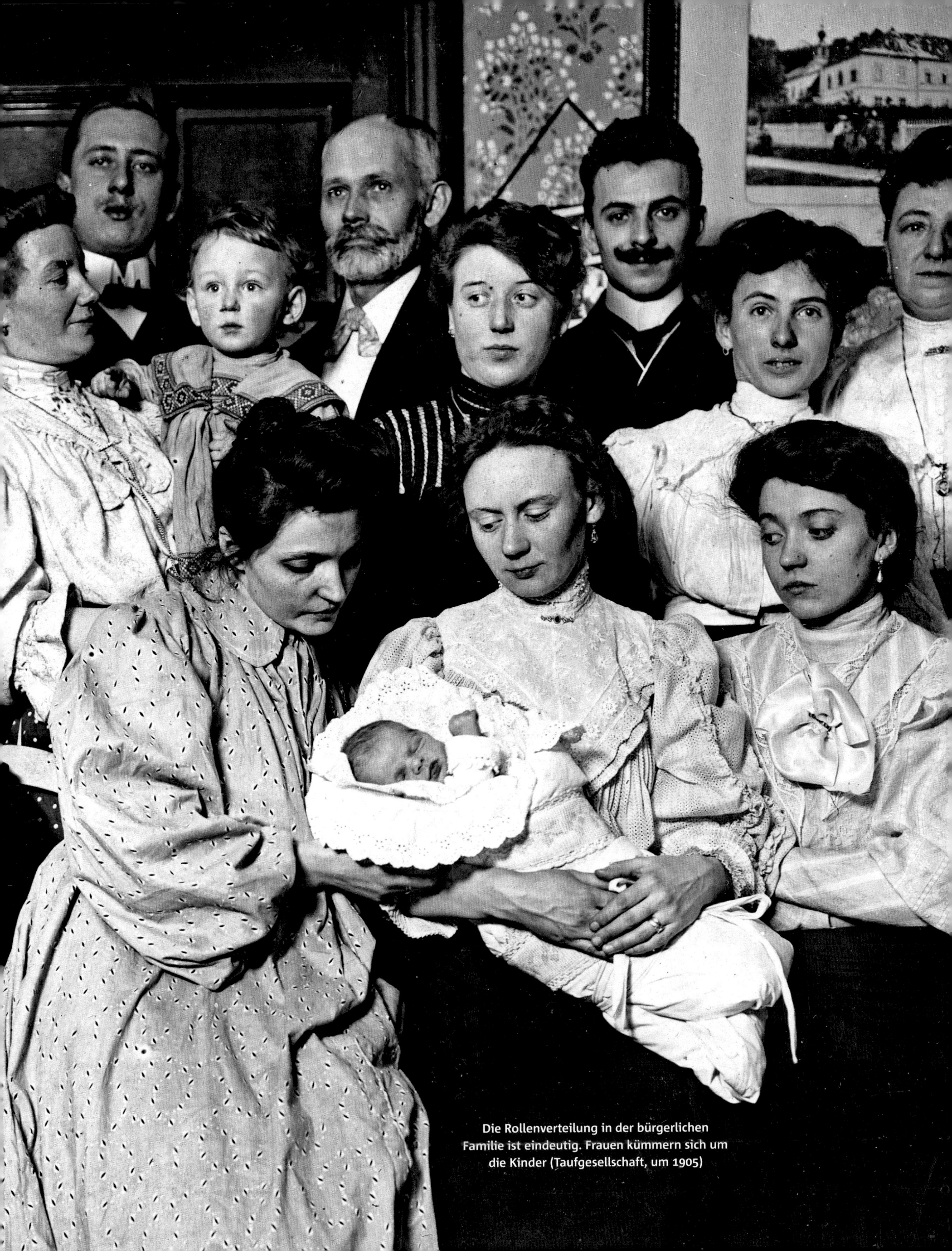

Die Rollenverteilung in der bürgerlichen Familie ist eindeutig. Frauen kümmern sich um die Kinder (Taufgesellschaft, um 1905)

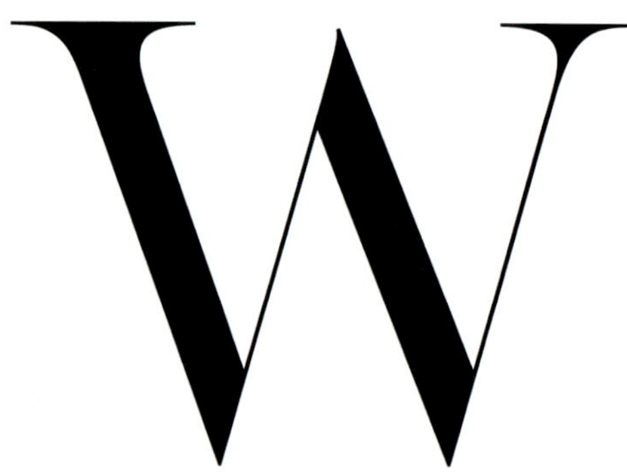

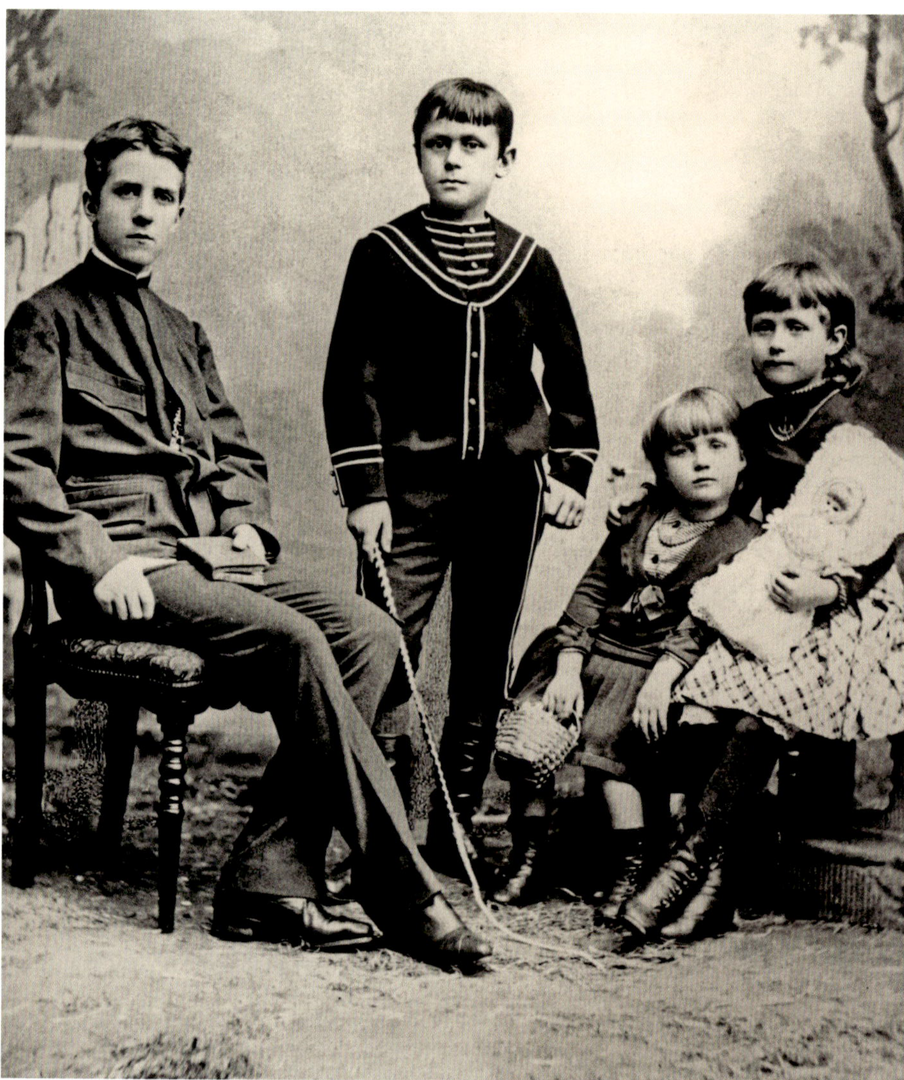

Eigentlich ist für Thomas (Mitte) und Heinrich Mann – hier mit ihren Schwestern – eine Karriere in der väterlichen Firma vorgezeichnet. Aber beide werden Schriftsteller

Wenn nun doch alles vergebens ist? Wenn der Abstieg jederzeit drohen kann. Wenn die Anstrengungen nichts mehr nützen. Die Selbstdisziplin. Die Tüchtigkeit. Wie schnell das gehen kann! Noch schneller als der Aufstieg.

Nehmen wir die Familie Mann aus Lübeck. Sie hatte es doch schon geschafft. Hatte etwas gewagt, das Schicksal in die Hand genommen, der Erste von ihnen war am Ende des 18. Jahrhunderts aus Rostock nach Lübeck gekommen und hatte hier ein Handelshaus gegründet: Johann Siegmund Mann, Commissions- und Speditionsgeschäfte, bald eine erste Adresse im internationalen Getreidehandel.

Übernimm die Verantwortung für dich selbst, mach etwas aus deinem Leben, entfalte deine Persönlichkeit und deine Individualität: All das hatten die Aufklärer gerade erst gerufen – und die Familie Mann und all die anderen selbstbewussten und fortschrittswilligen Bürger waren an die Arbeit gegangen.

Manche hatten sich irgendwann kunstvoll bestickte Deckchen in die Wohnungen gehängt mit der Selbstverwirklichungsformel des angebrochenen bürgerlichen Zeitalters: „Jeder ist seines Glückes Schmied."

Fast jeder. Nicht dass die Verheißungen und Verpflichtungen der Aufklärung für alle gegolten hatten. Nicht dass die Ständegesellschaft plötzlich abgeschafft gewesen war. Noch immer regierten Fürsten und Könige, und der Rest des Adels saß auf seinen Schlössern und Gütern, eingemauert in die Geschichte und in die Herkunft, eingehüllt in die Gewissheit der ewigen Kontinuität der eigenen Genealogie.

In den Dörfern kämpften die Bauern ums Überleben, um den Fortbestand dessen, was ihnen einst gegeben worden war. Und in den toten Winkeln der Städte verharrte hungrig das allmählich entstehende Proletariat in der drückenden Gegenwart der Tagelöhnerei. Für die Bürger jedoch, für die Händler, die Kaufleute, die Handwerker, die Beamten, die Gelehrten in den Städten, war in der ersten Hälfte dieses 19. Jahrhunderts das Leben in Fluss geraten, und die Zukunft hatte begonnen. Die Entdeckung der Dampfkraft hatte Produktion und Handel entscheidende Impulse gegeben, die Aufklärung dem Denken eine neue Richtung. In den erfolgreichen Stadtbürgern entwickelte sich das Bewusstsein der eigenen Stärke – und so nannten sie sich selbst jetzt stolz „Bürgertum".

Dieses Bürgertum sollte fortan Bildung, Wissenschaft, Sozialleben, Kultur durch seine Wertvorstellungen prägen – und, soweit möglich, auch die Politik und die Rechtsordnung. Vor allem aber die Wirtschaft und die neuen industriellen Produktionsformen.

Gleichzeitig wurden die Plätze innerhalb der Bürgergesellschaft nun immer wieder neu verteilt. Man musste sich nur immer strebend recht bemühen und frischen Mutes zugreifen. Dann konnte jeder Bürger etwas Besseres werden. Reicher. Mächtiger. Klüger. Oder womöglich eben auch etwas Schlechteres. Was Gott, falls es ihn trotz der Aufklärung noch gab, verhüten mochte.

Denn alles war möglich, Aufstieg, Abstieg, Familien, die wie die Manns in einer Generation noch fast mit nichts angefangen hatten, konnten in der nächsten schon

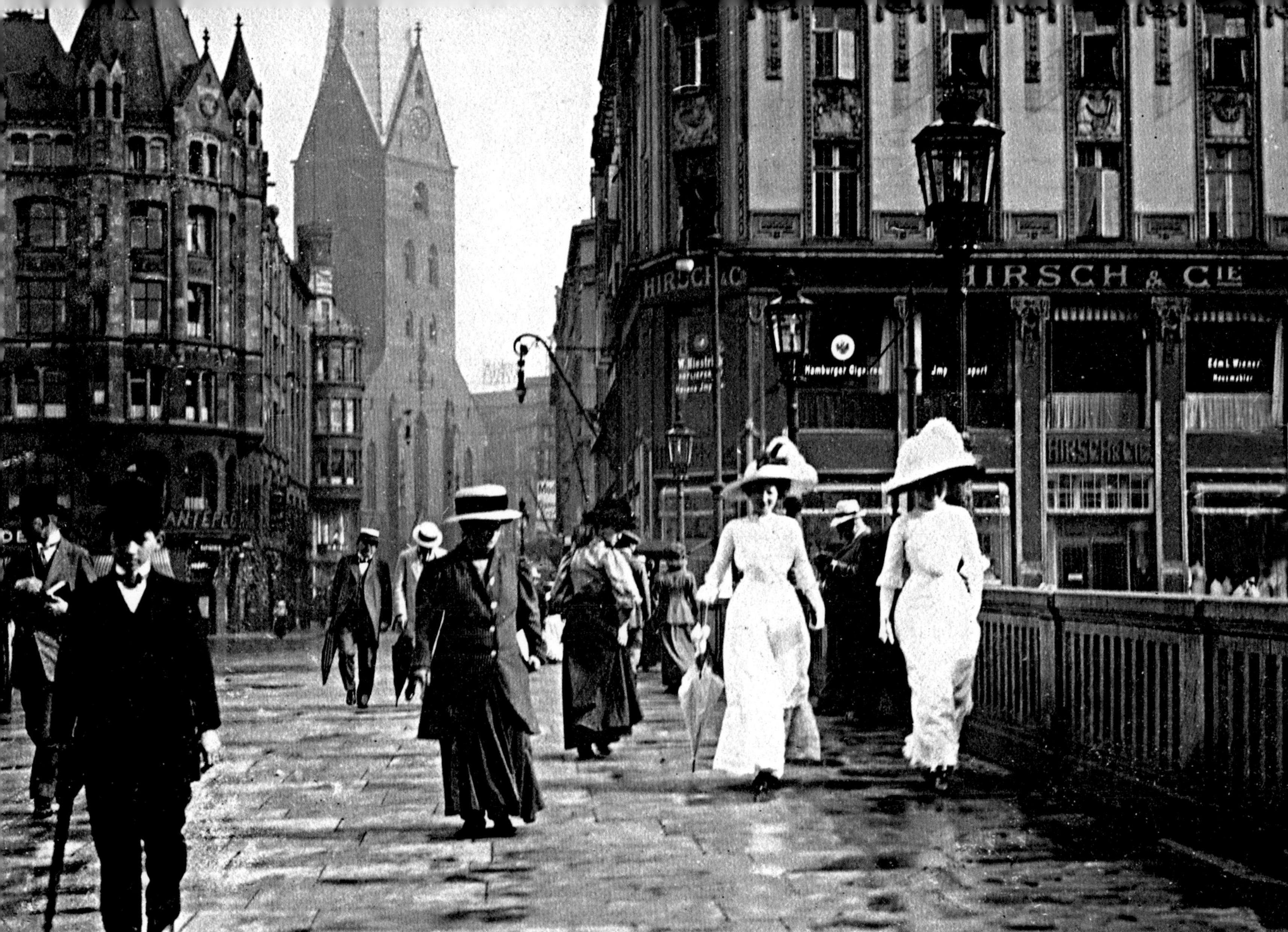

Die Trottoirs vor den Geschäften der Hamburger Innenstadt sind noch nass vom Regen. Nun aber schreiten fein gekleidete Damen und Herren wieder selbstbewusst aus auf der Reesendammbrücke

Großhändler, Konsuln, Senatoren sein – und in der übernächsten alles verlieren.

Glanzvolle Zeiten, unsichere Zeiten. „Wie gewonnen, so zerronnen“: Noch so ein beliebter Sinnspruch – den Zeitgenossen zur Mahnung auf dem abschüssigen Gelände einer allzu beweglich gewordenen sozialen Ordnung.

Noch gehörte die Familie Mann zu den Gewinnern. Sie wurde tatsächlich etwas Besseres. Erst reich. Dann mächtig. Dann klug. Und wie um dieses selbst geschmiedete Glück zu beschweren, damit es nicht wegrutschen konnte, saßen ihre Mitglieder in Lübeck in massigen Häusern und wuchtigen Möbeln und verzehrten mächtige Menüs, die tagelang im Magen lagen.

Man war über die Jahre unaufhaltsam aufgestiegen. Inzwischen war die Familie, wie sie wohl sagen durfte, „alteingesessen“. Jetzt konnte, durfte, sollte nicht mehr viel passieren – anhaltende Tüchtigkeit vorausgesetzt. Aber die Männer fingen an, über sich selbst nachzudenken, auch das hatten sie von den Aufklärern gelernt.

Und so ist 1891 plötzlich alles vorbei.

Kurz vor der Jahrhundertwende sitzt Thomas Mann, auf dem einst die Zukunftserwartungen der Familie geruht haben, nicht im Kontor der Firma seiner Väter über Rechnungen und Aufträgen, sondern über einem Romanmanuskript mit dem Arbeitstitel „Abwärts“.

Dabei hätte doch auch er aufwärtsstreben und ebenfalls Kaufmann werden sollen. Großkaufmann wie der Vater, Senator Thomas Johann Heinrich Mann, wie der Vater des Vaters, Konsul Johann Siegmund Mann jun., und wie dessen Vater, Johann Siegmund Mann sen., der Gründer des gleichnamigen Handelshauses und Ahnherr dieser bürgerlichen Kopie dynastischer Erbfolge, die wenigstens den Anschein der Kontinuität und Sicherheit der Adelshäuser versprach.

So hatten sich die Vornamen fortgepflanzt, die Aufgaben, die Bestimmung, die Firma. Goldene Fesseln, unabweisbarer Schutz der über 100-jährigen Familientradition. Aber Thomas Mann hat sie längst zerschnitten, zerstört, zerdacht, zerschrieben: aus. Er ist Schriftsteller geworden, wie schon sein älterer Bruder Heinrich.

Die Firma dagegen hat aufgehört zu existieren und auch der strenge, rationale Patriziergeist, der sie getragen hatte.

Noch immer sieht Thomas Mann aus, als wäre nichts geschehen. Er ist kaum 25 Jahre alt, ein Foto wird gemacht, in München, wo er, in maximaler Entfernung zur Stadt seiner Väter, um die Jahrhundertwende lebt: ernster Blick, aufrechte Haltung, dunkler Anzug, eleganter Hut, steifer Kragen, sorgfältig getrimmter Schnurrbart.

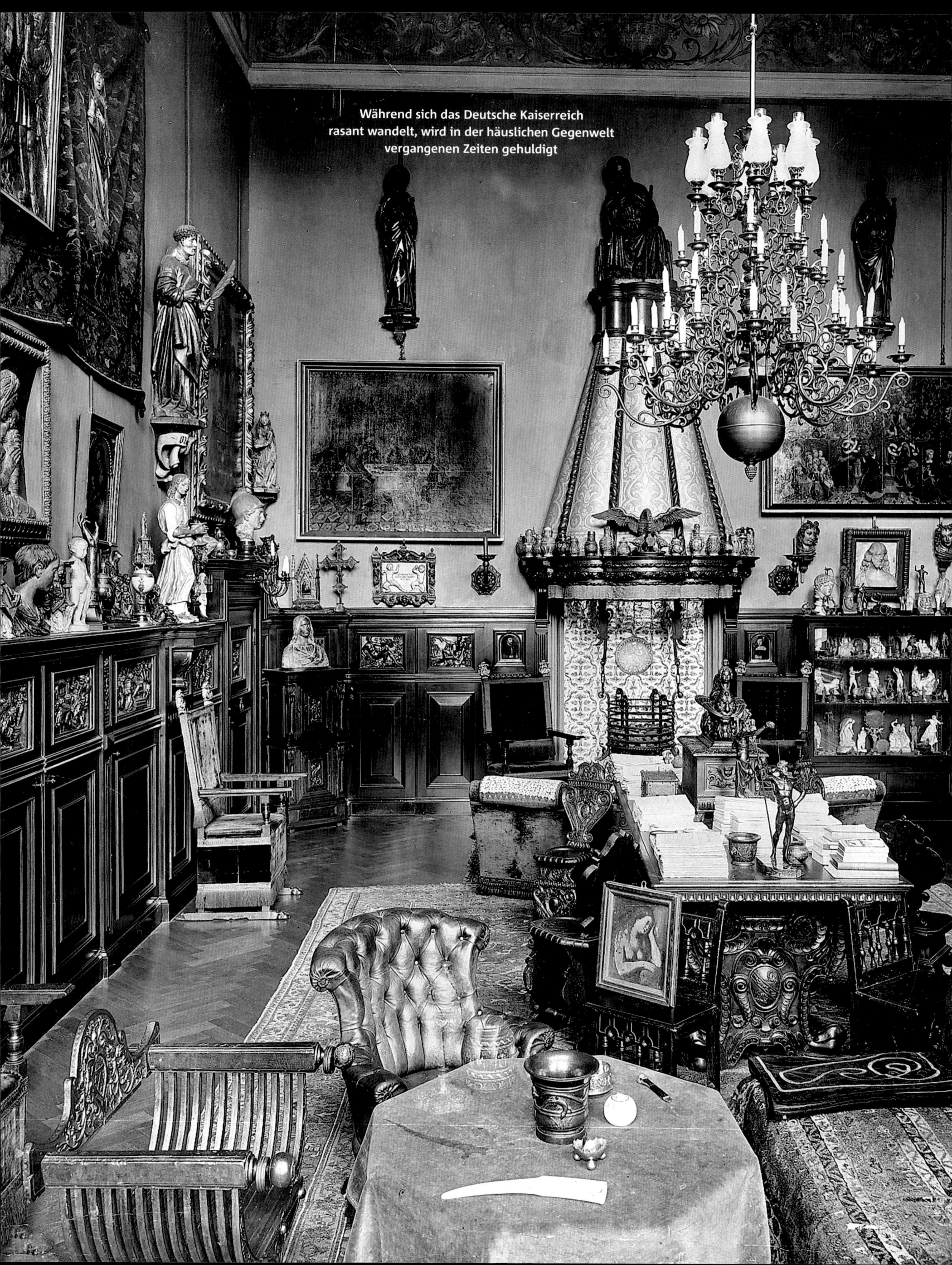

Während sich das Deutsche Kaiserreich rasant wandelt, wird in der häuslichen Gegenwelt vergangenen Zeiten gehuldigt

Äußerlich ist er ganz Bürger, kein Bohemien, kein Libertin, kein Salonrevolutionär wie mancher seiner schreibenden Kollegen. Aber einer wie seine Väter wird er dennoch nicht mehr werden.

Im Herbst 1901 erscheint der Roman. „Buddenbrooks – Verfall einer Familie" heißt er jetzt. Es ist auch die Geschichte des Verfalls der Familie Mann. So zeigt sich der hochgeschlossene Bürgersohn Thomas Mann als Entkleidungskünstler. Als Porträtist der nackten Seelen des Großbürgertums.

Das Buch ist eine beispiellose Indiskretion. So weit ist es gekommen mit dem Bürgertum, dem doch vor allem eines wichtig ist: „die Dehors zu wahren", wie Thomas Mann immer wieder schreibt, den äußerlichen Anschein.

Nein, man ist nicht sehr amüsiert in diesem Herbst in Lübeck, wo selbst die Buchhändler noch so diskret sind, dass sie die zweibändige Erstausgabe lieber unter dem Ladentisch verkaufen. Die „Buddenbrooks" als Bückware – aber Schlüssellisten, wer von den weit über 400 Figuren wer ist im wirklichen Leben, werden dennoch gleich mitgeliefert.

Allen voran und unschwer zu erkennen: Firmengründer Johann Siegmund Mann sen. als Firmengründer Johann Buddenbrook sen.; Konsul Johann Siegmund Mann jun. als Konsul Jean Buddenbrook; Senator Thomas Johann Heinrich Mann als Senator Thomas Buddenbrook, letzter Prinzipal der Firma; schließlich Thomas Paul Mann, jetzt Schriftsteller und für das Geschäftsleben bereits von Kindheit an verloren, als sensibler und künstlerisch begabter Hanno Buddenbrook, der halbwüchsig verstirbt.

Die Buddenbrooks. Die Manns. Ein paar zeitliche Verschiebungen, ein paar personelle Vertauschungen, ein paar Verdichtungen – die Unterschiede zwischen Dichtung und Wahrheit sind vor allem ästhetischer Art. Aber Verfall bleibt Verfall. Und jetzt ist es ein Untergang mit Zuschauern; das bürgerliche Lesepublikum mag sich daran ergötzen mit wohligem Schaudern.

Denn es ist auch sein möglicher Verfall, seine Gefährdung, sein innerer Widerspruch, der hier geschildert wird: Nun kann alle Welt die Geschichte einer Familie lesen, die von Gewandschneidern im Mecklenburgischen abstammt, zu hohen Kaufmannsehren in Lübeck gelangt und schließlich dennoch liquidieren muss (1891 im wirklichen Leben, 1875 im Roman), nachdem der letzte der Kaufleute gestorben und von der nächsten, der fünften Generation nichts mehr zu erwarten ist. Nennen wir diese Familie also nicht mehr die Manns, sondern die Buddenbrooks.

Thomas Mann ist erst 26 Jahre alt, als die »Buddenbrooks« erscheinen. In dem Roman mit dem Untertitel »Verfall einer Familie« verarbeitet er auch die Geschichte seiner Vorfahren

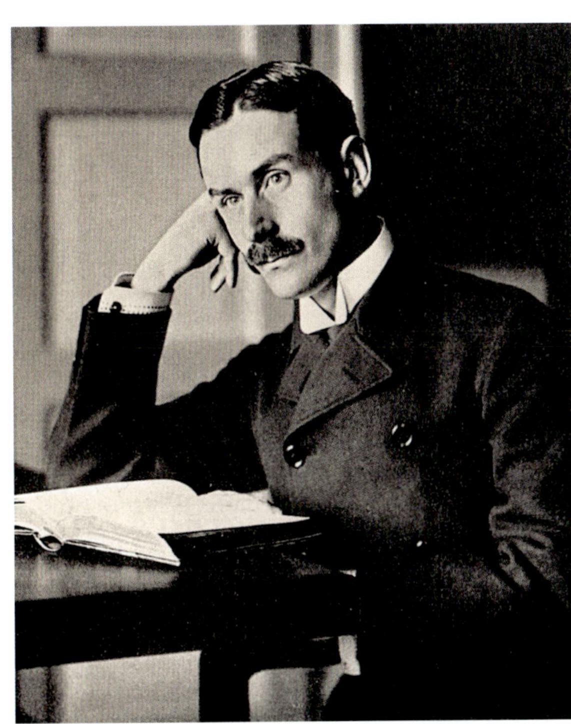

Viele halten

MANNS BUCH

für einen

Schlüsselroman

Und Thomas Mann beschreibt, wie dieser Verfall vor sich geht. Mitten in einer Epoche voll frenetischer Begeisterung für Technik und Fortschritt, hektischer wirtschaftlicher Aktivität und panisch ausgestellter Prosperität.

Erfolg!, Erfolg!, Erfolg! – die Lust der frühen Jahre ist zum Zwang geworden. Dunkle Ahnungen, Endzeitgefühle machen sich breit, kriechen in die Eingeweide der Empfindlicheren unter den Bürgern und in die Gehirne der Philosophen, denen der Begriff „Décadence" zum Schlüsselwort des sterbenden Jahrhunderts wird.

Auf eine diffuse Weise ist nichts mehr wirklich. Verlässlich. Dauerhaft. Sinnig. Übrig ist nur das verzweifelte Bemühen, die „Hinfälligkeit mit allen Mitteln zu verstecken", wie Thomas Mann schreibt.

Gewiss: die Familie! Die ist doch echt! Eine trotzige Behauptung, der Bürger letzte Wahrheit, Sinn des Lebens, Ersatz für die schwindenden Gewissheiten der Religion, ein „heiliges Naturverhältnis", wie Meyers Lexikon von 1867 versichert. Die öffentliche Herabwürdigung der Ehe, etwa durch gewisse vorwitzige Frauenrechtlerinnen, kommt einer Gotteslästerung gleich und wird strafrechtlich verfolgt.

Man liebt sich doch, man hält zusammen, beschützt einander gegen den Rest der Welt. Gefühle statt Zweckhaftigkeit, nichts Schöneres auf dieser Erde als dieser letzte, dieser unantastbare Rückzugsort: „Trautes Heim, Glück allein." Hier ist der Mensch ganz Mensch, das aufgeklärte Individuum ganz es selbst. So soll es sein, Amen, die Bürger glauben fest daran.

Mag die Welt dort draußen noch so unübersichtlich geworden sein, die Familienwelt hat Festigkeit, Ordnung, Struktur. Hier gibt es keine Plätze, die ständig neu verteilt werden, die Rollen sind von Beginn an auf Ewigkeit festgelegt. Und wer nicht in seine Rolle passt, wird passend gemacht: für jene mehrfach lebenslange, Generationen übergreifende Inszenierung, die man bürgerliche Familie nennt.

Wer wollte es wagen, etwa Konsul Johann Buddenbrook, dem Familienoberhaupt und „alleinigen Inhaber der Firma", auch nur zu widersprechen? Eine Frau etwa? Gar ein Kind? Der aufgeklärte Bürger geriert sich in seinem kleinen Reich daheim als absolutistischer Herrscher.

Er gibt, er nimmt. Schutz, sittliche Bildung, Erhaltung der Existenz, finanzielle Versorgung, Mitgifte, Abfindungen, Erbschaften im Tausch gegen Gehorsam und „mehr ängstliche Ehrfurcht als Zärtlichkeit", wie Thomas Mann die Buddenbrooksche Tochter sagen lässt. Und der Wille des Vaters geschehe. Auch über die Kindheit hinaus.

„Der ausgeprägte Familiensinn", schreibt Thomas Mann in sein Notizbuch, „hebt den freien Willen und die Selbstbestimmung beinahe auf und macht fast fatalistisch."

Später heiratet die Buddenbrooksche Tochter praktisch widerstandslos ein reiches und vornehmes Ekel – eine scheinbar gute Partie zum Ruhm der Familie, des Vaters, der Firma. Der Sohn erobert immerhin eine Schönheit, die er liebt. Aber es macht sein Glück und seinen Stolz „desto größer, dass ich, indem sie mein eigen wird, gleichzeitig unserer Firma einen bedeutenden Kapitalzufluss erobere".

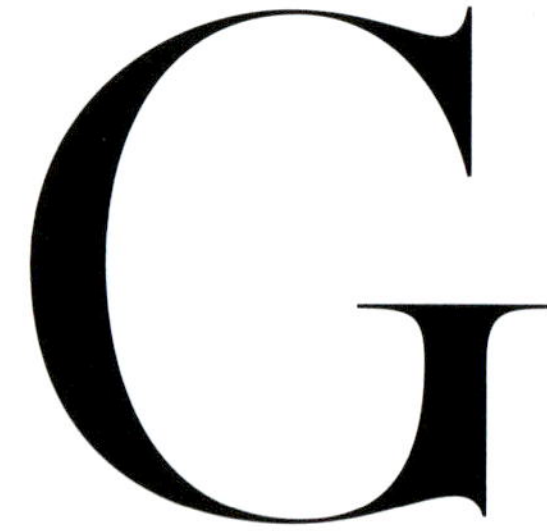

Gefühl und Geschäft – das lässt sich nicht mehr auseinanderhalten. Das „heilige Naturverhältnis" ist vor allem auch eine Wirtschaftsgemeinschaft, getarnt durch den Anschein häuslicher Eintracht und Geborgenheit.

Die Liebe endet, wenn ein Familienmitglied der Buddenbrooks seinen Beitrag zum häuslichen Bruttosozialprodukt aus Geld und Steigerung des Ansehens verweigert: Der Bruder des Senators, ein Müßiggänger, wird ausgestoßen; er muss den Schauplatz der Zuneigung verlassen. Weit weg von Lübeck mag er sein ungebührliches Verhalten pflegen, „in Hamburg oder wo auch immer". Dort kann er dem Ruf des Hauses nicht schaden.

Denn die Familie ist auch ein Verbund zur Selbstbehauptung in der Gesellschaft. Glücklich ist, wer in ihr besteht, etwas darstellt. Das können nur jene, die einen glänzenden Namen und eine gut gehende Firma vorzuweisen haben.

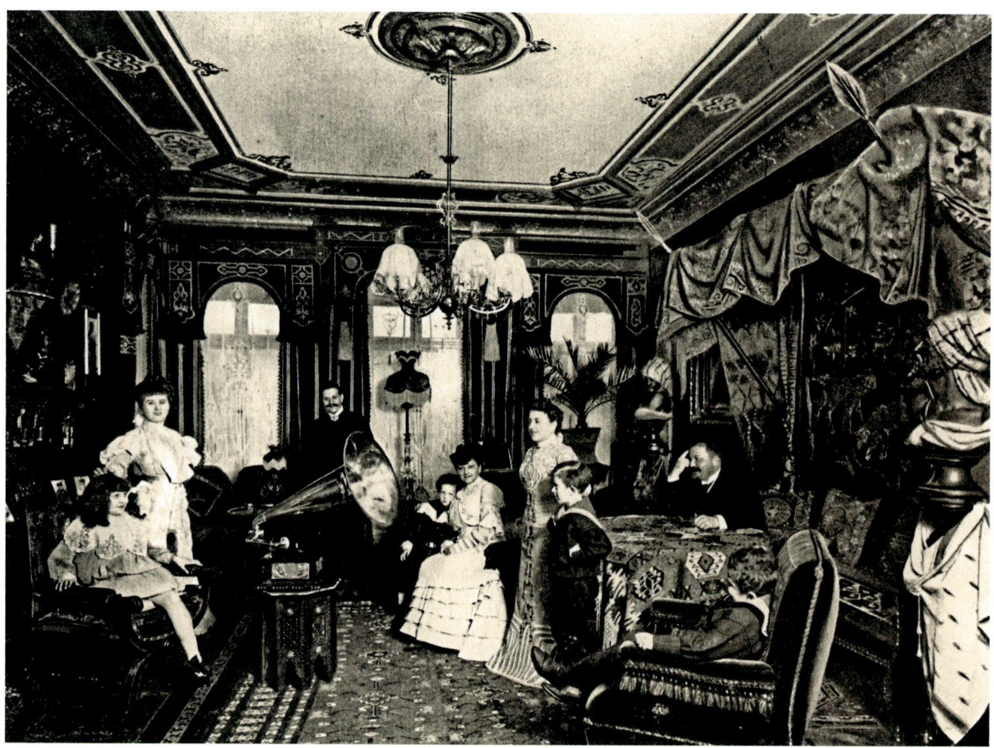

Der Salon ist das Zentrum eines großbürgerlichen Domizils: Mit der Größe des Raums, kostbaren Möbeln und Ausstattungsstücken, wie hier dem goldglänzenden Trichter eines Grammofons, ahmt die Bourgeoisie im kaiserlichen Deutschland aristokratische Wohnkultur nach

Alle haben ihre ROLLE zu spielen – Kinder wie auch Erwachsene

Und das ist schwierig genug. All die Dehors, die man unbedingt wahren muss, die Umgangsformen: wer wann den Hut zuerst zieht. Taktgefühl, Haltung, Würde.

Die großen Toiletten der Damen, die Schnüre, Knöpfe, Korsagen, die die Körper zusammenhalten. Die Sorgfalt, mit der sich Senator Thomas Buddenbrook kleidet, von Morgen zu Morgen braucht er immer länger. Allein die Bart-Enden mit der Brennschere stets wieder waagerecht zu ziehen ist ein Zweifrontenkrieg gegen die Bedrohungen der Außenwelt und gegen die Verödung im eigenen Innern.

Anstrengen sollen hatten sich die Bürger im Namen der Aufklärung, des Individualismus, des persönlichen Glücks. Jetzt sind sie nur noch angestrengt, Darsteller ihrer selbst, Schauspieler, deren „ganzes Leben", wie Thomas Mann beobachtet, „bis auf die geringste und alltäglichste Kleinigkeit zu einer einzigen Produktion geworden ist, einer Produktion, die mit Ausnahme einiger weniger und kurzer Stunden des Alleinseins und der Abspannung beständig alle Kräfte in Anspruch nimmt und verzehrt".

Da stehen sie in künstlichen Kulissen, bereit zu täuschen, sich selbst und andere. Hier „lackierte Flügeltüren im Hintergrunde, die genau betrachtet gar keine Türen" sind, sondern nur in Trompe-l'œil-Technik gemalte Klinken haben. Dort der Buddenbrooksche Kamin, in dem falsche Kohlen „mit ihren Streifen von rotgoldenem Glanzpapier" zu glühen vorgeben. Und überall

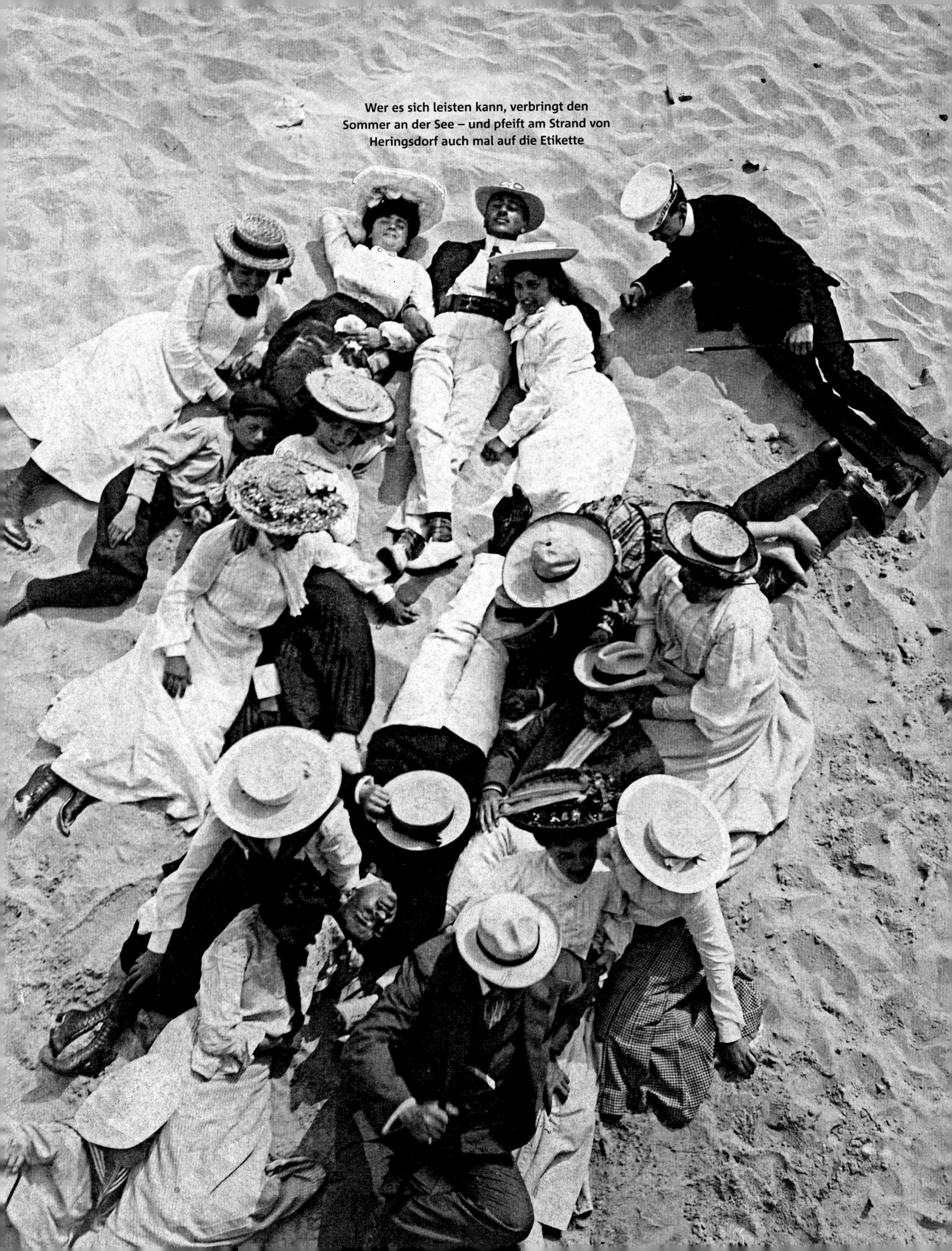

Wer es sich leisten kann, verbringt den Sommer an der See – und pfeift am Strand von Heringsdorf auch mal auf die Etikette

eigentlich praktische Gegenstände, die, wie das „prachtvolle Tintenfass aus Sèvres-Porzellan in Gestalt eines schwarz gefleckten Jagdhundes“, der ausgestopfte Bär als Träger einer Visitenkartenschale im Vestibül oder der „kleine silberne Hirsch“ auf dem Pfropfen der Weinflasche, ihre profane Zweckdienlichkeit verschleiern.

Noch mögen diese Objekte handwerklich gefertigt sein – aber schon lassen potente Bürger in ihren neu gegründeten Fabriken solche Artikel bürgerlichen Geschmacks massenweise produzieren. Bald wird daraus eine ganze Industrie entstehen, deren fatale Macht die nachfolgenden Generationen zu spüren bekommen.

Das alles „putzt ganz ungemein“, wie ein in die Familie Buddenbrook eingeheirateter Hochstapler und Pleitier zu sagen pflegt, selbst auch eine Scheinexistenz. Aber die Wirklichkeit ist verschwunden, Surrogat und Schmuckbedürfnis triumphieren. Man isst im antikisierenden „Speisetempel“ zwischen schlanken Säulen und weißen

Konkurrenzdruck von unten: Die Kleinbürger suchen den AUFSTIEG

Götterbildern; den Flur zieren „Reliefs nach Thorwaldsen“, also Kopien klassizistischer Kunstwerke, die ihrerseits die Antike kopieren – und alles zusammen stellt eine Kopie des adeligen Lebensstils dar.

Bürger wie die Buddenbrooks wollen so wohnen. Möchten zu Hause sein in ihren Gesamtkunstwerken der Statuspflege und der Eitelkeit. Falls man in diesem Zusammenhang überhaupt noch von einem „Zuhause“ sprechen kann.

„Wie es mit dem Privatleben heute bestellt ist, zeigt sein Schauplatz an“, schreibt ein Frankfurter Großbürgersohn später: „Eigentlich kann man überhaupt nicht mehr wohnen. Die traditionellen Wohnungen, in denen wir groß geworden sind, haben etwas Unerträgliches angenommen: jeder Zug des Behagens darin ist mit dem

Landesweit feiern Denkmäler die deutsche Geschichte. Das Reiterstandbild König Johanns von Sachsen auf dem Dresdner Theaterplatz vollendet Johannes Schilling 1889

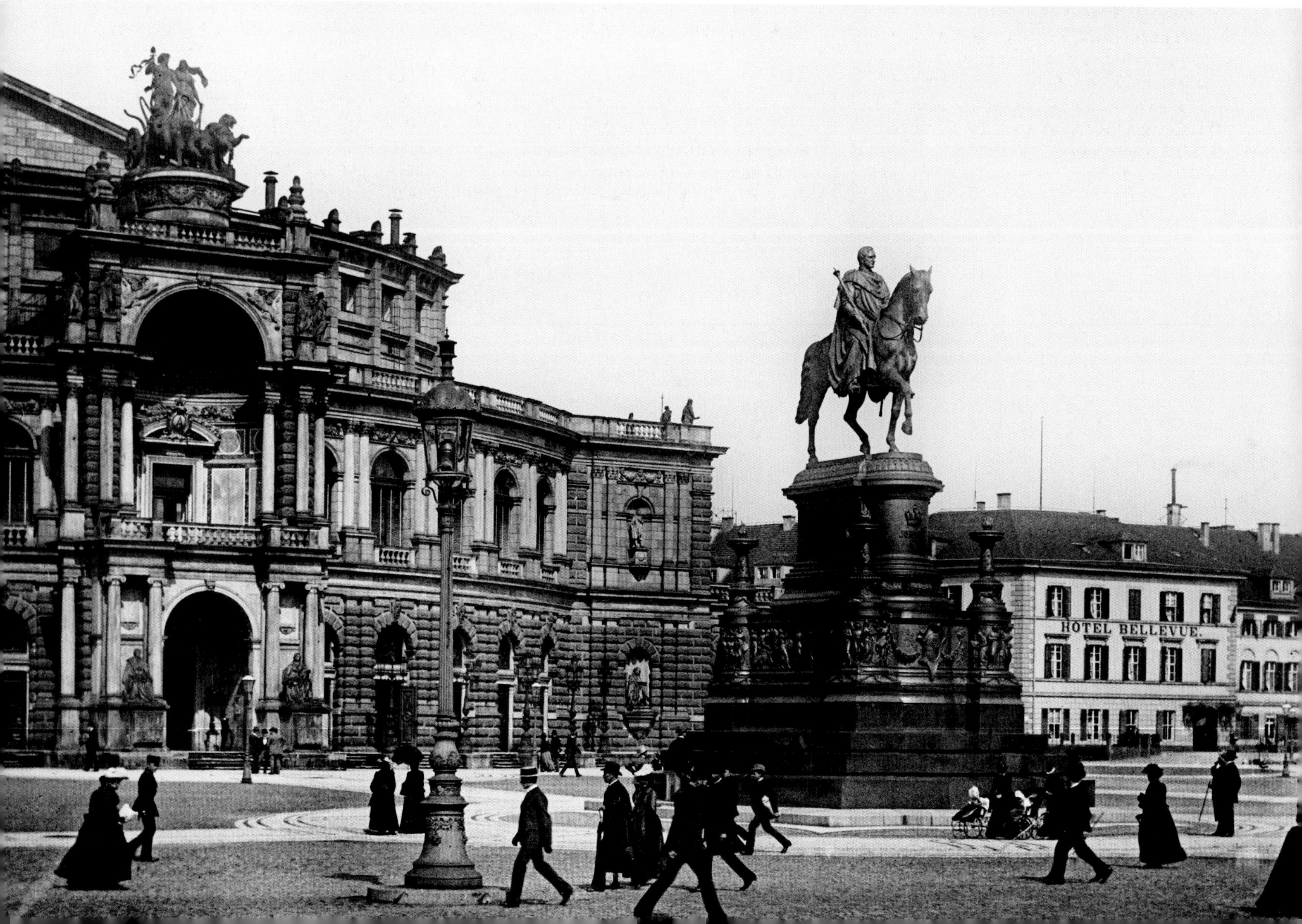

Verrat an der Erkenntnis, jede Spur der Geborgenheit mit der muffigen Interessengemeinschaft der Familie bezahlt." Der Text des Philosophen Theodor W. Adorno mit dem Titel „Asyl für Obdachlose" endet mit dem berühmt gewordenen Satz: „Es gibt kein richtiges Leben im falschen."

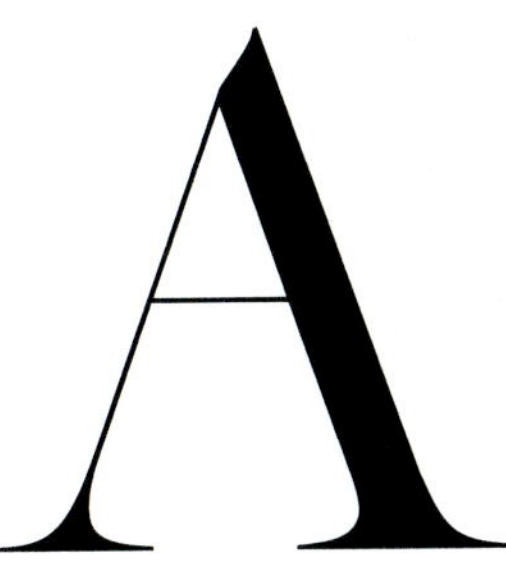

Aber schon den Bürgern des ausgehenden 19. Jahrhunderts ist das Falsche, Künstliche, Aufgeblasene die einzige Rettung. Vor der Prosa der Arbeit, des Geldes, der Zeit. Und vor dem Verlust des eigenen Status. Zwar gehört die Freude am Wettbewerb, neben der an der Leistung, an Können, Fleiß, Risikobereitschaft, zur Grundausstattung der bürgerlichen Seele.

Doch überall lauern existenzbedrohende Gefahren. Nicht nur wegen der Konkurrenz mit den anderen alteingesessenen Firmen oder mit Emporkömmlingen, die ihre Chance genutzt haben. Sondern auch, weil die hochkapitalistische Gesellschaft völlig unübersichtlich geworden ist und sozial extrem differenziert.

Die Anstrengungen der einzelnen Gruppen, sich voneinander abzugrenzen, die Eifersucht auf die besten Plätze und die Angst abzusteigen, sind fast unerträglich.

1859 formuliert der Biologe Charles Darwin seine Theorie vom „Kampf ums Dasein", von der Anpassung, dem Selbstschutz und der Mimikry als Prinzipien der Evolution. Der Zeitgeist hat diese Überlegung wenn nicht hervorgebracht, so zumindest begünstigt. Und schon kurze Zeit später wird sie als Sozialdarwinismus auch auf die menschliche Gesellschaft übertragen.

Im Lübeck der Buddenbrooks ist es jetzt sogar schon so weit gekommen, dass ein profaner Einzelhändler Senator werden soll. Einer aus der Mittelschicht, kaum besser als ein Handwerker oder einer dieser immer zahlreicher werdenden Angestellten, die in den Büros und Läden treue Dienste leisten. Wo doch Macht und Einfluss in der Stadt bislang dem Großbürgertum vorbehalten waren – denn ihm gehören Geld und Geist.

Genauer gesagt: Das Geld gehört den Besitzbürgern. Also den Manns, die durch Großhandel, den Krupps, die durch Industrieunternehmen, den Oppenheimers, die durch Bankgeschäfte zu Reichtum gelangt sind. Der Geist dagegen gehört den Bildungsbürgern, den Akademikern, Ärzten, Juristen, Architekten, Ingenieuren – ob nun angestellt oder freiberuflich.

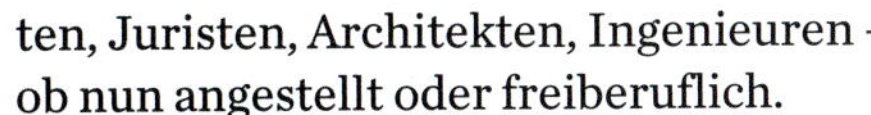

Doch Wirtschafts- und Bildungsbürgertum sind eine kleine Minderheit. Ihr gehören 1907 nur etwa 1,3 Millionen Menschen an, etwa vier Prozent der erwerbstätigen Bevölkerung. Weit in der Überzahl sind die Kleinbürger – aber auch sie machen nur 20 Prozent der Erwerbstätigen aus. Und sie ahmen die Großbürger nach oder versuchen es zumindest. Imitieren deren ohnehin schon künstliche Lebensweise.

Sie kleiden sich, soweit sie nicht gerade Handwerker sind, mit Stehkragen und weißen Manschetten, um jedem zu zeigen, dass sie sich die Hände nicht schmutzig machen. Sie feiern den Individualismus, obwohl sie abhängige Angestellte oder Beamte sind. Beschweren sich wie die Großbürger mit diesen auftrumpfenden Möbeln (auch wenn die jetzt aus der Massenproduktion kommen), damit auch sie nicht abrutschen – zu den Arbeitern, ins Proletariat, in die unkultivierte, in die schmutzige Klasse der absoluten Mehrheit.

„Stehkragenproletariat" nennen viele Sozialdemokraten dieses Angestelltenheer spöttisch, weil sich diese neue Schicht durch ihre Mimikry mit allen Mitteln nach unten abgrenzen und nach oben behaupten will.

Deshalb wird, wer aus der Mittelschicht auf sich hält, extremer Nationalist, um seinen Anspruch auf Bürgerlichkeit durch Anpassung und staatstragende Haltung kundzutun.

Oder der gute Mittelständler wird Antisemit, um gegen den hemmungslosen Kapitalismus und das Großbürgertum zu rebellieren, weil auch Juden sich immer strebend recht bemüht haben, weil sie aufgestiegen und zu Geld und Einfluss in Wirtschaft und Kultur gekommen sind.

Gleichzeitig greift die Mittelschicht nach den Sternen. Die Tüchtigsten unter ihnen würden es schon schaffen. Zumindest ihre Söhne, die es besser haben sollen, weshalb jede Anstrengung unternommen wird, sie zu bilden und womöglich gar auf die Universität zu schicken.

Auch Mittelklassekinder haben schließlich Talent, erbringen Leistung – und das ist doch wichtiger als die Geburt. So hat es sich seit der Aufklärung herumgesprochen, so hat es das Großbürgertum selbst verkündet, auch wenn es dann doch den Dünkel der guten Familie pflegt – um sich selber nach unten abzugrenzen.

Denn für das Großbürgertum wird es allmählich eng. Im letzten Drittel des Jahrhunderts entstammt schon ein Drittel der Studenten der Mittelschicht. Die Bildungsbürger von morgen halten sich allerdings

Disziplin ist eine Bürgertugend. Vor allem in der Erziehung. Selbst für Mädchen reichen die Zuchtübungen oft bis ins Militärische

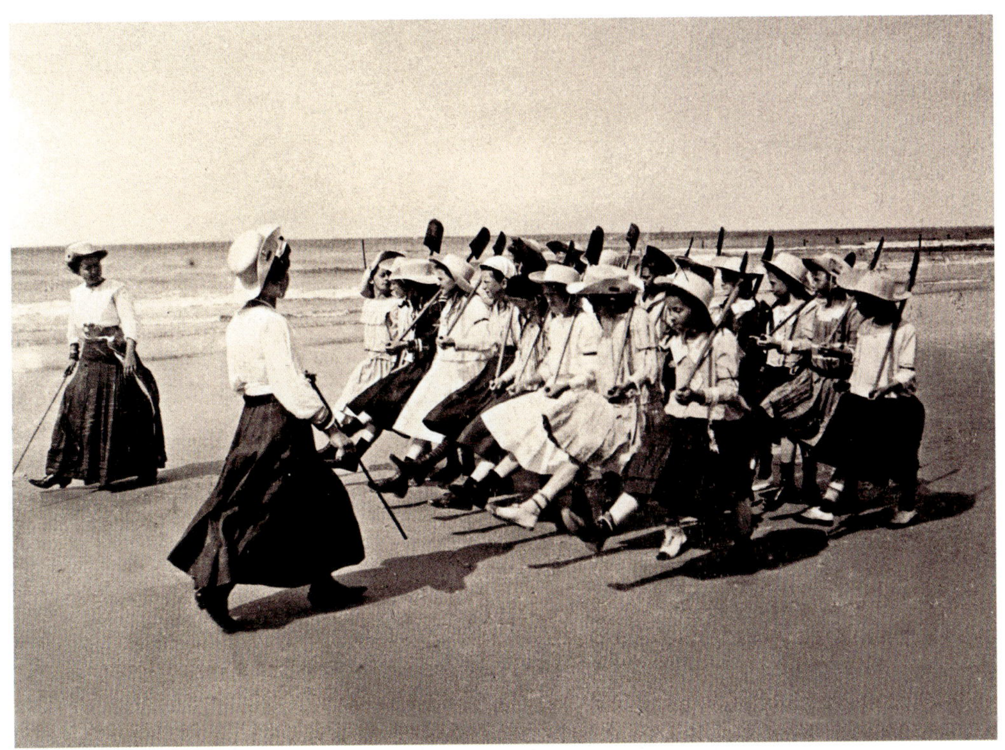

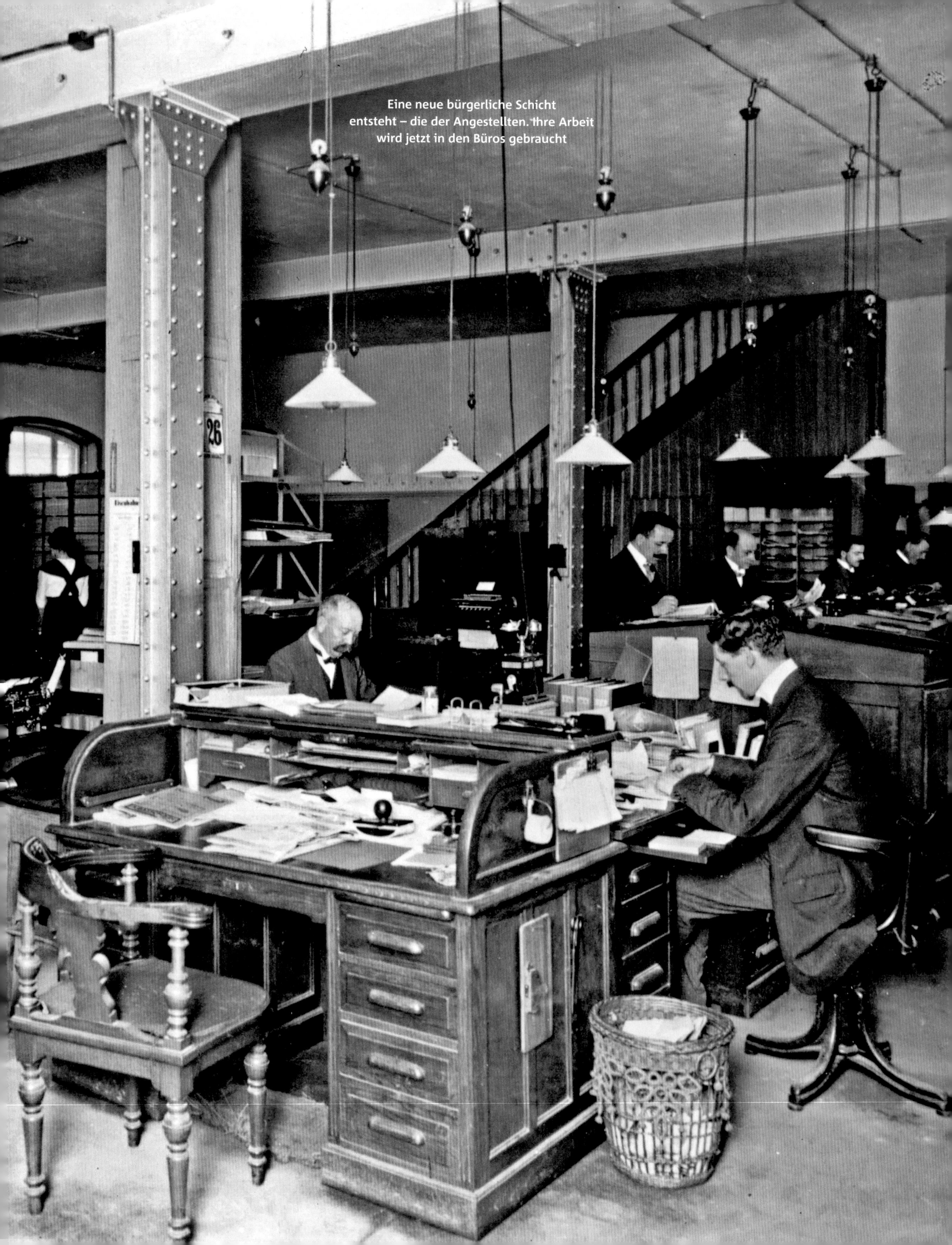

Eine neue bürgerliche Schicht entsteht – die der Angestellten. Ihre Arbeit wird jetzt in den Büros gebraucht

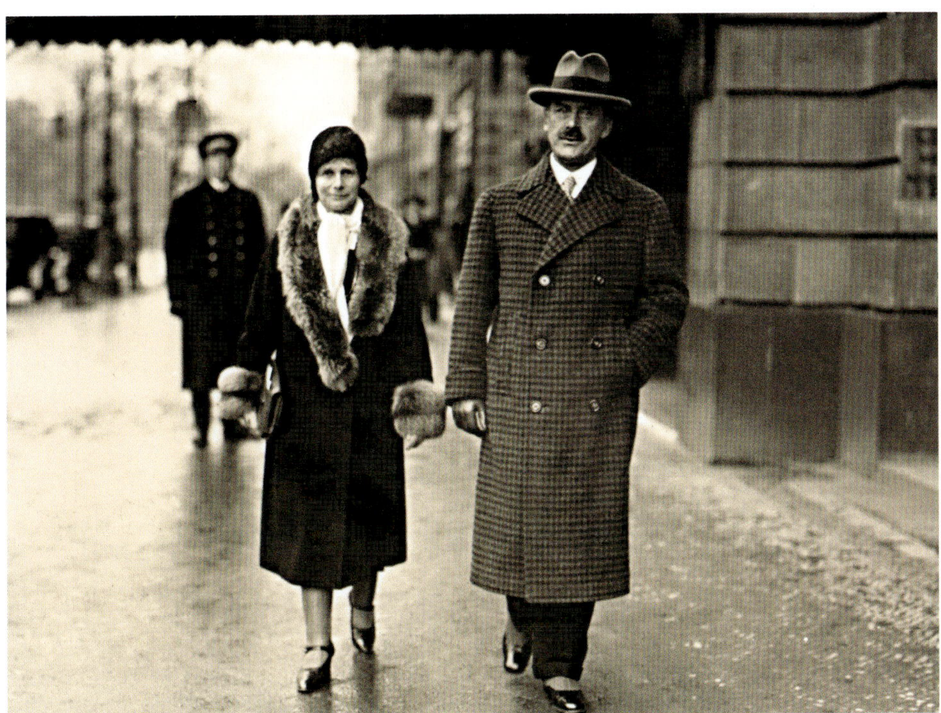

Anfangs verkaufen sich die »Buddenbrooks« nur schleppend. Zum Millionenerfolg wird der Roman erst, als Thomas Mann, hier mit seiner Frau Katia, 1929 den Literatur-Nobelpreis erhält

erst gar nicht mehr mit dem Versuch auf, den ganzen Horizont des überlieferten Wissens zu überblicken. Sie werden lieber gleich Spezialisten, Pragmatiker in Sachen Krankheit, Recht oder Häuserbau.

Die generalistischen Ideale der alten Bildungsbürger schwinden dahin – während die neue Konkurrenz sich voranarbeitet, die akademischen Posten erobert und sich in die besten Kreise einschleicht. Selbst die Buddenbrooksche Tochter hatte sich schon in einen Medizinstudenten, der nur Sohn eines Lotsenwärters war, verliebt – um dann doch den Status zu wahren und das reiche Ekel zu heiraten.

Irgendwann nutzen womöglich auch die Dehors nichts mehr. Die Abgrenzung nach unten. Die klug kalkulierten Eheschließungen, die theatralischen Wohnungen, die wohl inszenierten Auftritte. Die Mühe. Die Arbeit, die fast zur Sucht geworden ist. Das ganze angehäufte Kapital, das doch nur Mittel zum Zweck ist, immer noch mehr davon zusammenzuraffen.

Nach noch nicht einmal einem Jahrhundert wird das Großbürgertum von den Geistern, die es einst selbst rief, allmählich aufgefressen. Von der Idee der Selbstverwirklichung, des Aufstiegs, der Rationalität, des Fortschritts. Durchkommen werden die Härtesten und Skrupellosesten unter den Aufsteigern. Sie werden ihre Firmen vergrößern, Konkurrenten verdrängen, immer reicher werden und irgendwann sogar am Tisch des Kaisers sitzen.

Andere werden dafür untergehen. Sie werden Pleite machen. Oder einfach zu müde sein für den Kampf ums Dasein.

Bei den Buddenbrooks stellt sich der Verfall schleichend ein. Er kommt weniger von außen – etwa durch geschäftliche Fehlschläge – als von innen. Thomas Mann lässt ihn an den Körpern fressen, ihn sich in die Gehirne setzen. Die Physis wird schwächlich, der Geist sensibel – ein klassisches Motiv der Décadence, die vom Darwinismus und den kursierenden Degenerationstheorien inspiriert ist.

Ganz langsam schwindet die Lebenskraft. Nervöse Krankheiten breiten sich aus in der Familie. Es kommt zu Schwindelanfällen, Rheumatismus, Herzklopfen, Halluzinationen, Magenschwäche. Die Lebensdauer nimmt ab, ebenso wie die Zahl der Geburten. Biologisch sind die Buddenbrooks am Ende.

Ihre zunehmend verfeinerten Geister bewegen sich in gefährlichen Sphären. Die Selbstdisziplin lässt nach. Gefühlsausbrüche. Grübeln. Künstlerische Neigungen. Der Bruder des Senators ist dauernd im Theater, Frau und Sohn sind ständig an Geige und Klavier. Richard Wagner spielen sie, ausgerechnet.

Und schließlich trifft es sogar Senator Thomas Buddenbrook, den letzten Chef der einst so mächtigen Firma. In Travemünde steht er sinnend am Strand, blickt auf die Ostsee und sagt: „Auf der Weite des Meeres, das mit diesem mystischen und lähmenden Fatalismus seine Wogen heranwälzt, träumt ein verschleierter, hoffnungsloser und wissender Blick, der irgendwo einstmals tief in traurige Wirrnisse sah." Das ist Schwärmerei, nicht bürgerlich, nicht rational. Seine Schwester schämt sich dafür.

Fremde Mächte haben diese selbstbestimmten Bürger ergriffen. Die Macht der Kunst – aus dem Jenseits des biederen Wohlgefallens. Die Macht des Nachdenkens – vor allem über sich selbst.

Die Selbstreflexion haben die Bürger ja von den Aufklärern gelernt. Aber zu viel davon behindert das Geschäft. Und irgendwann fragt sich Senator Thomas Buddenbrook, nachdem er auch noch die Texte des Philosophen Arthur Schopenhauer gelesen hat, ob er ein Mann der Tat ist oder ein skrupulöser Nachdenker.

Inzwischen ist der Verfall nicht mehr aufzuhalten. Das Firmenvermögen ist dezimiert, der körperlich schwächliche Sohn Hanno lebt nur für die Musik – er wird die Firma nicht fortführen können, und auch Senator Thomas Buddenbrook steht vor seinem physischen und psychischen Ende. Der Tod kommt bald. Das Ende der Firma. Und noch ein Tod: der von Hanno, dem letzten Sohn der Familie.

Dies ist das Ende der Geschichte der Buddenbrooks, aufgeschrieben von Thomas Mann, der selbst Künstler geworden ist und sich hat bezwingen lassen von unbürgerlichen Mächten. Ein literarischer Bericht von der Krankheit zum Tode des alten, aufgeklärten Bürgertums.

Doch schon als der Roman 1901 erscheint, macht sich auch in der Literatur eine starke Heimatkunstbewegung breit. Sie erklärt die Décadence für undeutsch und krank und setzt eine Literatur der Scholle mit Bauern- und Dorfgeschichten dagegen. Die Ideologie von Blut und Boden wird immer größeren Raum greifen.

Und bald wird der bürgerliche Geist der Rationalität, der Technik, des Fortschritts in andere fahren. Von den kranken Bürgern geht er in gesunde, antibürgerliche Volksgenossen über. In Männer der Tat. In Spezialisten des Darwinismus.

1929 erhält Thomas Mann für die „Buddenbrooks" den Literatur-Nobelpreis. Noch vier Jahre bis zur Bücherverbrennung und bis zum Exil von Thomas Mann. Und noch 13 Jahre bis zur industriellen Vernichtung von Menschen im rationalen Geiste. ⬢

AUFSTAND der AUSSENSEITER

Während sich das Kaiserreich mit Macht industrialisiert und auf einen blutigen Großkonflikt zusteuert, entbrennt in einigen Ateliers eine Erneuerungsbewegung von beispielloser Radikalität. In kleinen Zirkeln brechen Malerinnen und Maler mit den zentralen Regeln der Kunst, erschaffen nie gesehene Formen, verwerfen sogar den Bezug zur Realität. Es ist eine Revolte nicht nur gegen die herkömmliche Ästhetik – sondern oftmals auch gegen den autoritären Staat und seine satte, engstirnige Bürgerwelt

BILDTEXTE: JENS-RAINER BERG

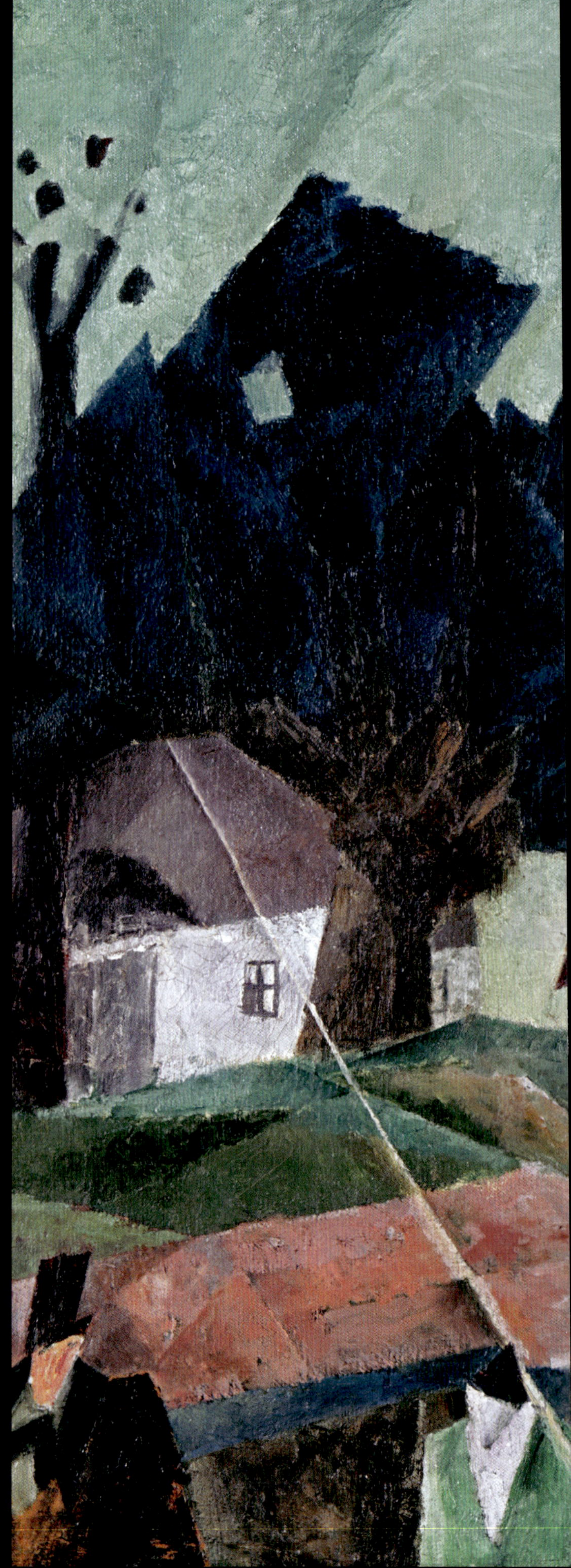

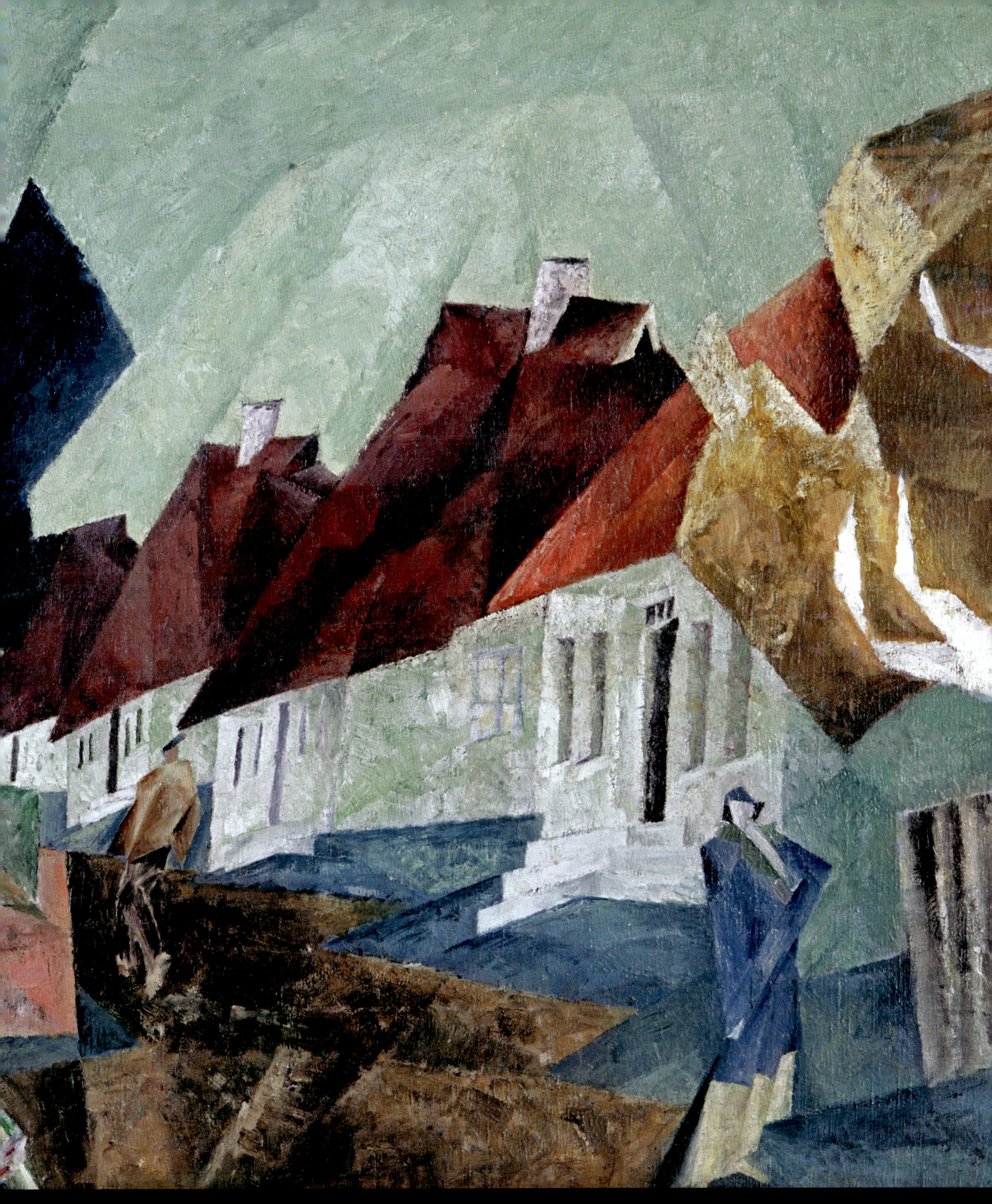

Die Straße im **»DORF ALT-SALLENTHIN«** (um 1912) auf der Ostseeinsel Usedom zerbirst in ein Kaleidoskop aus kristallinen Versatzstücken. Radikal wendet sich der in New York geborene, in Berlin lebende Deutsch-Amerikaner Lyonel Feininger mit solchen Gemälden von der üblichen Darstellung der Wirklichkeit ab, geht dabei auch noch deutlich weiter als vor ihm die Impressionisten. Inspiriert vom spanischen und französischen Kubismus, erhofft er sich so einen neuen, visionären Blick auf die Welt

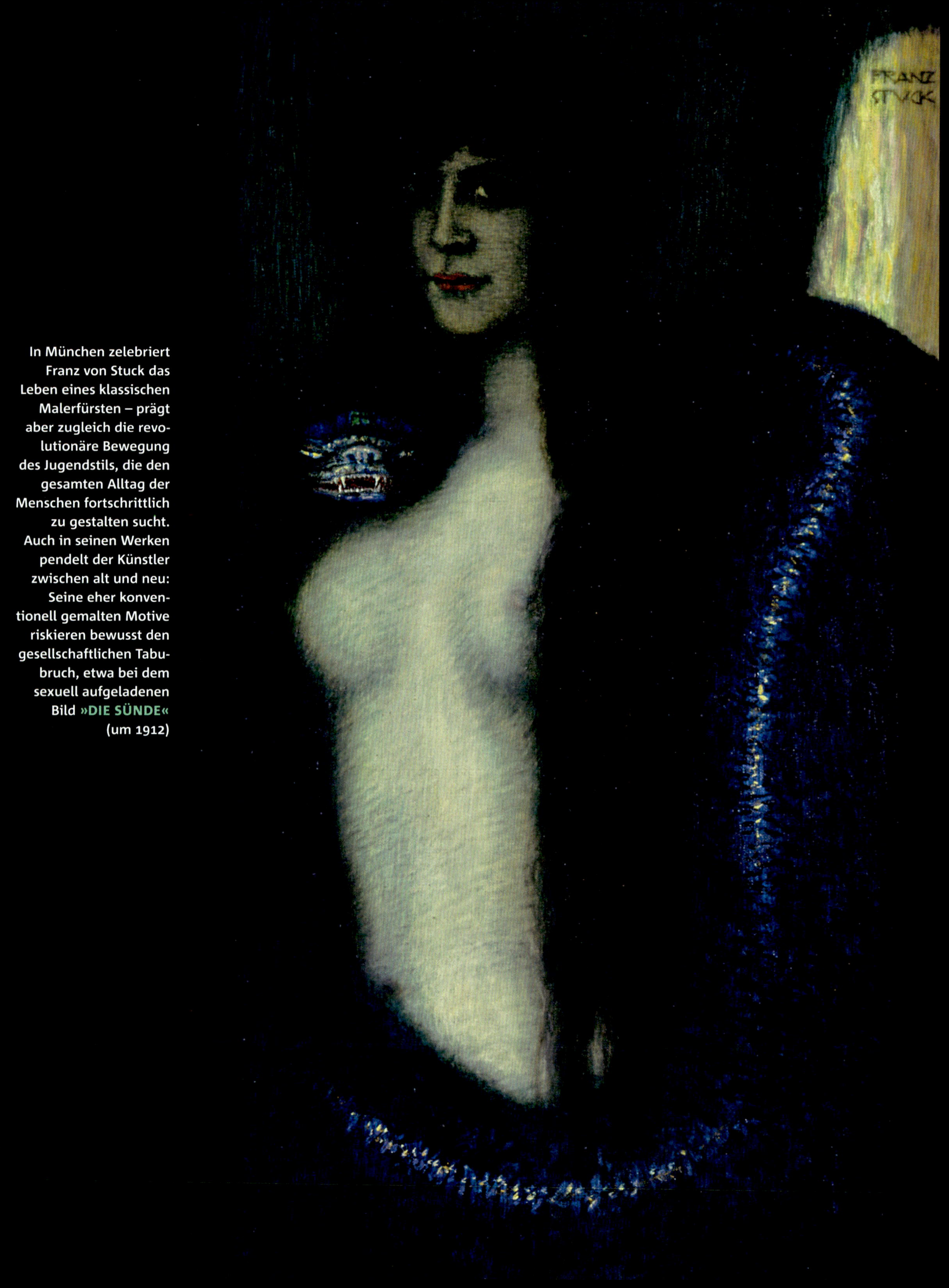

In München zelebriert Franz von Stuck das Leben eines klassischen Malerfürsten – prägt aber zugleich die revolutionäre Bewegung des Jugendstils, die den gesamten Alltag der Menschen fortschrittlich zu gestalten sucht. Auch in seinen Werken pendelt der Künstler zwischen alt und neu: Seine eher konventionell gemalten Motive riskieren bewusst den gesellschaftlichen Tabubruch, etwa bei dem sexuell aufgeladenen Bild **»DIE SÜNDE«** (um 1912)

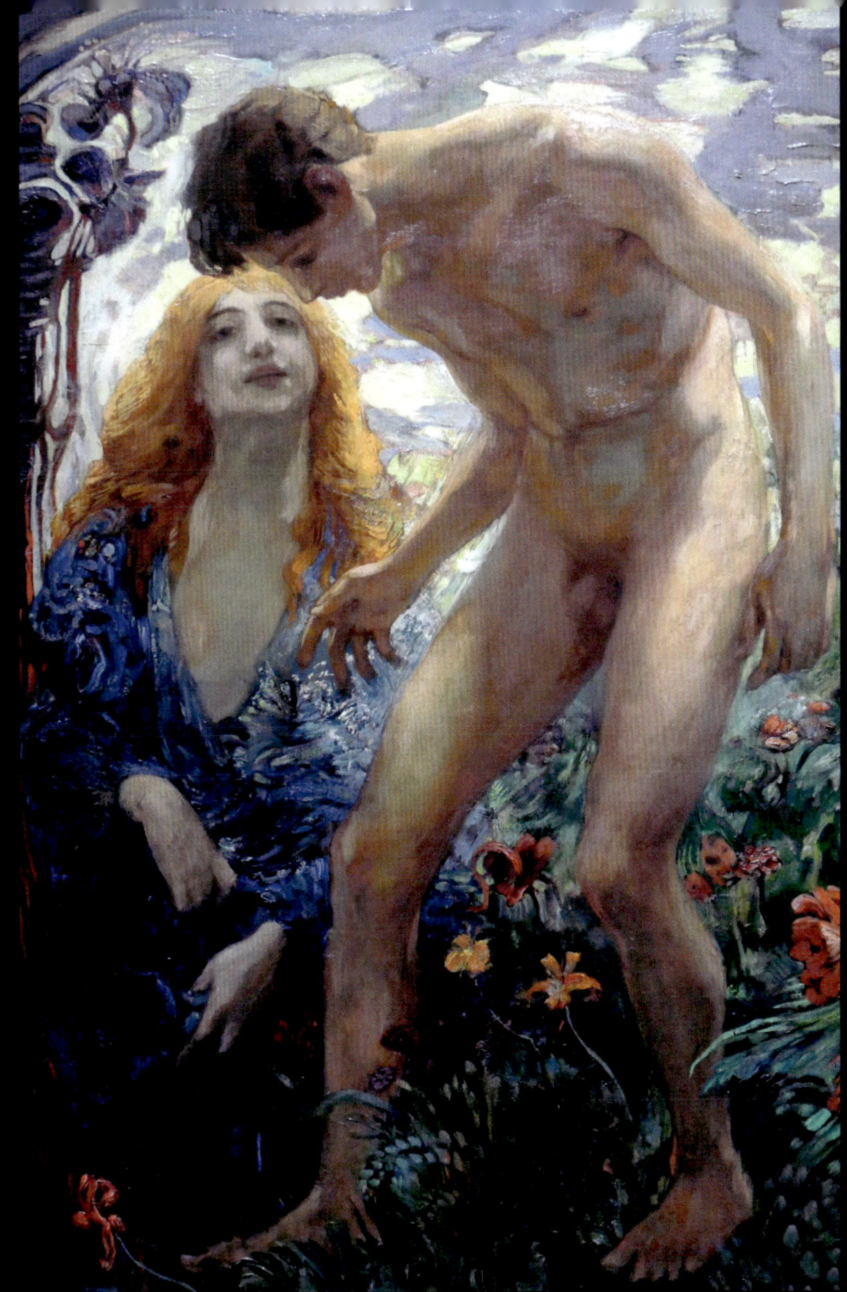

Statt heroischer Leiber wie in der offiziellen Kunst finden sich bei Ludwig von Hofmann, der in einem Avantgarde-Kreis von Dichtern und Malern verkehrt, nackte Menschen mit einer ungezwungenen, verletzlich wirkenden Körperlichkeit – ganz im Sinne jener Lebensreformbewegung, die angesichts der strengen bürgerlichen Leistungsgesellschaft einen Aufbruch zum Ursprünglichen, Einfachen, Freien propagiert (**»NARCISSUS«**, um 1900)

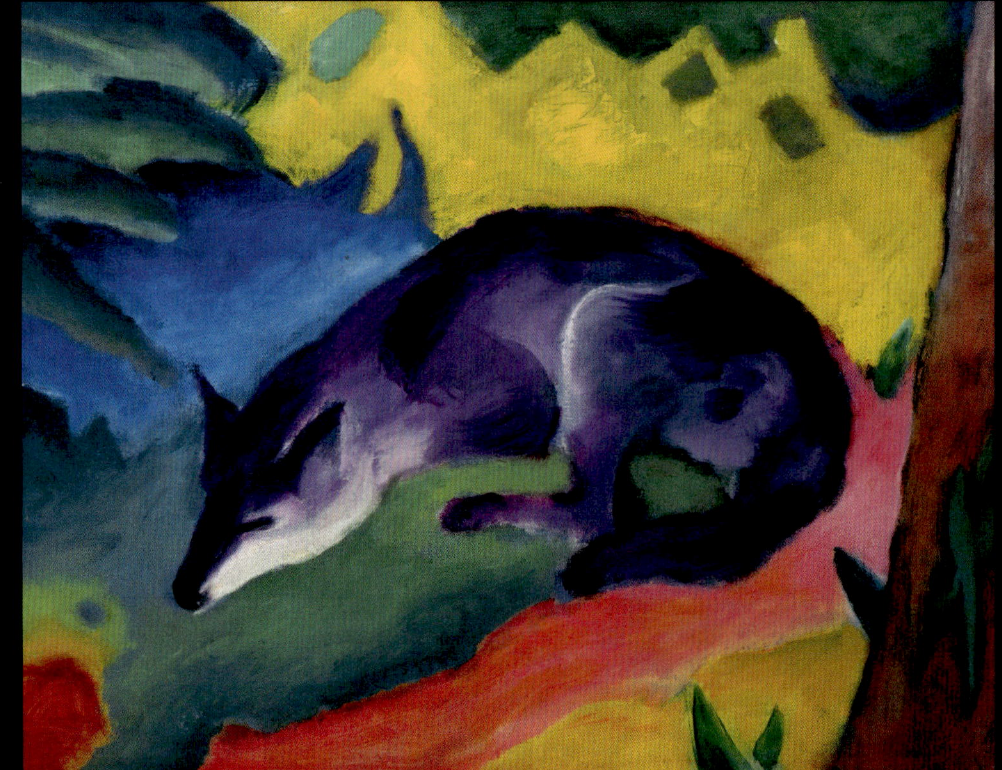

Ein **»FUCHS«**, der friedlich in der Sonne zu schlafen scheint – doch dargestellt ist er 1911 in einer Weise, die das kaiserzeitliche Publikum schockiert: unnatürliche Farben, grobe Flächen, ein kaum entzifferbarer Hintergrund. Der Maler Franz Marc, der bald bekannt wird für derart verfremdete Tierbilder, gründet mit dem Künstler Wassily Kandinsky in München den »Blauen Reiter«

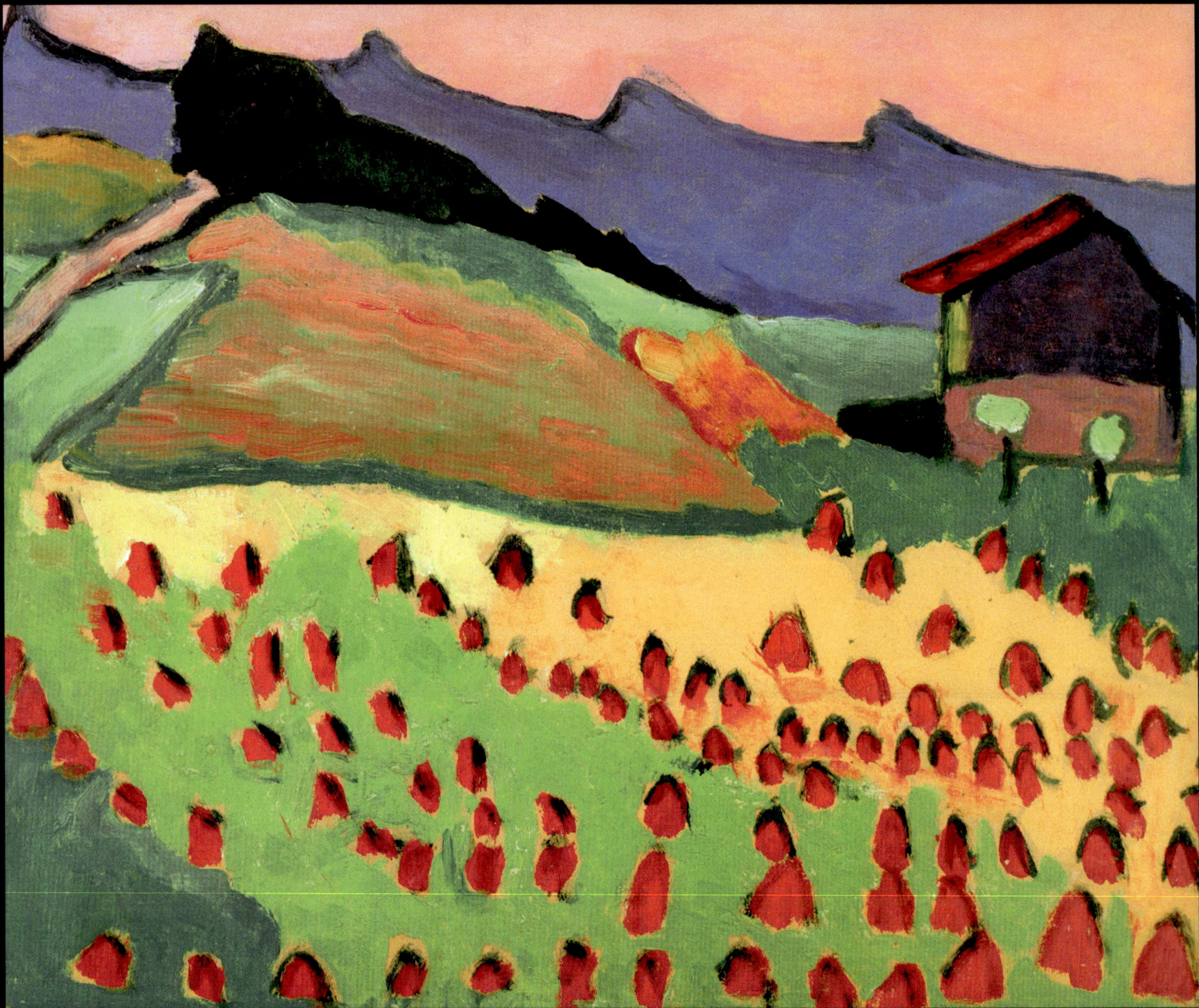

Gabriele Münter zählt zu den wichtigsten Mitwirkenden des »Blauen Reiters«, der zu einem Zentrum der künstlerischen Rebellion aufsteigt und den neuen Stil des Expressionismus mitprägt. Dessen Vertreterinnen und Vertreter zielen nicht mehr auf Nachahmung der Wirklichkeit, sondern versuchen vor allem durch intensive Farbkontraste, verzerrte Perspektiven und reduzierte Formen Emotionen und Ideen auszudrücken (**»LANDSCHAFT MIT HÜTTE IM ABENDROT«**, 1908)

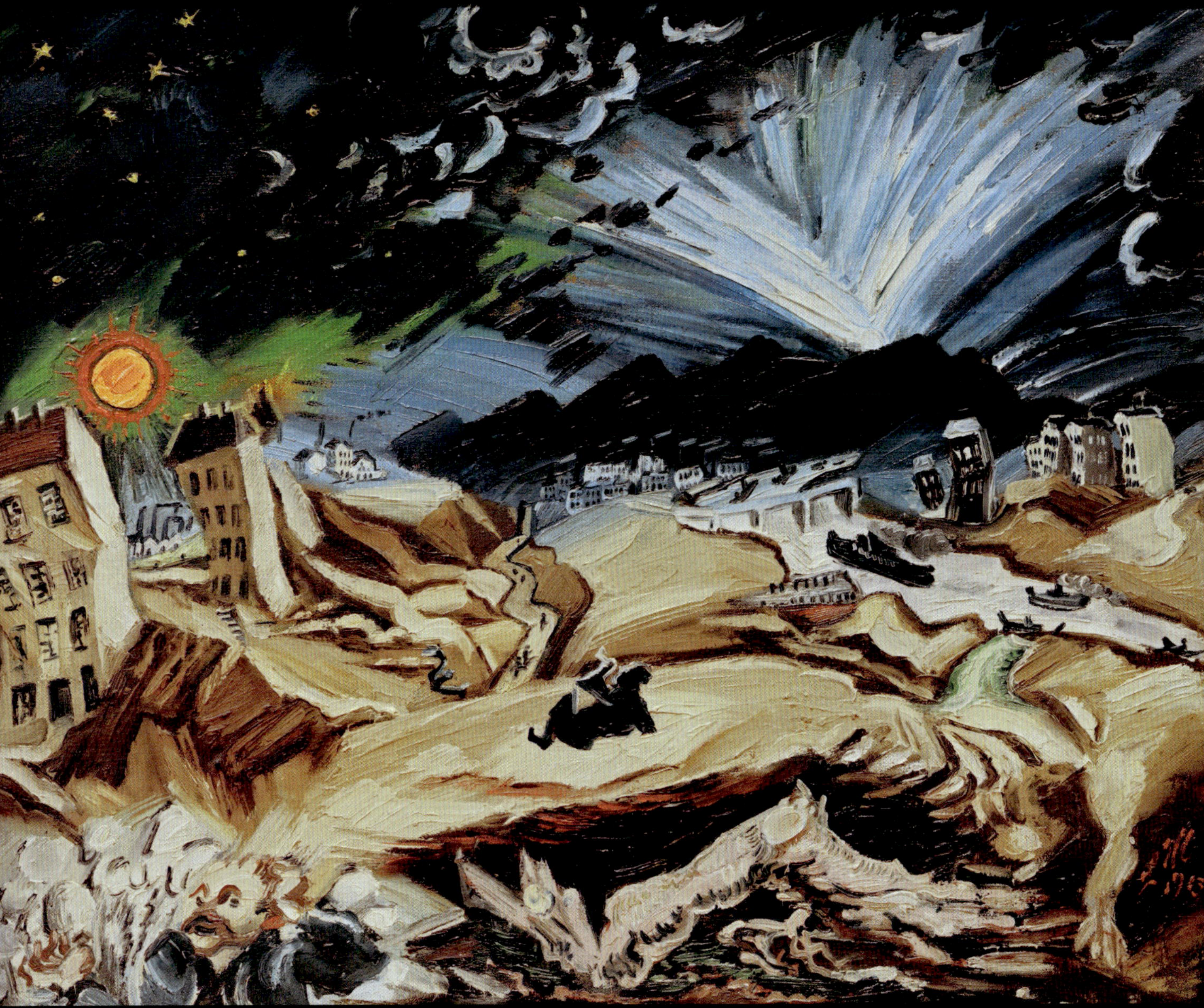

Fast prophetisch mutet die **»APOKALYPTISCHE LANDSCHAFT«** Ludwig Meidners an. Denn der in Berlin wirkende Expressionist entwirft das zugleich dramatische wie rätselhafte Weltuntergangsszenario 1913 – ein Jahr bevor die Menschheit in den bis dahin opferreichsten Krieg der Geschichte stürzt. Als der Waffengang tatsächlich kommt, begegnen ihm viele Kunstrebellen mit gemischten Gefühlen: in Sorge ob seiner zerstörerischen Kraft, aber auch voller Hoffnung, er möge die verhasste alte Gesellschaftsordnung endlich hinwegfegen

Zu den wichtigsten Persönlichkeiten der deutschen Avantgarde um 1900 zählt Paula Modersohn-Becker, die den oft affektierten Idealfiguren in der Kunst ihrer Zeit eine einfache Menschlichkeit entgegensetzt – in ihrem flächigen Stil, angelehnt etwa an den Franzosen Paul Cézanne und den Niederländer Vincent van Gogh. Bei ihrem **»SELBSTBILDNIS MIT KAMELIENZWEIG«** von 1906/07 geraten die immergrünen Blätter, die den ewigen Zyklus von Leben und Tod symbolisieren, zum Omen: Nur wenige Monate nach Fertigstellung des Bildes stirbt die Malerin mit 31 Jahren nach der Geburt ihres ersten Kindes

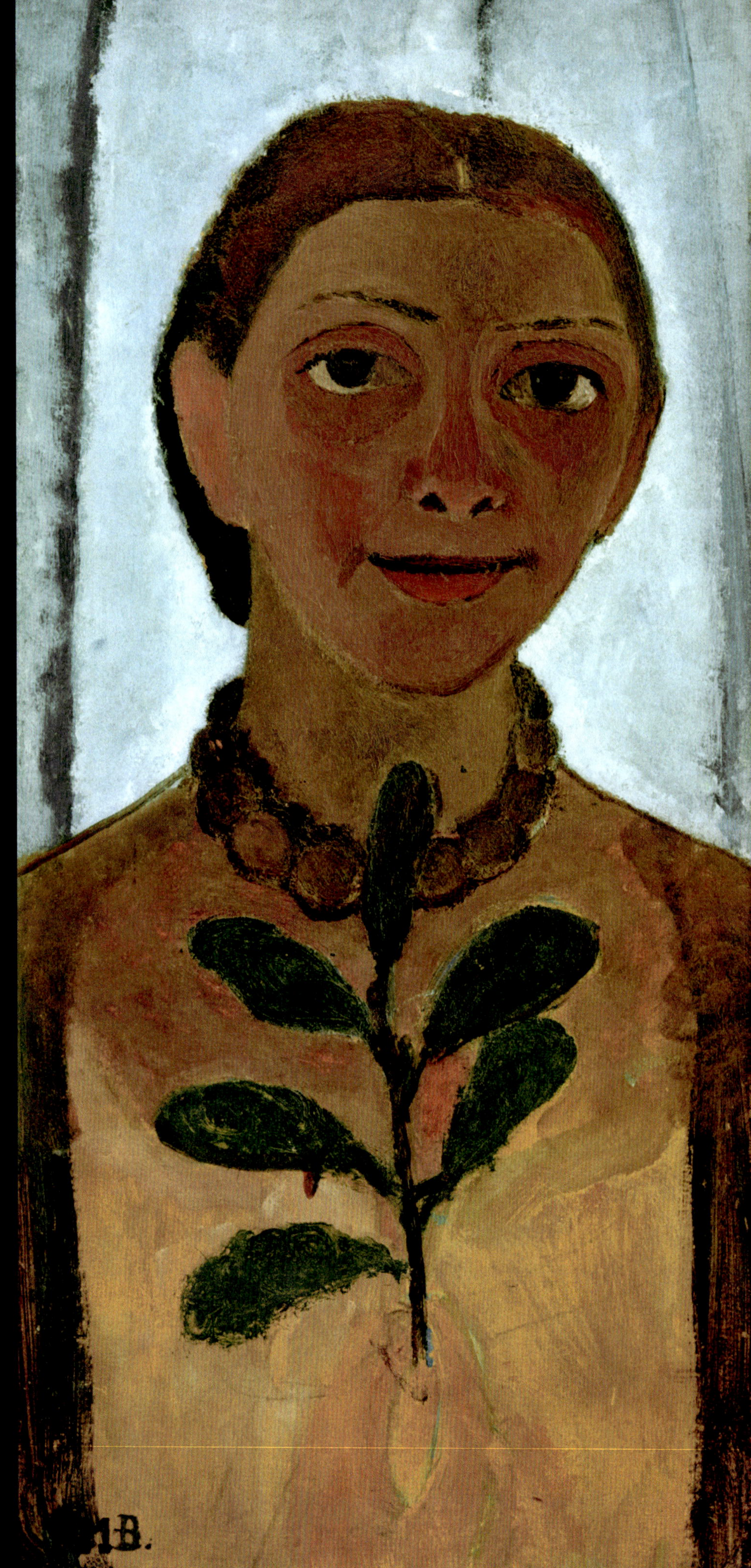

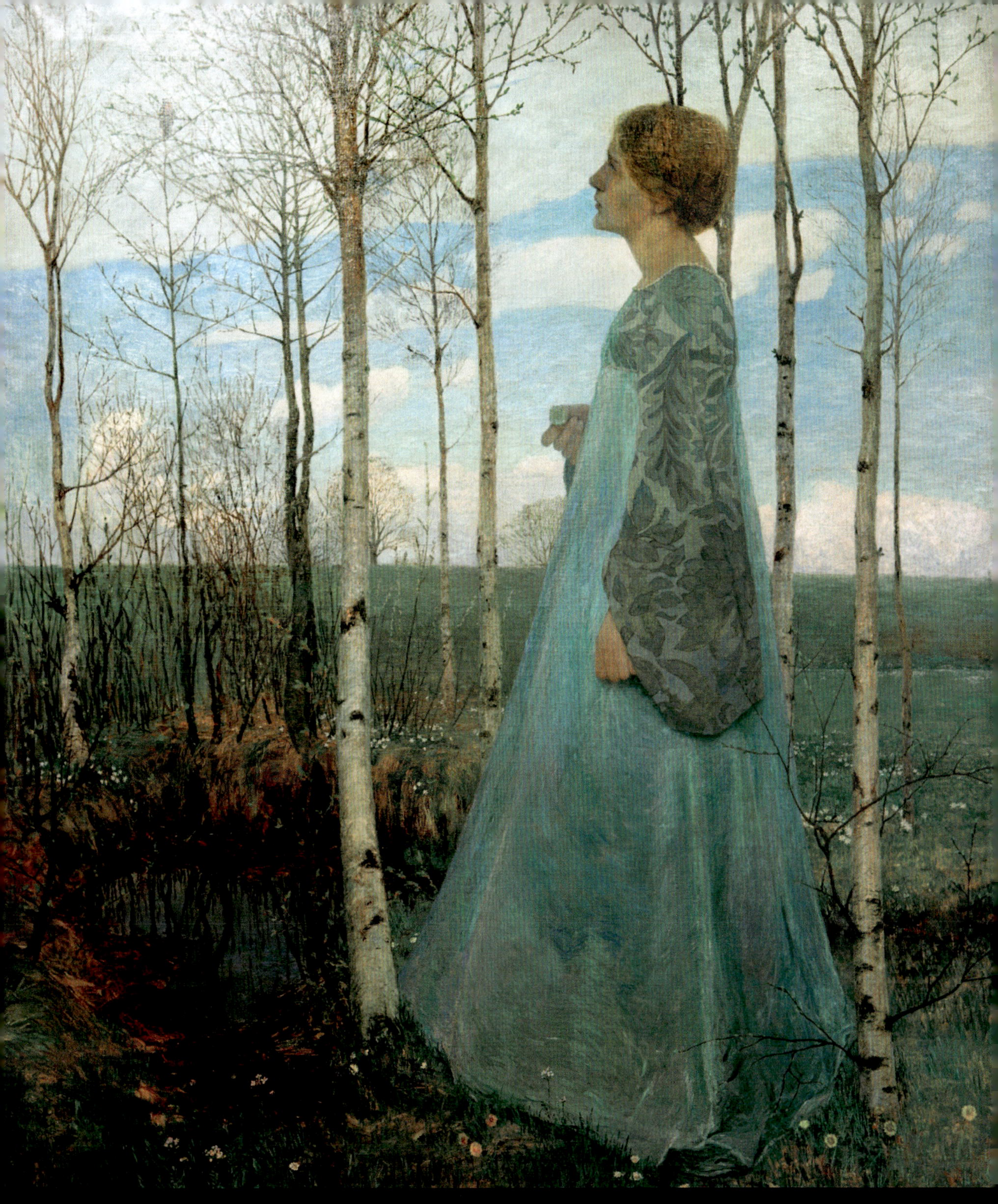

Gemeinsam mit Paula Modersohn-Becker und anderen Malern lebt Heinrich Vogeler um 1900 in der Künstlerkolonie Worpswede bei Bremen, um sich von der weiten Moorlandschaft inspirieren zu lassen – aber auch, um dem ruhelosen Takt, der materialistischen Geschäftigkeit der wachsenden Städte zu entfliehen. Vogelers Wunschbild einer besseren Welt wird vermittelt durch sein Werk **»FRÜHLING«** (1897): Eine Frauengestalt, von Birken umrahmt, still dem Gesang eines Vogels lauschend, befindet sich in perfekter Harmonie mit der unverdorbenen Natur

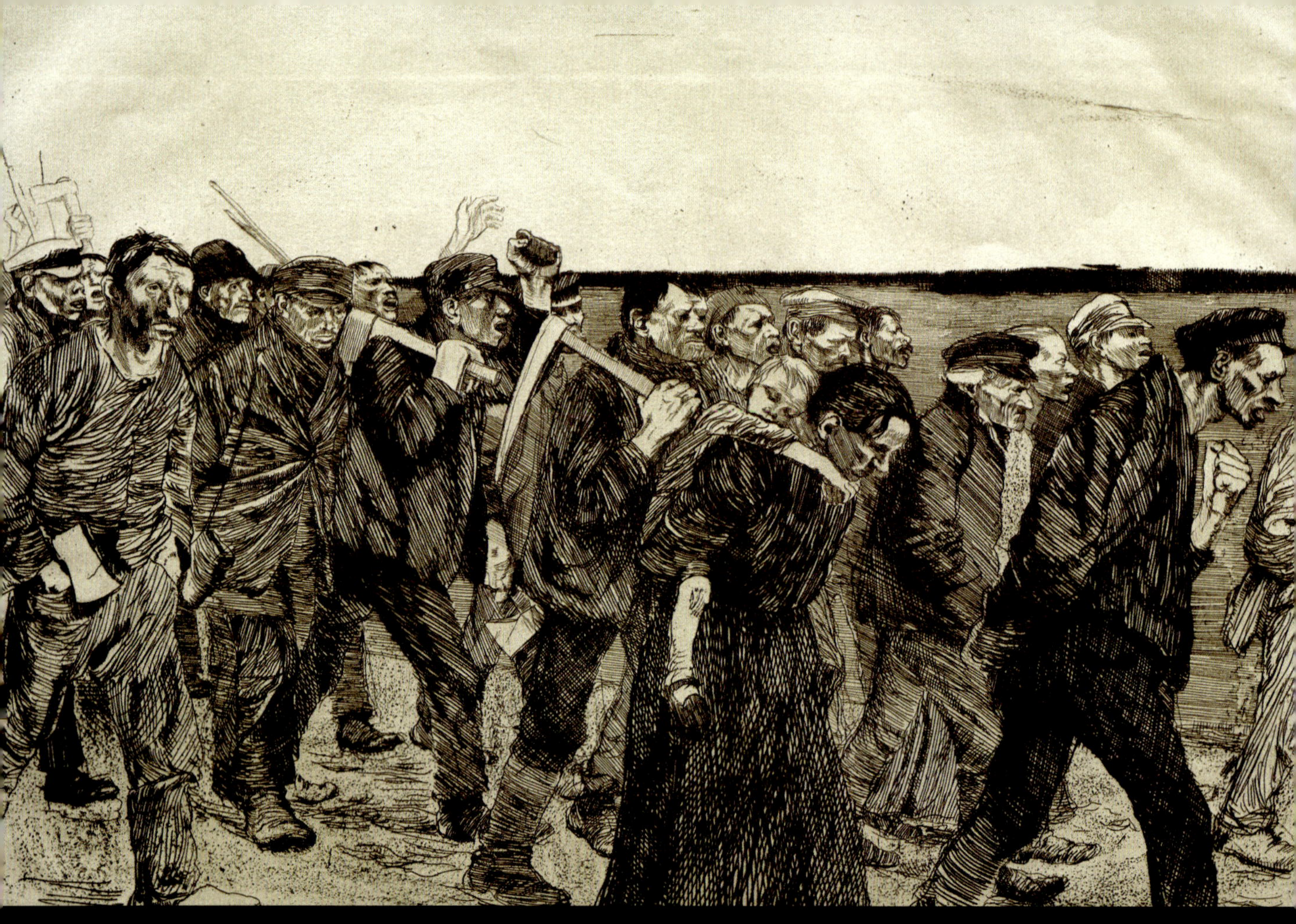

Müde und ausgezehrt ziehen die Menschen vorüber, wie niedergedrückt von einem tiefen Horizont, der die Aussichtslosigkeit ihres Unterfangens versinnbildlicht. Radikal ist Käthe Kollwitz, Schöpferin dieses **»WEBERZUGES«** von 1895, jedoch nicht stilistisch – sondern in der Sache. Denn mit ihrem Zyklus aus mehreren Radierungen und Lithografien über einen gescheiterten Weberaufstand prangert sie scharf das Elend der Arbeiterschaft im Kaiserreich an. Als sie für das Werk eine Auszeichnung erhalten soll, verhindert das Kaiser Wilhelm II. persönlich.

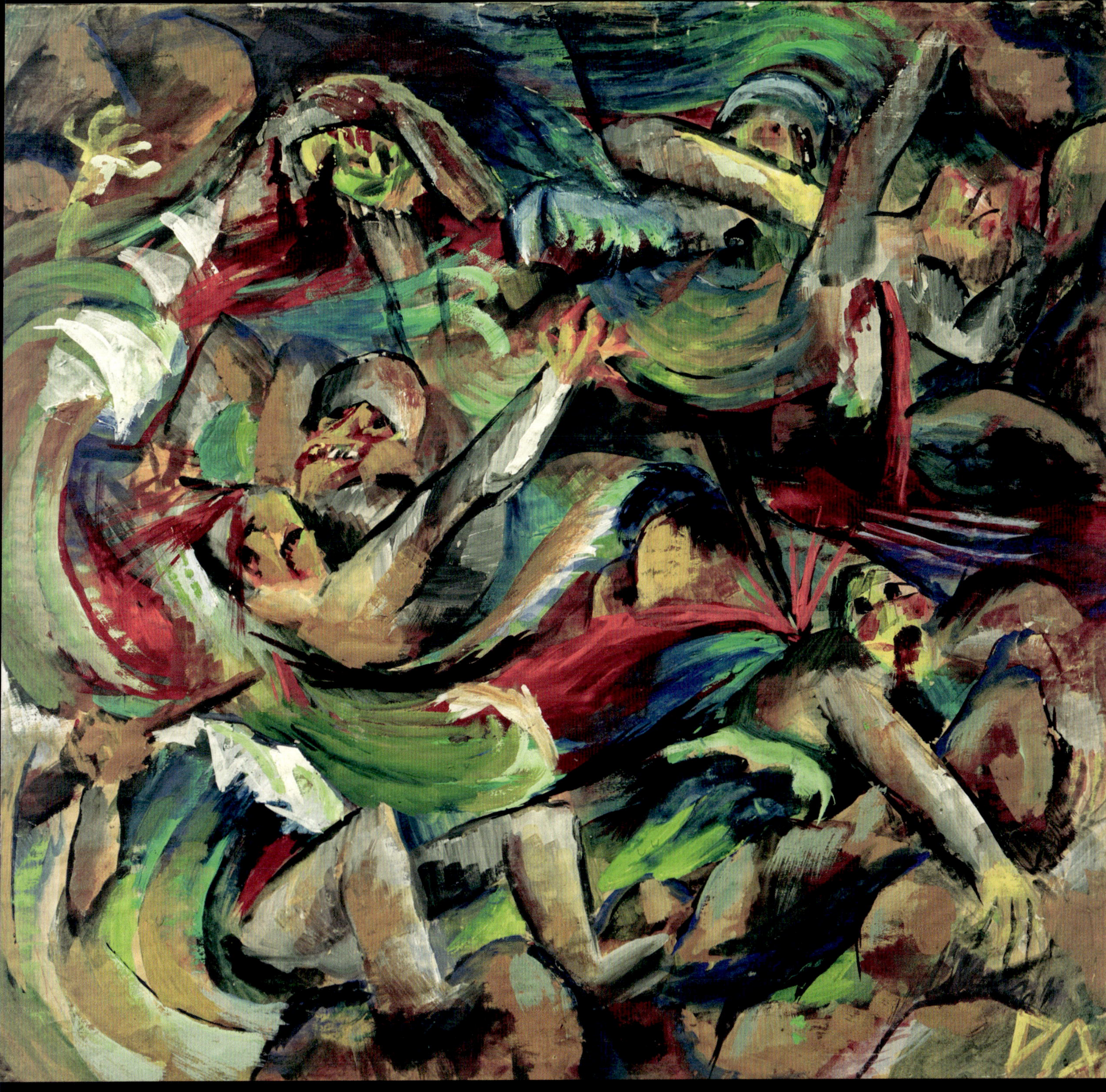

Otto Dix meldet sich 1914 freiwillig zum Kriegsdienst – und kehrt traumatisiert und desillusioniert von den Kämpfen zurück. Seine Erfahrungen von der Front fließen nun in verstörende Gemälde, die menschliche Abgründe, vor allem aber gesellschaftliche Missstände ausleuchten. In **»SCHÜTZENGRABEN«** (um 1918) entwirft Dix einen expressionistischen Strudel aus Körpern, Blut und Leid, der den Krieg als das entlarvt, was er ist: eine sinnlose Gewaltorgie

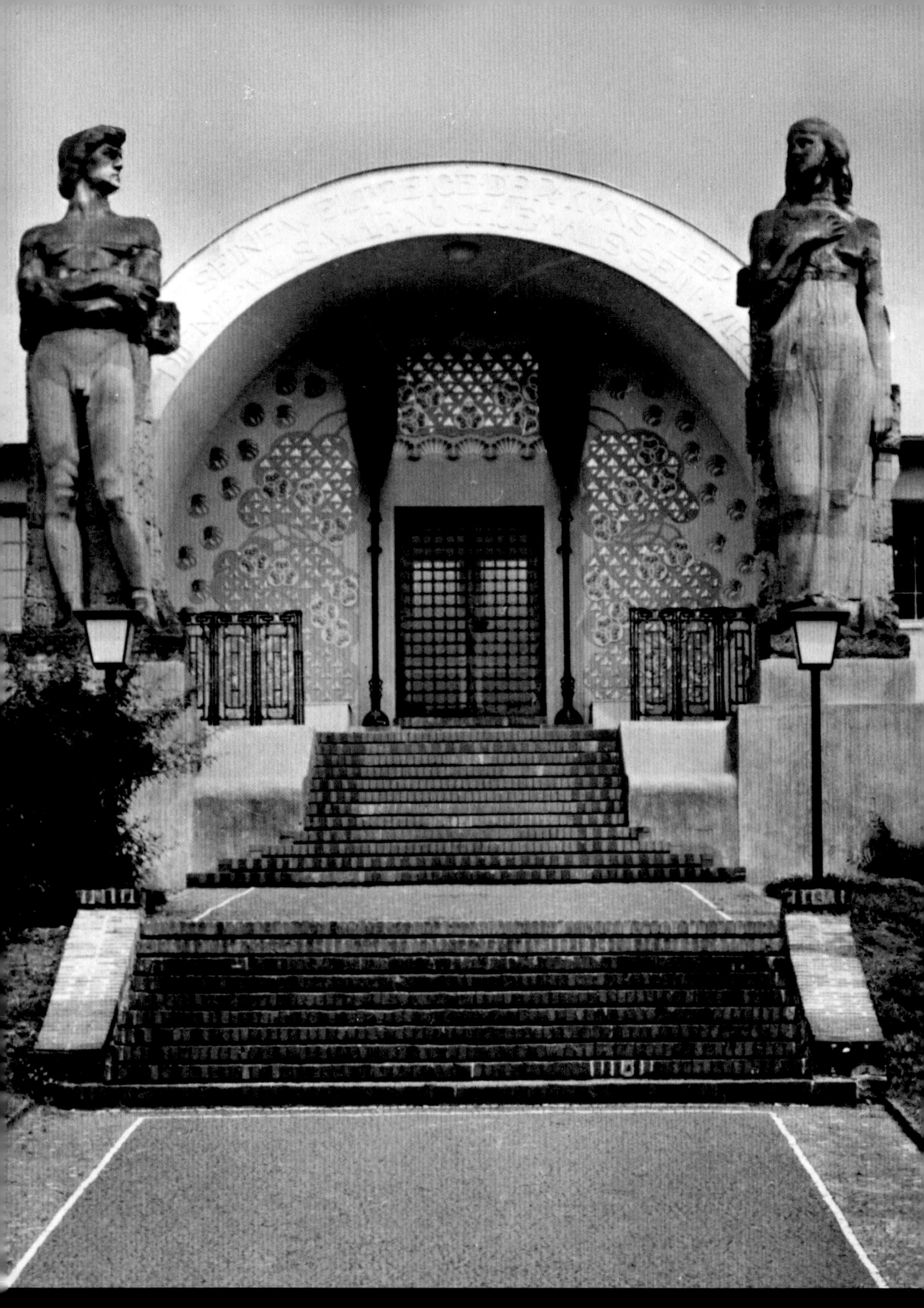

Besonders stark sind die modernen Impulse in der Architektur, wo eine neue Generation von Kreativen den wuchtigen Historismus zu überwinden trachtet. Zwar wirken die beiden Figuren, die das Portal des 1901 von Joseph Maria Olbrich entworfenen Atelierhauses auf der **MATHILDENHÖHE** in Darmstadt flankieren, noch monumental. Doch der übrige Eingangsbereich ist geprägt von der leichten, floralen Ornamentik und den anmutigen, dynamischen Formen des Jugendstils.

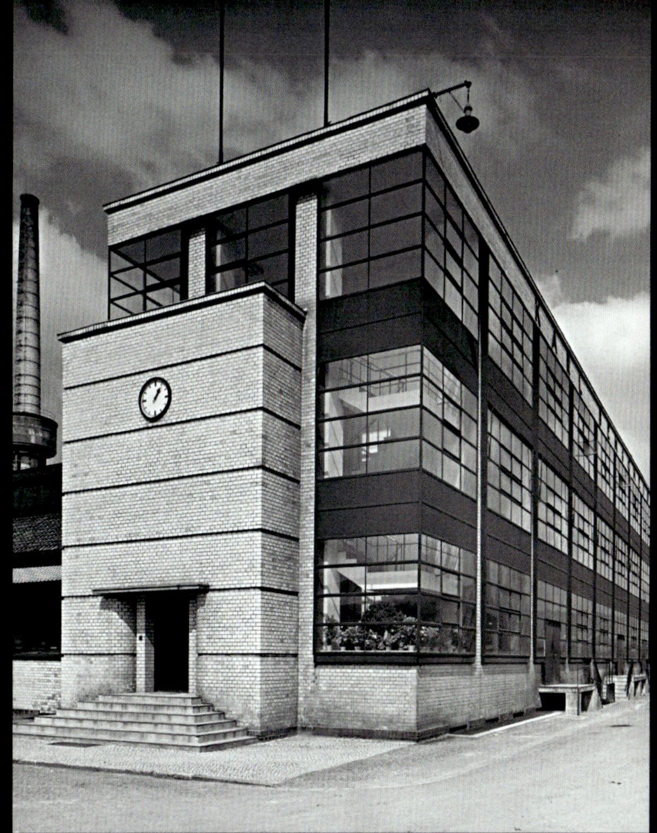

Den neuen Baumeistern geht es immer stärker um Sachlichkeit und Funktionalität. Seinen ersten großen Auftrag erhält der spätere Gründer der Kunstschule »Bauhaus«, Walter Gropius, vom **FAGUS-WERK**, einer Firma für Schuhleisten, deren neues Fabrikgebäude er 1911 plant. Modern ist nicht nur die schnörkellose, rechteckige Form des Baus. Sondern auch dessen Konstruktion aus Stahl und Glas, die durchgehende Fensterbänder ermöglicht – und damit viel Licht für die Arbeiter

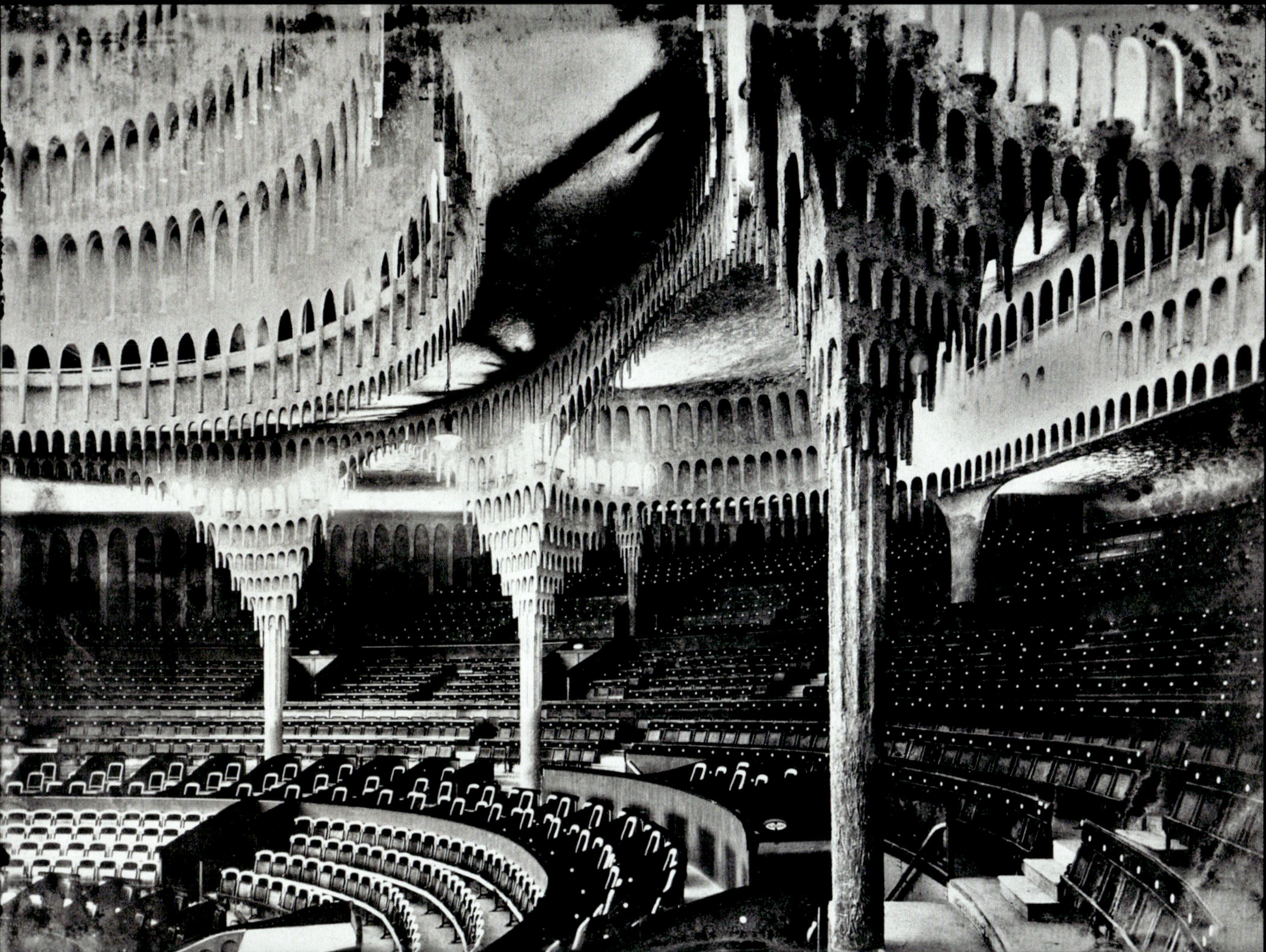

Wie die Stalaktiten einer Tropfsteinhöhle hängen Hunderte von vertikalen Zapfen von der Decke des **GROSSEN SCHAUSPIELHAUSES** in Berlin und verleihen dem Innenraum eine geradezu mystische Aura. Mit dem Umbau des Theaters um 1918 profiliert sich der Deutsche Hans Poelzig europaweit als Architekt des Expressionismus. Und demonstriert dabei etwas für den Stil Typisches: die Vermählung von Baukunst mit natürlichen Formen

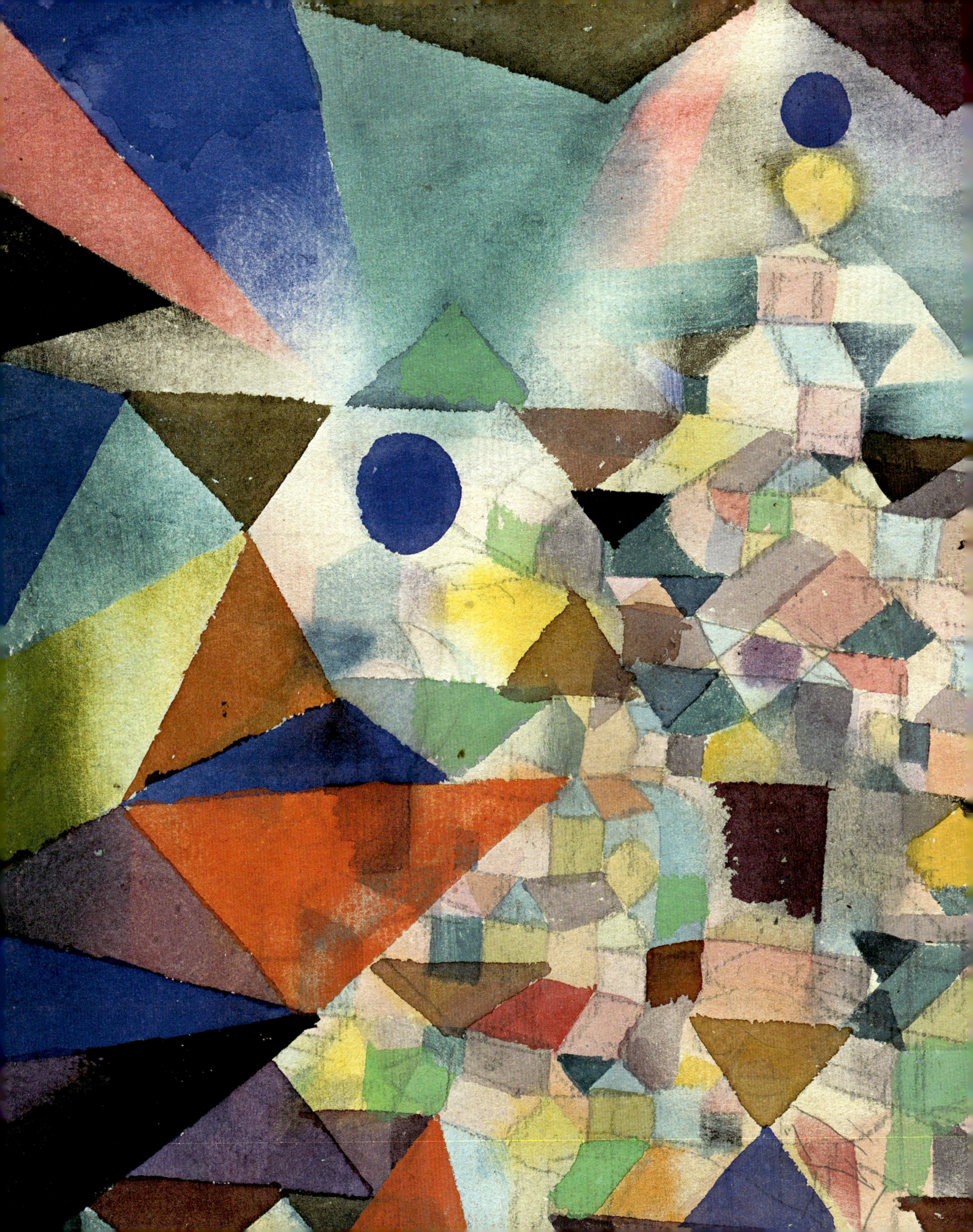

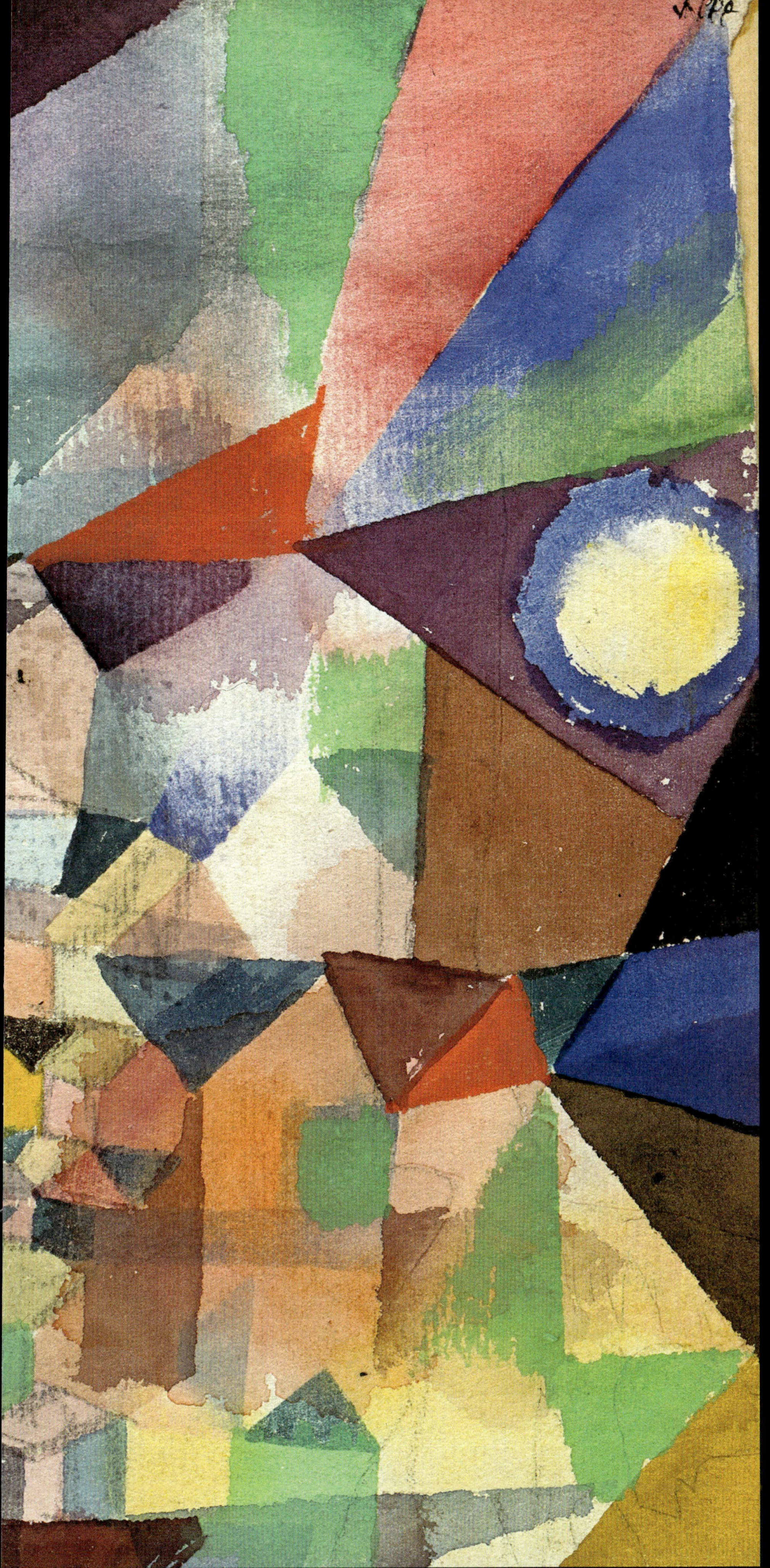

Die Abkehr vom Gegenständlichen ist wahrscheinlich der epochalste Schritt, den die künstlerischen Neuerer im Kaiserreich gehen und der in der Öffentlichkeit zum Teil heftige Empörung hervorruft. Bei Paul Klee, der zunächst an der Münchner Akademie lernt, sich später aber dem »Blauen Reiter« anschließt, verschwindet die konkrete, sichtbare Realität zunehmend aus den Werken. Das Motiv **»STADT VOM TEMPEL GEKRÖNT«** von 1917 etwa erscheint nurmehr als rhythmisiertes, abstraktes Mosaik aus Rechtecken, Dreiecken und Kreisen. Und so geschieht ausgerechnet in jener Ära, deren Staatskunst sich dem Realismus verschreibt, in den Ateliers der Avantgarde dessen komplette Auflösung

Die Geschichte des Kaiserreichs

Seit 1815 existiert auf dem Territorium des späteren Deutschen Reichs und Österreichs der Deutsche Bund, eine Konföderation von anfangs 34 souveränen Fürstentümern, darunter dem Königreich Bayern, sowie vier Freien Städten. Das zentrale gemeinsame Organ der Bundesmitglieder, der Bundestag in Frankfurt am Main, ist kein gewähltes Parlament, sondern ein von den Fürsten der Einzelstaaten beschickter Gesandtenkongress, der die gemeinsamen Angelegenheiten regeln soll; seine Beschlüsse sind für die Einzelstaaten bindend. Bedeutendste Macht innerhalb des Deutschen Bundes ist Österreich, dessen Vertreter auch den Vorsitz im Bundestag führt.

1862

23. SEPTEMBER. Berlin: Da das preußische Abgeordnetenhaus eine von König Wilhelm I. gewünschte Erhöhung des Militäretats ablehnt, trägt sich der Monarch mit Rücktrittsgedanken. Doch dann beschließt er, Otto von Bismarck zum Ministerpräsidenten zu ernennen: einen politisch hochbegabten, skrupellosen, erzkonservativen Junker. Bismarck, den vor allem seine Durchsetzungskraft und sein kompromissloser Monarchismus für die ihm anvertraute Aufgabe geeignet machen, verspricht dem König, auch ohne Zustimmung des Parlaments zu regieren. Fortan führt er die Amtsgeschäfte ohne einen von den Abgeordneten bewilligten Staatshaushalt.

1863

23. MAI. Leipzig: Ferdinand Lassalle gründet den Allgemeinen Deutschen Arbeiterverein, die erste deutsche Arbeiterpartei. Zentrale Forderungen Lassalles sind ein Lohn, der nicht nur das Existenzminimum abdeckt, sowie die Einführung des allgemeinen, gleichen und direkten Wahlrechts. Im Laufe des Jahres führt der Politiker mehrere geheime Gespräche mit Bismarck. Der erhofft sich von Lassalles Partei politische Unterstützung im Kampf gegen die liberalen Politiker, die nach wie vor das preußische Abgeordnetenhaus dominieren. Die Lohnarbeiter in der Industrie, deren Anteil an der Gesamtzahl der Erwerbstätigen seit Jahren wächst, organisieren sich zunehmend in Arbeitervereinen und Gewerkschaften.

1864

Deutsch-Dänischer Krieg: Als Dänemark das Herzogtum Schleswig in sein Reich integrieren will, kommt es im Februar 1864 zum Krieg mit dem Deutschen Bund. Preußische und österreichische Soldaten besetzen Schleswig und können mit der Schlacht an den Düppeler Schanzen am 18. April die Entscheidung für die deutschen Staaten erzwingen. Nach dem Wiener Friedensvertrag werden die Herzogtümer Schleswig und Holstein fortan gemeinsam von Preußen und Österreich verwaltet.

1866

Die gemeinsame Verwaltung der zuvor erstrittenen Herzogtümer durch Preußen und Österreich scheitert, der Konflikt eskaliert im Sommer zum Krieg. Preußen erklärt den Deutschen Bund für aufgelöst und schlägt Österreich mitsamt seiner Koalition deutscher Mittelstaaten am 3. Juli bei Königgrätz. Damit ist der Weg frei für die von Bismarck favorisierte „kleindeutsche Lösung“: die Einigung Deutschlands ohne Österreich. Der Gebietsgewinn für König Wilhelm I. ist gewaltig: Zusätzlich zu Schleswig und Holstein, die nun allein Preußen unterstehen, annektiert er das Königreich Hannover, das Kurfürstentum Hessen, das Herzogtum Nassau und die bis dahin Freie Stadt Frankfurt am Main.

18. AUGUST. Anstelle des aufgelösten Deutschen Bundes entsteht auf Initiative Preußens der Norddeutsche Bund, dem erst 18, dann 22 nördlich des Mains gelegene Länder mit etwa 30 Millionen Einwohnern angehören (und jetzt auch – anders als im Deutschen Bund – die östlichsten Provinzen der Hohenzollern-Monarchie). Da der preußische Staat vier Fünftel des Bundesgebietes umfasst, ist seine Vormachtstellung innerhalb des neuen Staatengebildes unumstritten. Aus Rücksicht auf Frankreich, das nach dem preußischen Sieg über Österreich die Entstehung eines starken deutschen Nationalstaats fürchtet, bezieht Bismarck die süddeutschen Länder (Bayern, Württemberg, Großherzogtum Hessen, Baden) nicht in den Staatenbund mit ein. Er schließt aber geheime „Schutz- und Trutzbündnisse“ mit den Einzelstaaten, die sie verpflichten, im Verteidigungsfall unter preußischer Führung in den Krieg zu ziehen.

1867

MÄRZ. Frankreichs Kaiser Napoleon III. versucht, den preußischen Machtzuwachs zu kompensieren und einigt sich mit dem König der Niederlande über den Erwerb des von diesem in Personalunion regierten Großherzogtums Luxemburg. Da Luxemburg jedoch bis 1866 zum Deutschen Bund gehört hat, rebelliert die nationalistisch gesinnte Öffentlichkeit in Deutschland gegen den Kaufvertrag. Angesichts der Gefahr eines Krieges mit Preußen muss Napoleon auf den Kauf verzichten. Eine internationale Konferenz schreibt die Neutralität Luxemburgs fest. Diese diplomatische Niederlage verschärft die Spannungen zwischen Preußen und Frankreich.

1. JULI. Die von Bismarck mitgestaltete Verfassung des Norddeutschen Bundes tritt in Kraft. Sie sieht für den Staatenbund einen nach allgemeinem, gleichem und direktem Männerwahlrecht gewählten Reichstag vor. Die eigentliche Macht liegt jedoch bei Wilhelm I. und bei Bismarck, der fortan auch als „Bundeskanzler“ agiert.

1870

Deutsch-Französischer Krieg: Nach einem Streit um die spanische Erbfolge fordert Frankreich vom preußischen König, eine weitere Kandidatur eines Hohenzollern nicht zu unterstützen. Die Absage Wilhelms I. wird von Bismarck absichtlich derart verkürzt dargestellt, dass sie Frankreich beleidigt („Emser Depesche“). Frankreich erklärt Preußen am 19. Juli den Krieg. Nun werden die zuvor von Preußen mit den süddeutschen Staaten Bayern, Württemberg, Baden und Hessen abgeschlossenen Bündnisse aktiviert; gemeinsam mit Preußen und den übrigen Staaten des Norddeutschen Bundes ziehen sie gegen Paris. Auf dem Schlachtfeld ist Deutschland nun vereint – unter Führung Preußens und ohne Österreich. In der Schlacht bei Sedan erringen die deutschen Armeen Anfang September einen entscheidenden Sieg über die Franzosen, deren Kaiser Napoleon III. gefangen genommen wird. Anschließend belagern die Invasoren Paris.

1871

18. JANUAR. Noch während der Belagerung von Paris wird im Spiegelsaal des Schlosses von Versailles Preußens König Wilhelm I. zum Deutschen Kaiser ausgerufen. Der Hohenzoller steht nun an der Spitze eines gesamtdeutschen Reiches, das aus 22 von Fürsten regierten Staaten und drei Freien Städten, etwa Hamburg, besteht. Formal ist der neue Nationalstaat bereits durch das Inkrafttreten einer Reihe von Verträgen entstanden, die Bismarck im November mit den süddeutschen Staaten abgeschlossen hat, doch wird der Tag der Kaiserproklamation in den Augen der Deutschen zum eigentlichen Gründungstag.

21. MÄRZ. In Berlin tritt das Parlament des neu gegründeten Deutschen Reiches zusammen: der knapp drei Wochen zuvor gewählte Reichstag. Stärkste Kraft in der Volksvertretung ist die mit Bismarck kooperierende Nationalliberale Partei, die zweitgrößte Fraktion stellt mit 63 Abgeordneten das katholische Zentrum. Wilhelm I. ernennt Bismarck zum Reichskanzler.

14. APRIL. Mit großer Mehrheit verabschiedet der Reichstag die Verfassung für das Deutsche Reich, bei der es sich um eine modifizierte Version der Verfassung des Norddeutschen Bundes handelt. Zwei Tage später unterzeichnet Kaiser Wilhelm I. die Konstitution, die rückwirkend zum 1. Januar in Kraft tritt. Die neue Verfassung überträgt unter anderem auch die rechtliche Gleichstellung der Juden, wie sie bereits in den Staaten des Norddeutschen Bundes gegolten hat, auf das gesamte Reichsgebiet. Doch in der Praxis bleiben Diskriminierungen weiterhin üblich. Zudem bilden sich vielfach Vereinigungen und politische Parteien mit judenfeindlichen, teilweise rassistisch motivier-

ten Programmen. In Deutschland bleiben Juden hohe Positionen in Militär, Verwaltung und Justiz de facto weiterhin verwehrt.

10. MAI. In Frankfurt schließen Bismarck und Vertreter der mittlerweile ausgerufenen Französischen Republik einen Friedensvertrag: Frankreich muss das Elsass und Teile Lothringens an Deutschland abtreten. Diese Annexion wird in Frankreich mit Empörung aufgenommen. Das deutsch-französische Verhältnis ist damit von Beginn der Nachkriegszeit an schwer belastet. Neben den französischen Gebietsabtretungen sieht der Vertrag auch Reparationen in Höhe von fünf Milliarden Francs vor – weitaus mehr, als der Krieg die Deutschen gekostet hat. Der Zuwachs an Liquidität, der dem Reich durch die französischen Zahlungen entsteht, verstärkt einen seit mehreren Jahren anhaltenden ökonomischen Aufschwung. Die ersten zwei Jahre des Kaiserreichs sind geprägt von einem Wirtschaftsboom mit unzähligen Firmengründungen und intensiver Börsenspekulation.

14. DEZEMBER. „Kulturkampf“: Geistlichen ist es fortan gesetzlich verboten, in ihren Predigten staatliche Angelegenheiten zu kritisieren. Dieser „Kanzelparagraf“ ist das erste von mehreren Gesetzen, mit denen Bismarck im Verlauf der 1870er Jahre den Einfluss der katholischen Kirche und des Zentrums zu verringern sucht. Doch anders als vom ihm erwartet, stärken die Zwangsmaßnahmen den Zusammenhalt unter den Katholiken, was sich in mehreren Wahlerfolgen der Zentrumspartei niederschlägt. Ab 1878 rückt Bismarck daher von seiner katholikenfeindlichen Politik ab. Bis 1887 werden viele Gesetze zurückgenommen.

1873

9. JULI. Kaiser Wilhelm I. unterzeichnet ein Gesetz, das die bis dahin geltenden sieben Münzsysteme durch eine einheitliche Währung ersetzt: die Mark.

10. OKTOBER. Die Berliner Quistorp'sche Vereinsbank erklärt ihre Zahlungsunfähigkeit. Der Konkurs des Unternehmens, das während der „Gründerzeit“ – der Aufschwungphase der vorangegangenen Jahre – zahlreiche Neugründungen mitfinanziert hat, löst etliche Firmenpleiten und den Verfall der Aktienkurse an der Berliner Börse aus. Dieser „Gründerkrach“ leitet eine Zeit der Rezession ein, von der sich die deutsche Wirtschaft erst ab 1880 erholt.

22. OKTOBER. Wilhelm I. tritt einer Übereinkunft bei, die Zar Alexander II. und der österreichische Kaiser Franz Joseph wenige Monate zuvor geschlossen haben. In dem „Dreikaiserabkommen“ erklären die Monarchen ihre Absicht, zur Sicherung des Friedens in Europa zusammenzuarbeiten. Die Absprache markiert den Beginn der Bismarck'schen Bündnispolitik, mit deren Hilfe der Kanzler dem Deutschen Reich eine gesicherte Stellung im europäischen Mächtesystem verschaffen will. Von besonderer Bedeutung sind für Bismarck dabei die außenpolitische Isolierung Frankreichs und das Einvernehmen mit Russland und Österreich-Ungarn.

1875

22. BIS 27. MAI. Die 1869 von August Bebel und Wilhelm Liebknecht gegründete Sozialdemokratische Arbeiterpartei vereinigt sich in Gotha mit dem an den Lehren Lassalles orientierten Allgemeinen Deutschen Arbeiterverein zur Sozialistischen Arbeiterpartei Deutschlands. Die Deputierten des Vereinigungskongresses vertreten gut 24 000 Mitglieder. Bei der Reichstagswahl 1877 kann die neue Partei 9,1 Prozent der Stimmen erringen. 1890 wird die SAP umbenannt in Sozialdemokratische Partei Deutschlands.

1876

9. MAI. Nikolaus August Otto erfindet den Viertakt-Verbrennungsmotor. Er ist vergleichsweise leicht und sparsam und macht den Bau von Autos erst möglich.

1878

19. OKTOBER. Der Reichstag beschließt ein von Bismarck vorgelegtes Gesetz, das alle Vereine, Versammlungen und Druckschriften verbietet, „welche durch sozialdemokratische, sozialistische oder kommunistische Bestrebungen den Umsturz der bestehenden Staats- und Gesellschaftsordnung bezwecken“. Neben den zahlreichen Gewerkschaften und Arbeitervereinen des Landes wird damit auch die SAP in die Illegalität gezwungen. Als Einzelpersonen können sich sozialdemokratische Politiker aber in die Parlamente wählen lassen. Das anfangs auf zweieinhalb Jahre ausgelegte Gesetz wird im Laufe des folgenden Jahrzehnts dreimal verlängert.

1879

31. MAI. Werner Siemens präsentiert die erste Elektrolokomotive. Die Technik verbreitet sich rasch: 1881 verkehrt in Berlin die erste elektrische Straßenbahn.

1882

20. MAI. Der Mediziner Robert Koch gibt die Entdeckung des Tuberkelbazillus bekannt. Er hat damit die Existenz bakterieller Krankheitserreger bewiesen.

6. DEZEMBER. Persönlichkeiten vor allem aus Politik, Industrie und Handel gründen den Deutschen Kolonialverein. Diese Vereinigung ist Teil einer immer stärker werdenden Bewegung in Deutschland, die für den Erwerb von Überseebesitzungen eintritt. Bismarck aber lehnt eine deutsche Kolonialpolitik ab, da er keinen Konflikt mit den Überseemächten Großbritannien und Frankreich riskieren will.

1883

5. MÄRZ. Der Maschinenbauingenieur Emil Rathenau gründet die Deutsche Edison Gesellschaft für angewandte Elektrizität AG, Vorgängerfirma der Allgemeinen Elektricitäts-Gesellschaft.

15. JUNI. Reichskanzler Bismarck führt die gesetzliche Krankenversicherung für Arbeiter ein – die erste obligatorische Sozialversicherung auf gesamtstaatlicher Ebene weltweit. In den folgenden Jahren kommen zwei weitere Versicherungen hinzu: 1884 eine Absicherung gegen Unfallfolgen, fünf Jahre später die gesetzliche Rentenversicherung. Mit dieser Sozialgesetzgebung will der Reichskanzler die Lebensbedingungen der Arbeiter verbessern und sie so davon abhalten, sich der von ihm bekämpften Sozialdemokratie anzuschließen. Doch Bismarcks Plan misslingt: Trotz dieser Kombination von politischer Unterdrückung und sozialer Reform können die sozialdemokratischen Kandidaten bei den Reichstagswahlen 1890 fast 20 Prozent der Stimmen erringen – mehr als jede andere Partei.

Die Sozialdemokraten werden per Gesetz unterdrückt. Die Wahlen gewinnen sie trotzdem

1884

24. APRIL. In einem Telegramm an den deutschen Konsul in Kapstadt erklärt Otto von Bismarck, dass ein Gebiet an der Westküste des südlichen Afrikas (im heutigen Namibia) unter dem Schutz des Deutschen Reiches stehe. Das etwa 50 000 Quadratkilometer große Territorium ist im Jahr zuvor von dem Bremer Kaufmann Adolf Lüderitz erworben worden. Deutschland ist nun Kolonialmacht. In rascher Folge werden weitere Territorien in Afrika und im Pazifik zu „Schutzgebieten“ des Deutschen Reiches.

1885/86

Unabhängig voneinander bauen die Konstrukteure Gottlieb Daimler und Wilhelm Maybach in Stuttgart sowie Carl Benz in Mannheim benzingetriebene Kraftfahrzeuge: die ersten Automobile. Beide Werkstätten haben hierfür leichte Viertaktmotoren nach dem Otto-Prinzip entwickelt. Während Daimler und Maybach ihre Motoren zunächst in ein hölzernes Zweirad und eine nur wenig modifizierte Kutsche einbauen, fertigt Benz ein neu konstruiertes Dreirad, für das er auch Fahrradteile verwendet.

1888

9. MÄRZ. Wilhelm I. stirbt mit 90 Jahren. Ihm folgt sein Sohn Friedrich Wilhelm als Kaiser Friedrich III. nach. Doch der neue Herrscher ist an Kehlkopfkrebs erkrankt. Nach nur 99 Tagen an der Macht erliegt der 56-Jährige dem Leiden. Am 15. JUNI wird sein Sohn Wilhelm als Wilhelm II. Deutscher Kaiser. Anders als sein Großvater, der die Führung der Staatsgeschäfte meist Bismarck überlassen hatte, will der erst 29-jährige Monarch persönlich regieren. In den folgenden zwei Jahren häufen sich die Konflikte zwischen Kaiser und Kanzler. In der nun beginnenden Phase treten die ambivalenten Charakterzüge des deutschen Nationalstaats noch stärker hervor: Einerseits erlebt das Land ein rasantes wirtschaftliches Wachstum; technische Modernisierung und Erfolge in den Wissenschaften verändern das Leben und Denken. Doch zugleich wird das Kaiserreich dominiert von den militärisch-adeligen Eliten, ist es gekennzeichnet durch einen ausgeprägten kulturellen und politischen Konservativismus.

GEO EPOCHE EDITION

DIE GESCHICHTE DER KUNST

IMPRESSUM

CHEFREDAKTEURE: Jens Schröder, Markus Wolff

REDAKTIONSLEITUNG: Joachim Telgenbüscher

MANAGING DESIGNERIN: Tatjana Lorenz

TEXTREDAKTION: Jens-Rainer Berg, Insa Bethke, Dr. Anja Fries, Samuel Rieth, Johannes Teschner

AUTOREN: Jörg-Uwe Albig, Dr. Mathias Mesenhöller

BILDREDAKTION: Julia Franz, Christian Gargerle, Imke Keyssler, Roman Rahmacher, Jochen Raiß

LAYOUT: Michèle Hofmann, Jan Krummrey, Frank Strauß

VERIFIKATION: Alice Passfeld, Andreas Sedlmair, Stefan Sedlmair

KARTOGRAPHIE: Stefanie Peters

CHEF VOM DIENST / SCHLUSSREDAKTION: Dirk Krömer

GESCHÄFTSFÜHRENDE REDAKTEURE: Maike Köhler, Bernd Möller

CHEF VOM DIENST TECHNIK: Rainer Droste

REDAKTIONSASSISTENZ: Ümmük Arslan

Verantwortlich für den redaktionellen Inhalt: Jens Schröder, Markus Wolff

PUBLISHER: Frank Thomsen (Stellvertreter: Toni Willkommen)
PUBLISHING MANAGER: Patricia Hildebrand
SALES DIRECTOR: Franziska Bauske, DPV Deutscher Pressevertrieb
DIRECTOR BRAND PRINT + DIRECT SALES: Heiko Hager, Ad Alliance GmbH
Verantwortlich für die Anzeigen: Fabian Rother – Head of Brand Print + Direct Sales, Ad Alliance GmbH, Am Baumwall 11, 20459 Hamburg.
Es gilt die jeweils aktuelle Preisliste unter: www.ad-alliance.de
MARKETING: Pascale Victoir
HERSTELLUNG: G+J Herstellung, Heiko Belitz (Ltg.), Oliver Fehling

Gruner + Jahr GmbH
Sitz von Verlag und Redaktion:
Am Baumwall 11, 20459 Hamburg.
Postanschrift der Redaktion:
Brieffach 24, 20444 Hamburg.
Telefon 040/37 03-0
Internet: www.geo.de/epoche

Heftpreis: 16,50 Euro
ISBN: 978-3-652-01055-9, ISSN-Nr. 2193-6552

Bankverbindung: Deutsche Bank AG Hamburg,
IBAN: DE 30 2007 0000 0032 2800 00,
BIC: DEUTDEHH
Litho: Peter Becker GmbH, Würzburg
Druck: Neef+Stumme GmbH, Wittingen
Printed in Germany

USA: GEO*EPOCHE* EDITION is published by Gruner + Jahr GmbH
K.O.P.: German Language Pub., 153 S Dean St, Englewood NJ 07631.
Periodicals Postage is paid at Paramus NJ 07652.
Postmaster: Send address changes to GEO*EPOCHE*, GLP, PO Box 9868, Englewood NJ 07631.
KANADA: Sunrise News, 47 Silver Shadow Path, Toronto, ON, M9C 4Y2, Tel.: +1 647-219-5205,
E-Mail: sunriseorders@post.com

GEO-LESERSERVICE

FRAGEN AN DIE REDAKTION
Telefon: 040/3703 2084
E-Mail: briefe@geo-epoche.de

ABONNEMENT- UND EINZELHEFTBESTELLUNG

Onlinekundenservice: www.geo.de/kundenservice
Telefon: 0049/40/5555 8990
Service-Zeiten: Mo–Fr 7.30 bis 20.00 Uhr, Sa 9.00 bis 14.00 Uhr
Postanschrift: GEO*EPOCHE* Kundenservice, 20080 Hamburg
Preis für ein Jahresabonnement:
33,00 € (D), 37,60 € (A), 66.00 sfr (CH), Studentenabo: 19,80 €

BESTELLADRESSE FÜR GEO-BÜCHER, GEO-KALENDER ETC.

Anschrift: GEO-Versand-Service, 74569 Blaufelden
Telefon: +49/40/4223 6427, Telefax: +49/40/4223 6663
E-Mail: guj@sigloch.de

Fotovermerk nach Seiten

Anordnung im Layout: l. = links, r. = rechts, o. = oben, m. = Mitte, u. = unten

Titel: Berlinische Galerie, Berlin/akg-images

Titel Innenseite: Deutsches Historisches Museum, Berlin/akg-images

Inhalt: Science Source/akg-images 4 l. o.; Nationalgalerie, SMB/Jörg P. Anders/bpk-images: 4 r. o.; Bayerische Staatsgemäldesammlungen/bpk-images: 4 u.; Vintage Germany: 5 o.; Museum Gunzenhauser, Chemnitz/akg-images: 5 u.

Zwischen Tradition und Aufbruch: Schloss Friedrichsruhe/Bridgeman Images: 6/7; Kunstmuseen Krefeld/Artepics/Alamy: 8/9; Hessisches Landesmuseum, Darmstadt/akg-images: 10/11; Nationalgalerie, SMB/Jürgen Liepe/bpk-images: 12/13; Bröhan-Museum, Berlin/Martin Adam/bpk-images: 14/15; Bayerische Staatsgemäldesammlungen/bpk-images: 16/17; Stadtmuseum, Berlin/akg-images: 18/19; Kunsthaus, Zürich/Erich Lessing/akg-images: 20/21; Christie's Images/© Nolde Stiftung Seebüll/Artothek: 22/23

Der Lotse des neuen Deutschland: Kunsthalle, Kiel/akg-images: 24/25, 27, 28/29, 31, 34; Lutz Braun/bpk-images: 33; Sammlung E. Werner des Johanniter-Ordens, Berlin/Stiftung Preussische Schlösser und Gärten Berlin-Brandenburg/Fotostudio Bartsch/bpk-images: 36/37; bpk-images: 38; ullstein bild: 39

Am Anfang das Suchen: Nationalgalerie, SMB/Jörg P. Anders/bpk-images: 40/41; Schloss Herrenchiemsee/bpk-images: 42; Deutsches Historisches Museum, Berlin/akg-images: 43, 58/59; Orientalist Museum, Doha, Katar/akg-images: 44; Christie's Images/Bridgeman Images: 45 o.; Nationalgalerie, SMB/Andres Kilger: bpk-images: 45 u., 52; Neue Pinakothek, München/Artothek: 46/47; bpk-images: 48; akg-images: 49 l. o.; Library of Congress: 49 l. u.; Privatsammlung: 49 r. o., 49 r. u.; Städel Museum, Frankfurt am Main/Artothek: 50/51; Walker Art Gallery, Liverpool/Bridgeman Images: 53; Kunstmuseum, Basel: 54/55; Nationalgalerie, SMB/Hervé Champollion/akg-images: 55 o.; Kunstmuseum, Basel/Erich Lessing/akg-images: 55 u.; Österreichische Galerie Belvedere, Wien: 56; Bayerische Staatsgemäldesammlungen/bpk-images: 57

Der Unberechenbare: T. H. Voigt/ullstein bild: 60; SZ-Photos: 61; Otto Haeckel/akg-images: 62 o.; Imagno/akg-images: 62 u.; Staatsbibliothek zu Berlin/Rudolf Albert Schwartz/bpk-images: 63; Haeckel Archiv/ullstein bild: 64, 65 (2); Historisches Archiv Krupp: 66; Friedrich/Interfoto: 67 o.; ullstein bild: 67 u.; Bettmann/Corbis/Getty Images: 68; akg-images: 70, 71 (2)

Propaganda für den Herrscher: Berlinische Galerie, Berlin/akg-images: 72/73; Privatsammlung/akg-images: 74; Privatsammlung/historic-maps/akg-images: 75; Stiftung Preussische Schlösser und Gärten Berlin-Brandenburg/Wolfgang Pfauder/bpk-images: 76; akg-images: 76/77, 78 u., 80, 86/87; Marc Walter Collection: 78/79 o.; Library of Congress: 79 u.; Nationalgalerie, SMB/akg-images: 81; Science Source/akg-images: 82; Privatsammlung/akg-images: 83 o.; ullstein bild: 83 u.; Deutsches Historisches Museum, Berlin/akg-images: 84/85; Heinz Pollmann/bpk-images: 87 o.; Friedrich Seidenstücker/bpk-images: 87 u.; Privatsammlung/Alamy/Jimlop collection/mauritius images: 88 o.; Privatsammlung: 88 u.; Nationalgalerie, SMB/Klaus Göken/bpk-images: 89; Bassenge Auktionen Berlin/Stadtmuseum Berlin: 90/91; Städtische Galerie im Lenbachhaus, München/Artothek: 92; Neue Pinakothek, München/Blauel/Gnamm/Artothek: 93. o; Worcester Art Museum, Massachusetts/Stoddard Acquisition Fund/Bridgeman Images: 93 u.; Sasa Fuis/van Ham/akg-images: 94 o.; Staatliche Kunstsammlung, Kassel/akg-images: 94 u.; Nationalgalerie, SMB/Andres Kilger/bpk-images: 95; Watercolour Collection Claus Bergen/Erich Lessing/akg-images/VG Bild-Kunst, Bonn 2021: 96/97

Wer immer strebend sich bemüht: Vintage Germany: 98/99, 101; akg-images: 100, 103, 104, 108; ullstein bild: 102, 105; Deutsche Fotothek/Donadini/dpa Picture-Alliance: 106; Scherl/SZ-Photos: 107; TT News Agency/akg-images: 109

Aufstand der Außenseiter: Folkwang Museum, Essen/Interfoto/VG Bild-Kunst, Bonn 2021: 110/111; Nationalgalerie, SMB/Andres Kilger/bpk-images: 112; Nationalmuseum, Warschau/WHA/akg-images: 113; Von-der-Heydt-Museum, Wuppertal/Artothek: 114 o.; Museum Gunzenhauser, Chemnitz/akg-images/VG Bild-Kunst, Bonn 2021: 114 u.; Sammlung Marvin und Janet Fishman, Milwaukee/akg-images: 115; Folkwang Museum, Essen/akg-images: 116; Haus im Schluh/Worpswede/akg-images: 117; Staatsgalerie Stuttgart/akg-images: 118; Privatsammlung/akg-images/VG Bild-Kunst, Bonn 2021: 119; akg-images: 120; Bauhaus-Archiv, Berlin/VG Bild-Kunst, Bonn 2021: 121 o.; Architekturmuseum der Technischen Universität Berlin: 121 u.; Sotheby's/Jens Ziehe/bpk-images: 122/123

Vorschau: Prado, Madrid/Scala Archives: 130; Musée Picasso, Paris/Peter Willi/Artothek/VG Bild-Kunst, Bonn 2021: 131

Rückseite: Wikimedia Commons/Max Koner

1889

3. MAI. Bergleute im Ruhrgebiet beginnen den bis dahin größten deutschen Streik. Sie fordern unter anderem Lohnerhöhungen und die Achtstundenschicht. Bald greift der Ausstand auch auf andere deutsche Steinkohle-Reviere über, sodass zeitweilig 140 000 Kumpel die Arbeit verweigern.

ANFANG JUNI enden die Streiks, ohne dass die Bergleute eine bedeutende Verbesserung ihrer Situation erringen konnten. Während der Arbeitskämpfe kommt es zwischen Bismarck und Wilhelm II. zu Meinungsverschiedenheiten: Anders als der Kaiser, der um eine schnelle Beendigung des Streiks bemüht ist und die Arbeitgeber zu Zugeständnissen auffordert, will Bismarck nicht eingreifen. Sein Kalkül: Der Streik soll die Revolutionsangst im Bürgertum schüren und es so für seine antisozialdemokratische Politik einnehmen.

1890

24. JANUAR. In Berlin kommt es zum offenen Streit zwischen Wilhelm II. und Bismarck über das Sozialistengesetz.

20. MÄRZ. Wilhelm II. entlässt Bismarck als Reichskanzler und preußischen Ministerpräsidenten und ernennt General Georg Leo von Caprivi zum Nachfolger.

1. JULI. In einem Vertrag grenzen Großbritannien und das Deutsche Reich ihre Interessen im kolonialen Afrika voneinander ab. Deutschland verzichtet auf territoriale Ansprüche vor allem in Ostafrika, etwa auf die Insel Sansibar. Zum Ausgleich erhält das Kaiserreich unter anderem die bis dahin unter britischer Herrschaft stehende Insel Helgoland.

1891

SOMMER. Der Berliner Ingenieur Otto von Lilienthal absolviert seinen ersten erfolgreichen Flugversuch. In einem von ihm konstruierten Segler mit einer Spannweite von sieben Metern – dem ersten manntragenden Flugzeug der Welt – gleitet Lilienthal 15 Meter weit.

1892

4. APRIL. Gegen die offizielle Akademiekunst bilden Avantgardekünstler in München eine „Secession". Sechs Jahre später entsteht auch in Berlin eine solche Gruppe, 1905 wird in Dresden „Die Brücke" gegründet: alles Vereinigungen, die sich als Protestbewegung gegen die Konventionen der akademischen Kunst verstehen. Die Mitglieder der „Brücke" entwickeln eine freie, oft impulsive Malerei mit kräftigen Farben und subjektivem Ausdruck – und begründen damit in Deutschland jenen Kunststil, der später als „Expressionismus" bekannt wird.

16. AUGUST. Cholera-Epidemie in Hamburg; 8605 Menschen sterben. Hauptursache für die letzte große Seuche des Jahrhunderts in Europa ist verschmutztes Trinkwasser.

1893

18. FEBRUAR. Gründung des Bundes der Landwirte, einer reaktionären und antisemitischen Interessenvertretung der Landwirtschaft.

26. MÄRZ. Bildung des „Centralvereins deutscher Staatsbürger jüdischen Glaubens". Die größte jüdische Interessenvertretung in Deutschland kämpft gegen Antisemitismus

und für die Gleichberechtigung von Juden.

1894

28./29. März. Gründung des „Bundes Deutscher Frauenvereine". Der Dachverband wird Mittelpunkt der bürgerlichen Frauenbewegung, die unter anderem durch Helene Lange geprägt ist. In Abgrenzung dazu entwickelt sich, vor allem um Clara Zetkin, eine proletarische Frauenbewegung.

1. Juli. Der an diesem Tag von Bildungsbürgern gegründete Alldeutsche Verband propagiert ein Großreich aller Deutschen und ein deutsches Kolonialimperium. Die rassistisch motivierten Expansionsforderungen nehmen die „Lebensraum"-Ideologie der Nationalsozialisten vorweg.

1895

21. Juni. Wilhelm II. eröffnet einen Kanal quer durch Schleswig-Holstein.

8. November. Bei einem Experiment im Physikalischen Institut der Universität Würzburg entdeckt Wilhelm Conrad Röntgen die „X-Strahlen". Die durchdringen manche für das menschliche Auge undurchsichtige Gewebe wie Haut oder Muskeln, andere feste Substanzen dagegen nicht – etwa Knochen. Damit revolutioniert Röntgen die medizinische Diagnostik und erhält 1901 den ersten Nobelpreis für Physik.

1896

Januar. Gründung der Wochenzeitschrift „Jugend", die maßgeblich wird für die künstlerische Reformbewegung „Jugendstil".

1897

17. Februar. Nach vier Jahren Entwicklungszeit präsentiert Rudolf Diesel den ersten praxistauglichen Dieselmotor, der einerseits mit preiswerteren Ölen betrieben wird als ein Benzinmotor, andererseits doppelt so viel Leistung bringt.

14. November. Das Deutsche Reich nimmt die Ermordung von zwei deutschen Missionaren in der chinesischen Provinz Schantung zum Anlass, um die Bucht von Kiautschou südöstlich von Beijing zu besetzen. Ein Jahr später pachtet das Reich die Provinz und errichtet die Kolonialstadt Tsingtau.

6. Dezember. Bernhard von Bülow, Staatssekretär im Auswärtigen Amt, fordert die deutsche Expansion in Übersee: „Wir verlangen auch unseren Platz an der Sonne."

1898

28. März. Der Reichstag billigt die erste Flottenvorlage von Alfred Tirpitz, dem Staatssekretär im Reichsmarineamt. Der Bau von Kriegsschiffen richtet sich gegen Großbritannien und soll von innenpolitischen Problemen – sozialer Schieflage, Erstarken der Sozialdemokraten – ablenken. Bejubelt wird das Programm vom Flottenverein, dem mitgliederstärksten nationalistischen Agitationsverband des Kaiserreichs.

30. Juli. Otto von Bismarck stirbt im Alter von 83 Jahren.

1899

Das Deutsche Reich kauft im Laufe des Jahres für umgerechnet fast 17 Millionen Mark die Inselgruppen der Marianen und Karolinen von Spanien und einigt sich mit den USA und Großbritannien über die Aufteilung Samoas. Die Gebiete im Südpazifik sind die letzten kolonialen Erwerbungen des Kaiserreichs.

1900

1. Januar. Das Bürgerliche Gesetzbuch tritt in Kraft. Es vereinheitlicht die bis dahin noch unterschiedlichen Rechtsordnungen der einzelnen Staaten des Deutschen Reichs und verankert zudem die Prinzipien der individuellen Freiheit und der Gleichberechtigung aller Bürger im deutschen Rechtssystem. In wesentlichen Teilen ist es bis heute gültig.

14. Februar. Max Planck erläutert der Physikalischen Gesellschaft Berlin sein „Strahlungsgesetz". Er begründet damit die Quantentheorie und erhält 1918 dafür den Nobelpreis.

2. Juli. Ferdinand Graf von Zeppelin geht am Bodensee mit einem selbst konstruierten Luftschiff auf Jungfernfahrt. Im Gegensatz zu einem Ballon besitzt es ein starres Aluminiumgerippe und ist lenkbar.

27. Juli. Wilhelm II. ruft in einer Rede zu einem rücksichtslosen Rachefeldzug gegen eine Rebellion chinesischer Nationalisten auf, die sich vor allem gegen zum Christentum konvertierte Chinesen und Europäer richtet. Unter der Leitung eines deutschen Generalfeldmarschalls soll eine internationale Truppe den Aufstand der sogenannten „Boxer" in China niederschlagen.

17. Oktober. Bernhard von Bülow wird Reichskanzler. In Baden werden Frauen zum Universitätsstudium zugelassen (in Preußen erst 1908).

1901

26. Februar. Der Roman „Buddenbrooks" von Thomas Mann über den Niedergang einer Lübecker Kaufmannsfamilie erscheint.

10. Dezember. Emil von Behring erhält für die Entwicklung der Serum-Therapie den ersten Nobelpreis für Medizin. Mit neuartigen Arzneien – sogenannten Seren, die auf körpereigenen Abwehrstoffen basieren – sind dem Mediziner in den 1890er Jahren rasche Erfolge bei der Heilung von Diphterie gelungen.

1902

18. Februar. Einweihung der ersten elektrischen U-Bahn-Strecke in Berlin.

10. Dezember. Der deutsche Historiker Theodor Mommsen wird für seine Abhandlung über die römische Geschichte mit dem Nobelpreis für Literatur gewürdigt.

1903

18. August. Der Erfinder Karl Jatho macht bei Hannover einen 18 Meter weiten Luftsprung mit einem Motorflugzeug – vier Monate vor den amerikanischen Gebrüdern Wright.

1904

8. April. Großbritannien und Frankreich schließen nach der Beilegung ihrer kolonialen Streitigkeiten die „Entente Cordiale".

11. August. Schlacht am Waterberg: In Deutsch-Südwestafrika beginnen deutsche Truppen, einen Aufstand der Herero brutal niederzuschlagen. Die Soldaten treiben Zehntausende Männer, Frauen und Kinder in die Wüste. Insgesamt fallen der Vernichtungspolitik in Deutsch-Südwestafrika etwa 75 000 Menschen zum Opfer. Bald darauf gehen deutsche Truppen auch in der Kolonie Deutsch-Ostafrika rücksichtslos gegen Einheimische vor, die sich gegen ihre Lebensbedingungen unter der Kolonialherrschaft erheben: Im „Maji-Maji-Krieg" kommen Schätzungen zufolge von 1905 bis 1907 bis zu 300 000 Menschen um.

1905

30. Juni. Albert Einstein veröffentlicht seine Spezielle Relativitätstheorie, in der vor allem der Zeitbegriff relativiert wird – eine Erweiterung der klassischen Physik.

Dezember. Der deutsche Generalstabschef Alfred Graf von Schlieffen legt einen geheimen Aufmarschplan für den Fall eines Zweifrontenkrieges gegen Frankreich und Russland vor, der eine Invasion Belgiens und somit den Bruch der Neutralität des Landes vorsieht. Nur wenig abgewandelt, wird der „Schlieffenplan" die deutsche Strategie zu Beginn des Ersten Weltkriegs bestimmen.

1906

10. Februar. Stapellauf des britischen Schlachtschiffes „Dreadnought": Beginn des offenen Flottenwettrüstens zwischen Deutschland und Großbritannien.

1907

25. Januar. Die Ablehnung der Kolonialpolitik des Reichskanzlers Bülow durch das Zentrum und die SPD hat Bülow am 13. Dezember 1906 veranlasst, das Parlament aufzulösen und Neuwahlen anzusetzen. Nach einem von nationalistischen Parolen geprägten Wahlkampf bildet der „Bülow-Block" aus Konservativen und Liberalen das neue Regierungslager.

31. August. Nach russisch-britischer Verständigung über die Interessen im Nahen Osten bilden Frankreich, Großbritannien und Russland die „Triple Entente". Das Deutsche Reich ist nun, bis auf seinen einzig verlässlichen Bündnispartner Österreich-Ungarn, international isoliert.

1908

19. April. Neues Vereinsgesetz: Auch Frauen dürfen nun in politischen Vereinigungen aktiv werden.

13. Oktober. Der deutsche Chemiker Fritz Haber erhält ein Patent für die synthetische Herstellung von Ammoniak. Dieser Stoff ist Grundbestandteil bei der Produktion von Kunstdünger. Carl Bosch entwickelt bis 1913 Habers Verfahren weiter, sodass es industriell eingesetzt werden kann. Das im Haber-Bosch-Verfahren gewonnene Ammoniak wird jedoch nicht nur zur Düngerproduktion verwendet, sondern im Ersten Weltkrieg auch zur Herstellung von Sprengstoff.

Physik, Medizin, Literatur – gleich mehrere Nobelpreise gehen nach Deutschland

Ein gewaltiger Krieg fordert Millionen Opfer. Und bringt die Revolution gegen den Kaiser

1908/09
„Bosnien-Krise“: Angesichts eines neuen bürgerlich-nationalistischen Regimes in der Türkei annektiert Österreich-Ungarn zur Wahrung seiner Interessen auf dem Balkan die nominell türkischen Provinzen Bosnien und Herzegowina. Berlin stellt sich daraufhin hinter Wien. Russland droht mit militärischen Gegenmaßnahmen, erkennt aber die Annexion schließlich an.

1909
22. **Januar**. In München schließen sich unter dem Vorsitz des Russen Wassily Kandinsky mehrere Maler zur „Neuen Künstlervereinigung München“ zusammen. Ziel der Gruppe ist es, eine Kunst zu schaffen, die „nur das Notwendige stark zum Ausdruck“ bringt. Ihre Malerei soll nicht nur das Sichtbare, sondern auch das Empfundene darstellen.

14. **Juli**. Theobald von Bethmann Hollweg wird Reichskanzler und bemüht sich um einen ausgleichenden Kurs in der Außenpolitik.

16. **November**. In Frankfurt am Main wird die erste Fluggesellschaft der Welt gegründet. Die Deutsche Luftschiffahrts-Aktiengesellschaft transportiert in ihren sieben Luftschiffen bis 1914 über 34 000 Menschen in mehr als 1500 Flügen.

1910
Die Arbeiten von 27 Künstlern – vor allem Expressionisten – werden von der Jury der „Berliner Secession“ für deren Jahresausstellung abgelehnt. Die Secession hat als Künstlervereinigung in den Jahren zuvor dem Impressionismus und Postimpressionismus zur allgemeinen Anerkennung in Deutschland verholfen. Die neue expressionistische Richtung jedoch lehnt sie rigoros ab. Die Zurückgewiesenen gründen daraufhin die „Neue Secession“, um ein Ausstellungsforum für ihre Kunst zu schaffen. Auch die „Brücke“-Künstler schließen sich zunächst der Vereinigung an.

3. **März**. Herwarth Walden gründet in Berlin die Wochenzeitschrift „Der Sturm“. Das Magazin wird zur Bühne der Avantgarde, vor allem des literarischen und künstlerischen Expressionismus.

6. **März**. Mehrere linksliberale Parteien schließen sich zur Fortschrittlichen Volkspartei zusammen. Nachdem die Liberalen unter anderem durch mangelnde Einigkeit im Kaiserreich deutlich an Einfluss verloren haben, zeigen sich bei den Reichstagswahlen zwei Jahre später bereits erste Erfolge: Die neue Partei wird zur fünftstärksten Kraft im Parlament.

1911
11. **Januar**. In Berlin wird die Kaiser-Wilhelm-Gesellschaft zur Förderung der Wissenschaften gegründet. Die Institution soll dazu beitragen, den Forschern des Kaiserreichs den internationalen Spitzenplatz in Naturwissenschaft und Technik zu erhalten, den sie mit immer neuen Entdeckungen und Erfindungen erlangt haben.

1. **Juli**. Das deutsche Kanonenboot „Panther“ ankert vor dem marokkanischen Agadir. Die bewusste Drohgebärde des Kaisers gegen die dortige Kolonialmacht Frankreich löst eine außenpolitische Krise aus.

1912
12. **Januar**. Bei der Reichstagswahl wird die SPD mit 34,8 Prozent der Stimmen stärkste Partei.

8. **bis 11. Februar**. Großbritanniens Kriegsminister Lord Richard Haldane verhandelt in Berlin über die Begrenzung der Flottenrüstung auf beiden Seiten. Deutschland hofft auf britische Neutralität in Europa. Doch London erklärt die Zugeständnisse Berlins für unzureichend.

8. **Oktober**. Serbien, Bulgarien, Griechenland und Montenegro („Balkanbund“) erklären der Türkei den Krieg und erreichen durch ihren Sieg den Zusammenbruch der osmanischen Herrschaft auf dem Balkan („Erster Balkankrieg“).

1913
29. **Juni**. Ein Streit über die Beute aus dem Ersten Balkankrieg führt zum Krieg Bulgariens gegen Serbien und Griechenland, an deren Seite die Türkei und Rumänien treten („Zweiter Balkankrieg“). Vor allem Serbien geht am Ende gestärkt aus diesem Konflikt hervor. Der Balkan gilt damit weiterhin als Pulverfass. In Europa eskaliert nun das Wettrüsten.

November/Dezember. „Zabern-Affäre“: Ein preußischer Leutnant beleidigt in der Garnisonsstadt Zabern elsässische Rekruten und Zivilisten. Die empörte Bevölkerung demonstriert gegen Preußen. Daraufhin verhaften Militärs willkürlich Zivilisten – ein Rechtsbruch, denn dies ist Polizeiaufgabe. Kaiser und Armeeführer weigern sich, gegen die beteiligten Offiziere vorzugehen. Kritische Reichstagsabgeordnete erregen sich über die militärische Willkür. Der Vorfall kennzeichnet das ungleiche Verhältnis von militärischer und ziviler Macht im Reich.

1914
28. **Juni**. Der bosnisch-serbische Student Gavrilo Princip erschießt in Sarajevo den österreichisch-ungarischen Thronfolger Franz Ferdinand und dessen Frau Sophie. Die politischen Ziele des Attentäters sind die Beendigung der Wiener Herrschaft über Bosnien und die Herzegowina sowie die Vereinigung aller Südslawen unter serbischer Führung. Österreich macht Serbien für den Mord verantwortlich.

4.–6. **Juli**. Alexander Graf von Hoyos, der Kabinettschef im Wiener Außenministerium, sondiert die Haltung Wilhelms II. zu einem Krieg der Donaumonarchie gegen Serbien. Der Kaiser garantiert dem Bündnispartner Österreich-Ungarn daraufhin rückhaltlose Unterstützung („Blankoscheck“).

23.–25. **Juli**. Österreich-Ungarn stellt Serbien ein auf 48 Stunden befristetes, praktisch unannehmbares Ultimatum. Obwohl Belgrad dennoch fast alle Forderungen akzeptiert, bricht Wien die diplomatischen Beziehungen ab.

25. **Juli**. Russlands Zar Nikolaus II. spricht sich vor seinem Generalstab für die Unterstützung Serbiens aus.

28. **Juli**. Österreich-Ungarn erklärt Serbien den Krieg.

30. **Juli**. Generalmobilmachung Russlands.

31. **Juli**. Generalmobilmachung Österreich-Ungarns. Berlin verkündet den „Zustand drohender Kriegsgefahr“.

1. **August**. Das Deutsche Reich erklärt Russland den Krieg. Generalmobilmachung Deutschlands und Frankreichs. Italien und Bulgarien erklären ihre Neutralität.

2. **August**. Deutschland und das Osmanische Reich schließen einen Bündnisvertrag. Großbritannien mobilisiert seine Kriegsflotte. Deutsche Truppen marschieren in Luxemburg ein. Berlin verlangt von Belgien die Erlaubnis zum Durchmarsch seiner Truppen, um gemäß dem Schlieffenplan Frankreich „niederzukämpfen“, bevor die russische Mobilmachung abgeschlossen ist.

3. **August**. Belgien verweigert dem deutschen Heer den Durchmarsch. Deutschland erklärt Frankreich den Krieg. Rumänien erklärt seine Neutralität.

4. **August**. Deutsche Truppen überschreiten die belgische Grenze. Deshalb bricht Großbritannien, eine der Garantiemächte der Neutralität Belgiens, die diplomatischen Beziehungen zu Deutschland ab und tritt in den Krieg ein. Der Reichstag in Berlin bewilligt Kriegskredite; die Parteien schließen einen „Burgfrieden“: keine öffentlichen Auseinandersetzungen für die Dauer des Krieges.

Der im Juli/August 1914 ausbrechende Krieg, in dem hauptsächlich Deutschland und Österreich-Ungarn gegen Frankreich, Großbritannien, Russland und (ab April 1917) die USA kämpfen, dauert mehr als vier Jahre. Der Konflikt wird auf den europäischen Schlachtfeldern, in den Kolonien und auf hoher See mit nie da gewesener Härte geführt. Rund neun Millionen Soldaten und sechs Millionen Zivilisten sterben. Erst als die deutsche Führung im Herbst 1918 vor dem absehbaren militärischen Zusammenbruch um Frieden bittet, endet der Erste Weltkrieg. Leiden und Entbehrungen der Bevölkerung sowie die Enttäuschung über die Niederlage entladen sich in einer Revolution. Eine Meuterei der Matrosen der Kriegsmarine weitet sich rasch auf das ganze Reich aus; überall erzwingen Aufstände die Abdankung der Fürsten. Arbeiter- und Soldatenräte übernehmen die Macht. Auch Kaiser Wilhelm II. muss zurücktreten und flüchtet ins Exil in die Niederlande. Am 9. November 1918 ruft der Sozialdemokrat Philipp Scheidemann in Berlin die „deutsche Republik“ aus. Damit endet die Geschichte des im Jahr 1871 gegründeten deutschen Kaiserreichs. ⬢

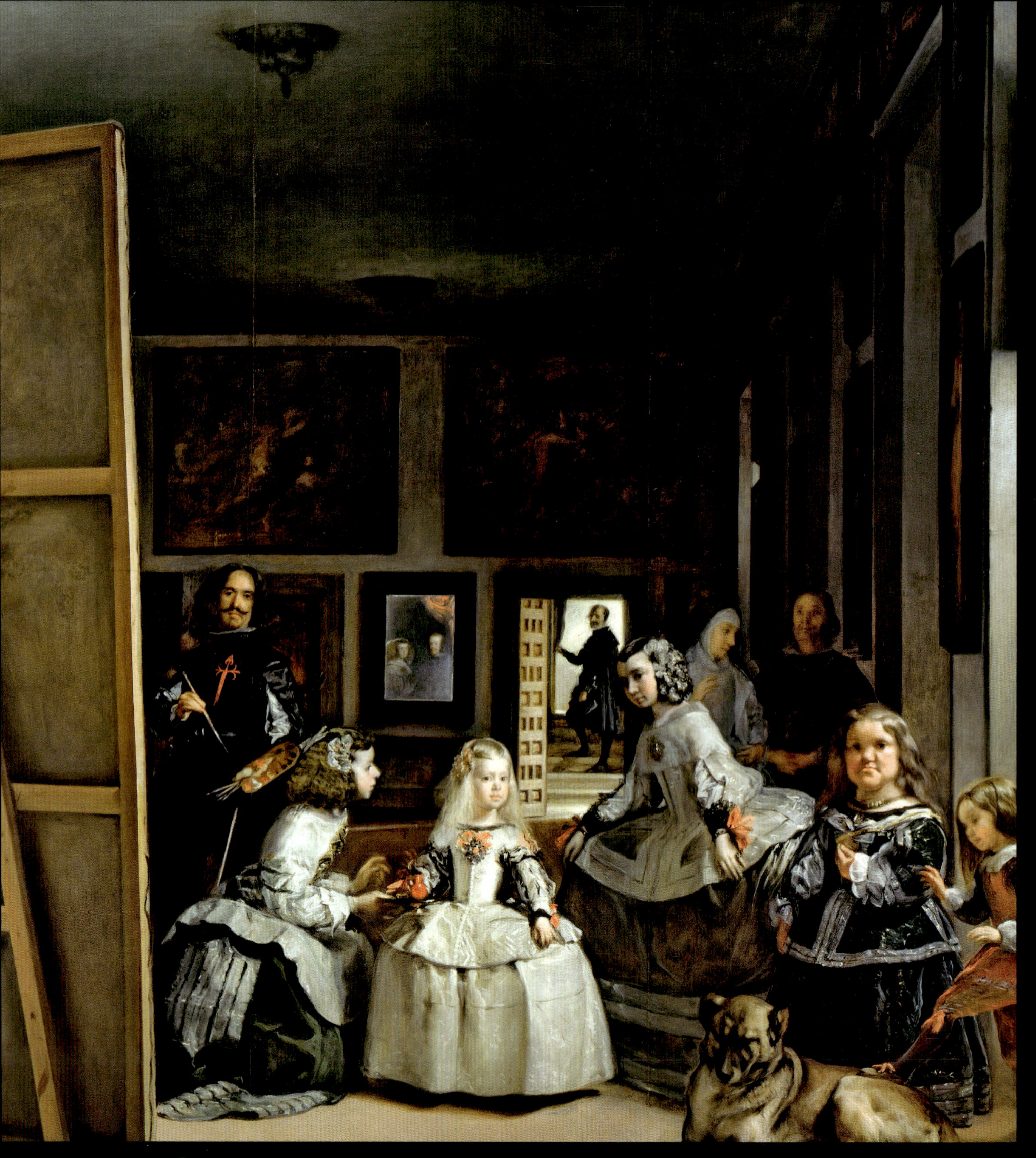

Derart angesehen ist der Maler Diego Velázquez am Hof Philipps IV. von Spanien, dass er – wie hier in seinem Gemälde »Las Meninas« (um 1656) – selbstverständlicher Teil des königlichen Haushalts zu sein scheint. Neben der Lage Spaniens zwischen Mittelmeer und Atlantik und den Einflüssen zahlreicher Kulturen ist es vor allem das Mäzenatentum seiner Monarchen und Geistlichen, das dazu beiträgt, dass hier einzigartige Kunstwerke entstehen